"十三五"职业教育国家规划教材

新编旅游中等职业教育系列教材

中国旅游地理

（第2版）

吴春美 主 编

竺光明 肖 蕾 副主编

ZHONGGUO
LÜYOU DILI

旅游教育出版社
·北京·

图书在版编目（CIP）数据

中国旅游地理 / 吴春美主编. -- 2版. -- 北京 : 旅游教育出版社, 2022.1（2023.8重印）
新编旅游中等职业教育系列教材
ISBN 978-7-5637-4354-4

Ⅰ. ①中… Ⅱ. ①吴… Ⅲ. ①旅游地理学－中国－中等专业学校－教材 Ⅳ. ①F592.99

中国版本图书馆CIP数据核字(2021)第261451号

新编旅游中等职业教育系列教材
中国旅游地理
（第2版）
吴春美 主编
竺光明 肖 蕾 副主编

责任编辑	刘彦会
出版单位	旅游教育出版社
地　　址	北京市朝阳区定福庄南里 1 号
邮　　编	100024
发行电话	（010）65778403　65728372　65767462（传真）
本社网址	www.tepcb.com
E - mail	tepfx@163.com
排版单位	北京旅教文化传播有限公司
印刷单位	北京市泰锐印刷有限责任公司
经销单位	新华书店
开　　本	787 毫米 × 1092 毫米　1/16
印　　张	16.75
字　　数	302 千字
版　　次	2022 年 1 月第 2 版
印　　次	2023 年 8 月第 3 次印刷
定　　价	35.00 元

（图书如有装订差错请与发行部联系）

出版说明

结合《现代职业教育体系建设规划（2014—2020年）》的指导意见和《教育部关于“十二五”职业教育教材建设的若干意见》的要求，我社组织旅游职业院校专家和老师编写了“新编旅游中等职业教育系列教材”。这是一套体现最新精神的、具有普遍适用性的中职旅游专业规划教材。

该系列教材具有如下特点：

（1）编写宗旨上：构建了以项目为导向、以工作任务为载体、以职业生涯发展路线为整体脉络的课程体系，重点培养学生的职业能力，使学生获得继续学习的能力，能够考取相关技术等级证书或职业资格证书，为旅游业的繁荣和发展输送学以致用、爱岗敬业、脚踏实地的高素质从业者。

（2）体例安排上：严格按教育部公布的《中等职业学校专业教学标准（试行）》中相关专业教学要求，结合中等职业教育规范以及中职学生的认知能力设计体例与结构框架，组织具有丰富教学经验和实际工作经验的专家，按项目教学、任务教学、案例教学等方式设计框架、编写教材。

（3）内容组织上：根据各门课程的特点和需要，除了有正文的系统讲解，还设有案例分析、知识拓展、课后练习等延伸内容，便于学生开阔视野，提升实践能力。

旅游教育出版社一直以“服务旅游业，推动旅游教育事业的发展”为宗旨，与全国旅游教育专家共同开发了各层次旅游及相关专业教材，得到广大旅游院校师生的好评。在将这套精心打造的教材奉献给广大读者之际，深切地希望广大教师学生能一如既往地支持我们，及时反馈宝贵意见和建议。

旅游教育出版社

前 言

近年来，我国旅游业发展势头强劲，人们对旅游的需求和认识不断地深化和提高。为适应旅游行业形势发展的需要，满足旅游专业教育可持续发展的要求，笔者再次修订了《中国旅游地理》这部教材。

本书可作为中等职业学校旅游服务与管理专业学生教学用书，也可作为旅游读物资料供读者浏览。

《中国旅游地理》框架包括绪论在内共 11 个部分，从绪论至第 3 章为总论部分，第 4 章至第 10 章为中国分区旅游地理。

本书的主要特点：①较强的可读性。每章均设置了本章概览、本章关键词、学习目标、本章小结、本章彩图、思考与练习等栏目，同时正文中穿插知识链接、视野拓展等内容，内容丰富，深入浅出、通俗易懂，符合中职学生的认知水平，有利于拓宽学生的知识面，激发学生的学习兴趣。②资料的新颖性。教材资料展现了旅游业发展的新形势、新面貌。③图文的直观性。在各章节附有大量的实景插图，通过扫描“本章彩图”下的二维码可查看实景彩色图片，向读者形象地介绍我国旅游资源的类型、分布和各主要旅游区的主要旅游胜地。④配套资源全面性。增加了思考与练习的参考答案以及两套综合测试题，通过扫描附录中二维码即可查看。并且还配有各章节的演示文稿 PPT 课件。

本书由海南省海口旅游职业学校吴春美老师负责审阅，海南省海口旅游职业学校吴春美、湖北省武汉市旅游学校肖蕾和广东省旅游职业技术学校竺光明、许静波共同编写。其中，吴春美编写绪论、第 1 章第一节、第 4 章、第 5 章、第 8 章、第 9 章和第 10 章，并负责全书的统稿工作；肖蕾编写第 1 章第二节和第 3 章、第 6 章，许静波编写第 1 章第三节，竺光明编写第 2 章、第 7 章。本书在编写过程中，参考和借鉴了国内旅游界同行和专家的文献资料，特别是得到了旅游教育出版社的指导和支持，在此表示衷心感谢。

由于编者水平有限，不足之处在所难免，敬请各专家、学者、旅游业内人士及广大师生、读者批评指正，对本教材的不断完善提出宝贵意见和建议。

吴春美

2021 年 9 月

目 录

绪 论

本章概览

本章在中国旅游地理的学习过程中起到概览作用，主要围绕旅游地理学的概念、研究对象、主要学习内容、学习目的和方法等有关知识进行阐述。

学习目标

了解旅游地理学的研究对象、学习目的

熟悉旅游地理学的学习方法

掌握旅游地理学的主要内容

一、旅游地理学的概念

旅游地理学是研究旅行游览与地理环境相互关系的一门新兴学科，是一门实用性很强的应用学科，也是一门综合性的边缘学科，属于人文地理学的范畴，所涉及的内容很广。

旅游地理学是随着旅游业的发展而产生，同时又为旅游业的发展服务的一门学科。

知识链接

作为一门学科，旅游地理学形成的时间还不长，现代旅游地理学是随着现代旅游业的兴起与发展逐渐形成和发展起来的。20 世纪 40 年代以来，随着旅游业的发展，对游览地的开发、建设和利用等一系列问题，都需要从地理学的角度来进行研究和探讨，因而就逐步产生了旅游地理学。1976 年，在莫斯科召开的第 23 届国际地理大会上，旅游地理学首次被列为一个专业组，从此，旅游地理学作为地理学的一个分支被确定下来。我国旅游地理学的研究开始于改革开放以后，旅游地理组于 1988 年成为中国地理学会的人文地理专业委员会的一个专业组，在我国地理科学领域占有一定的位置。

二、旅游地理学的研究对象

旅游地理学的研究对象是旅游活动的三大构成要素，即旅游的主体——旅游者；旅游的客体——旅游资源；旅游的媒介——旅游业。主体、客体和媒介三者相互依存、相互制约、紧密结合，构成旅游活动的整体。

三、旅游地理学的主要内容

旅游地理学所涉及的内容是非常广泛的，它介绍地球上的旅游资源，即各种自然风光和人文景观。在我们赖以生存的地球上，有巍峨的群山、莽莽的高原、辽阔的草原、浩瀚的沙漠；有奔腾的河流、秀丽的湖泊、绵长的海岸、壮丽的瀑布；有珍稀的动植物资源、神奇的佛光海市等。不同的自然环境成就了无数奇观异景，造化出千姿百态的壮丽景观。另外，我国又是一个历史悠久的文明古国，有着光辉灿烂的文化、大量珍贵的文化遗产和珍贵罕世的历史文物等，为旅游者提供了众多旅行游览的好去处。

旅游是在一定区域内的活动，因地理环境的差异形成了许多旅游区，而各个旅游区各具特色和风格。本书将介绍中国重要的旅游区，使我们了解它们各自的特色和风格。在我国，久居北方的人向往南方的碧海蓝天；久居南方的人向往北方的银装素裹；西北内陆的人向往江南水乡；平原地区的人向往青藏高原。地理环境的差异，还形成了各地区特有的民族文化与民俗风情。

旅游活动是人类的一种地域空间移动，这种移动又都是在一定的气候条件下进行的。为了实现到风景点的空间移动，人们还必须考虑适应气候的变化，在一定的时间和经济条件下，通过合理规划旅行线路，利用交通工具，将一系列的风景点串联起来，以获得完美的身心享受。因此，旅游地理还会介绍气候、交通与旅游的关系等内容。

四、学习旅游地理的目的

通过学习旅游地理，掌握其基本理论和基础知识，了解旅游活动与地理环境的基本关系，明白旅游活动与地理环境之间相关影响的道理，可开阔我们的视野，提高我们分析问题、解决问题的能力。

通过学习旅游地理，了解我国主要旅游区的地理环境和旅游景点，我们可以熟悉许多活生生的素材，加深热爱祖国大好河山和悠久历史文化遗产的情感，满腔热情地为游客介绍当地旅游景点及旅游资源概况，让人们细细品味民间故事，并可以向游客建议旅游活动的线路，以更好地胜任我国的旅游服务工作。

通过学习旅游地理，了解世界主要旅游国家的游览胜地和民俗风情，一方面，能使我们在为外国游客服务时，加深情感交融，用符合他们习惯的习俗与之相处，给他们宾至如归的享受；另一方面，可将本地区资源与外国名胜进行比较，使游客对我国的旅游资源产生一种亲切感和新奇感，利用名胜效应，使游客旅程愉快。

学习旅游地理，能为今后接受旅游高等教育，尤其是从事有关旅游地理的科学研究打下良好的基础。

学习旅游地理，掌握中国旅游地理的基本知识，有利于自助旅游活动的开展。

五、学习旅游地理的方法

旅游地理学是一门综合性和实践性都很强的学科，要学好它主要有以下几种方法。

第一，地图辅助学习法。学习地理离不开地图，旅游地理也不例外，在学习时充分利用旅游地图和地理图表，把所学区域旅游地理知识落实到地图上，了解其分布规律，加深理解记忆，把知识点落实到地图上。

第二，现代信息技术学习法。借助现代信息技术手段，通过上网查找中国旅游地理的典型图片、视频等，直观地了解和认识有关地区的旅游资源、旅游地及景区景点，掌握其旅游特色。

第三，知识积累法。在学习过程中，要注意多积累旅游地理知识，丰富和完善自己的知识结构。并通过电视、报刊等各种渠道多收集一些有关的资料，用心地积累和更新，为学好旅游地理打下坚实的基础。

第四，对比分析法。在旅游地理分区中，采用对比分析法，通过综合比较，更好地总结出区域旅游资源的特征，了解它们各自的特色和风格，便于更好地掌握其旅游特色。

第五，实地考察法。在条件允许的前提下多进行实地游览考察，可以帮助我们加深对该区域旅游地理知识的感性认识，培养分析问题与解决问题的能力。

本章关键词

旅游地理学

本章小结

旅游地理学是一门综合性很强的新兴边缘学科，是地理学的分支学科。旅游地理学所涉及的内容非常广泛，它包括各种旅游资源、旅游区、气候、交通与旅游的关系等。

思考与练习

一、填空题

1. 旅游地理学是研究旅行游览与（　　）相互关系的一门新兴学科。

2. 旅游地理学是一门（　　）与旅游科学之间的新兴边缘学科。

3. 旅游地理学的研究对象是（　　）。

二、单项选择题

1. 旅游地理学属于（　　）学科的范畴。

A. 人口地理　　B. 人文地理　　C. 自然地理　　D. 水文地理

2. 旅游地理学的学科属性不包括下列的（　　）。

A. 地理学科属性　　B. 应用学科属性

C. 旅游学科属性　　D. 边缘学科属性

三、简答题

1. 旅游地理学的主要内容有哪些？

2. 为什么要学习旅游地理学？

3. 应如何学习旅游地理学？

第1章　中国旅游资源概述

本章概览

旅游资源是旅游业发展的物质基础，它包括自然旅游资源和人文旅游资源。我国的旅游资源非常丰富，具有广阔的开发前景。旅游资源是贯穿全书的重要线索内容，掌握旅游资源对学好旅游地理起着非常重要的作用。

学习目标

熟悉旅游资源的概念、特点及类型

理解自然旅游资源的类型及代表性景观

认识人文旅游资源的类型和代表性名胜

第一节　旅游资源的概念、特点及类型

一、旅游资源的概念

旅游资源是旅游业赖以生存和发展的前提条件，是旅游业产生的物质基础，是旅游的客体，也是旅游产品和旅游活动的基本要素之一。旅游资源的多寡、特色、赋存和分布状况，直接影响一个国家和地区旅游业的发展。

一般认为，凡是对旅游者产生吸引力，具有一定旅游价值和功能的资源，都可称为旅游资源。

构成旅游资源的基本条件有三个：一是对旅游者有吸引力，能激发人们的旅游动机；二是具有可利用性，随着旅游者旅游爱好和习惯的改变，旅游资源的包含范畴不断扩大；三是资源的开发能产生不同的经济效益、社会效益和环境效益。

二、旅游资源的特点

旅游资源是一种特殊资源，具有以下五大特点：

第一，综合性和多样性。旅游资源在任何一个地区都不可能以单一的形式出现。一个地区的旅游资源要素种类越多、比例越协调、联系越紧密，综合性就越强，其旅游吸引力也越大。中国是世界上旅游资源最丰富的国家之一，资源种类繁多、类型多样，具备各种功能。多样性表现在：既有自然的，又有人文的；既有景观性的，又有文化性的；既有古代遗存的，又有现代兴建的；既有实物性的，又有体察性的。

第二，永续性。永续性表现为大多数旅游资源具有无限重复利用的特点，如作为旅游资源主体的观光、度假、特种和专项旅游资源本身是旅游者带不走的，旅游者带走的只是对它们的各种印象和感受。只要保护得当，大多数旅游资源是可以永续利用的，而某些旅游资源还会随着社会经济的发展和科学技术的进步而不断丰富。

第三，地域性、季节性和时代性。旅游资源受地区自然因素和历史因素的影响，具有明显的地域分异现象、季节性和时代性。而一个地区旅游资源的开发，旅游业经营是否成功，在很大程度上取决于是否保持和发扬了原有风格，突出了地方特色。

第四，变异性。变异性表现在某些事物在其存在之初并没有被作为旅游资源，但随着旅游者需求的变化，它成了具有吸引力的旅游资源。

第五，不可再生性。旅游资源是自然界的造化和人类历史的遗存，一旦遭受破坏，便不复存在，即使仿造出来，其旅游价值也会大大降低。因此，我们要加强保护意识，自觉保护旅游资源。

三、旅游资源的类型

旅游资源的范畴极其广泛，类型多样，有不同的分类标准，一般常使用属性分类法，即将旅游资源分为自然旅游资源和人文旅游资源两大类型。自然旅游资源，具有明显的天赋性质；人文旅游资源，是由人类创造的，是人类历史和文化的结晶，是民族风貌的反映。

知识链接

《世界遗产名录》景区

世界遗产是旅游资源中的精华。世界遗产是特指那些具有全球突出价值、独一无二、无法替代、不可再生的人类遗存。一旦遗产项目列入《世界遗产名录》，就是遗产所在国家的身份、形象和国家民族凝聚力的标志。由于品位高，能带来社会效益、经济效益和环境效益，特别是它的品牌效应和垄断经营，会对世界遗产地发展旅游经济产生巨大动力。

目前，世界遗产包括“世界文化遗产”“世界自然遗产”“世界文化与自然双重遗产”“世界文化景观”四大类。

我国于1985年加入《保护世界文化和自然遗产公约》并开始申报项目。1999年10月29日，中国当选为世界自然与文化遗产委员会成员。

截至 2021 年 7 月 31 日，全世界共有 1154 项世界遗产地，其中包括 897 项文化遗产（含文化景观遗产）、218 项自然遗产以及 39 项自然与文化双重遗产。

截至 2021 年 7 月 31 日，我国已有 56 个项目被列入《世界遗产名录》。其中自然遗产 14 项、文化遗产 33 项、自然与文化双重遗产 4 项、文化景观遗产 5 项，在世界排名第二，仅次于意大利的 58 项，是名副其实的世界遗产大国。

视野拓展

表 1-1 《世界遗产名录》中国景区简表

序号	世界遗产名称	批准时间	遗产类型
1	北京周口店北京人遗址	1987 年 12 月	文化遗产
2	甘肃敦煌莫高窟	1987 年 12 月	文化遗产
3	山东泰山	1987 年 12 月	文化与自然双重遗产
4	长城①	1987 年 12 月	文化遗产
5	陕西秦始皇陵及兵马俑	1987 年 12 月	文化遗产
6	北京故宫②	1987 年 12 月	文化遗产
7	安徽黄山	1990 年 12 月	文化与自然双重遗产
8	四川黄龙风景名胜区	1992 年 12 月	自然遗产
9	湖南武陵源风景名胜区	1992 年 12 月	自然遗产
10	四川九寨沟风景名胜区	1992 年 12 月	自然遗产
11	湖北武当山古建筑群	1994 年 12 月	文化遗产
12	山东曲阜的孔庙、孔府及孔林	1994 年 12 月	文化遗产
13	河北承德避暑山庄及周围寺庙	1994 年 12 月	文化遗产
14	西藏布达拉宫③	1994 年 12 月	文化遗产
15	四川峨眉山—乐山风景名胜区	1996 年 12 月	文化与自然双重遗产
16	江西庐山风景名胜区	1996 年 12 月	文化景观遗产
17	江苏苏州古典园林④	1997 年 12 月	文化遗产
18	山西平遥古城	1997 年 12 月	文化遗产
19	云南丽江古城	1997 年 12 月	文化遗产
20	北京天坛	1998 年 11 月	文化遗产
21	北京颐和园	1998 年 11 月	文化遗产
22	福建武夷山	1999 年 12 月	文化与自然双重遗产
23	重庆大足石刻	1999 年 12 月	文化遗产

续表

序号	世界遗产名称	批准时间	遗产类型
24	皖南古村落（西递、宏村）	2000年11月	文化遗产
25	明清皇家陵寝⑤	2000年11月	文化遗产
26	河南洛阳龙门石窟	2000年11月	文化遗产
27	四川青城山和都江堰	2000年11月	文化遗产
28	山西大同云冈石窟	2001年12月	文化遗产
29	云南“三江并流”自然景观	2003年7月	自然遗产
30	中国高句丽王城、王陵及贵族墓葬⑥	2004年7月	文化遗产
31	澳门历史城区	2005年7月	文化遗产
32	四川大熊猫栖息地	2006年7月	自然遗产
33	中国安阳殷墟	2006年7月	文化遗产
34	中国南方喀斯特⑦	2007年6月	自然遗产
35	广东开平碉楼与古村落	2007年6月	文化遗产
36	福建土楼	2008年7月	文化遗产
37	江西三清山风景名胜区	2008年7月	自然遗产
38	山西五台山	2009年6月	文化景观遗产
39	河南登封“天地之中”古建筑群	2010年8月	文化遗产
40	中国丹霞⑧	2010年8月	自然遗产
41	杭州西湖文化景观	2011年6月	文化景观遗产
42	内蒙古元上都遗址	2012年6月	文化遗产
43	云南澄江化石地	2012年7月	自然遗产
44	新疆天山	2013年6月	自然遗产
45	云南红河哈尼梯田	2013年6月	文化景观遗产
46	中国大运河⑨	2014年6月	文化遗产
47	丝绸之路⑩	2014年6月	文化遗产
48	中国土司遗址⑪	2015年7月	文化遗产
49	广西左江花山岩画艺术文化景观	2016年7月	文化景观遗产
50	湖北神农架	2016年7月	自然遗产
51	青海可可西里	2017年7月	自然遗产
52	福建厦门鼓浪屿：历史国际社区	2017年7月	文化遗产
53	贵州梵净山	2018年7月	自然遗产
54	中国黄（渤）海候鸟栖息地（第一期）	2019年7月	自然遗产

续表

序号	世界遗产名称	批准时间	遗产类型
55	浙江杭州良渚古城遗址	2019 年 7 月	文化遗产
56	泉州：宋元中国的世界海洋商贸中心	2021 年 7 月	文化遗产

注解：

① 2002 年 11 月，中国唯一的水上长城辽宁九门口长城通过联合国教科文组织的验收，作为长城的一部分正式挂牌成为世界文化遗产。

② 2004 年 7 月，沈阳故宫作为北京故宫的扩展项目列入“北京及沈阳的明清皇家宫殿”世界文化遗产。

③ 2000 年 11 月，拉萨大昭寺作为布达拉宫世界遗产的扩展项目被批准列入《世界遗产名录》；2001 年 12 月拉萨罗布林卡作为布达拉宫历史建筑群的扩展项目被批准列入《世界遗产名录》。

④ 1997 年 12 月，联合国教科文组织批准将以拙政园、留园、网师园和环秀山庄为代表的苏州古典园林列入《世界遗产名录》；2000 年 11 月，苏州艺圃、耦园、沧浪亭、狮子林和退思园 5 座园林作为苏州古典园林的扩展项目被批准列入《世界遗产名录》。

⑤ 明清皇家陵寝：明显陵（湖北钟祥市）、清东陵（河北遵化市）、清西陵（河北易县）于 2000 年 11 月被选为世界文化遗产。2003 年 7 月北京市的十三陵和江苏省南京市的明孝陵作为明清皇家陵寝的一部分被列入《世界遗产名录》。2004 年 7 月盛京三陵作为明清皇家陵寝扩展项目列入《世界遗产名录》。

⑥ 中国高句丽王城、王陵及贵族墓葬主要分布在吉林省集安市境内以及辽宁省桓仁县境内。此次列入《世界遗产名录》的项目包括五女山城、国内城、丸都山城、12 座王陵、26 座贵族墓葬、好太王碑和将军坟 1 号陪冢。

⑦ 2007 年 6 月，云南石林、贵州荔波和重庆武隆“捆绑”申报的“中国南方喀斯特”被列为世界自然遗产。2014 年 6 月，重庆金佛山、贵州施秉、广西桂林、环江作为中国南方喀斯特扩展项目被批准列入《世界遗产名录》。

⑧ 中国丹霞包括广东丹霞山、贵州赤水、福建泰宁、湖南崀山、江西龙虎山（包括龟峰）、浙江江郎山等 6 个省的 6 处国家级风景名胜区。

⑨ 大运河申遗范围包括横贯中国中东部地区的隋唐大运河、京杭大运河和浙东运河。最终列入申遗范围的大运河遗产分布在中国两个直辖市、6 个省。申报的系列遗产分别选取了各河段的典型河道段落和重要遗产点，包括河道遗产 27 段，总长度 1011 千米，相关遗产共计 58 处。

⑩ 中国、哈萨克斯坦和吉尔吉斯斯坦三国联合申遗的“丝绸之路：长安—天山廊道的路网”，共有 33 个遗产点，属于跨国遗产。

⑪ 中国土司遗址包括湖南永顺老司城遗址、湖北恩施唐崖土司城遗址和贵州播州海龙屯遗址 3 处。

第二节　中国的自然旅游资源

自然旅游资源是由自然地理环境的各要素组成的自然风光，被称为旅游的第一环境，它包括山、水、气、光、动植物等，它们巧妙结合，构成千变万化的自然景观。我国拥有丰富的自然旅游资源。自然旅游资源分为四大类，即地貌旅游资源、水体旅游资源、天气气候旅游资源和生物旅游资源。

一、地貌旅游资源

地貌为景观要素之一，按照地貌形成的不同的地质条件，我们可以把地貌旅游资源分成不同的景观类型。每一种景观类型都有其独特的形态和魅力。地貌不同，适宜开展的旅游项目也不同。

我国地貌旅游资源大致可以分为六大类：岩溶地貌旅游资源、海岸地貌旅游资源、丹霞地貌旅游资源、火山熔岩地貌旅游资源、风沙地貌旅游资源、冰川地貌旅游资源。不同成因的地貌具有各自不同的美感，都可以被开发成旅游资源。各种地貌类型以其独特的形态和魅力构成千姿百态的旅游资源。

我国岩溶地貌的典型代表有广西桂林山水、云南石林等；海岸地貌的典型代表有海南三亚天涯海角、台湾清水断崖等；丹霞地貌的典型代表有广东丹霞山、福建武夷山等；火山熔岩地貌的典型代表有黑龙江五大连池、吉林长白山天池等；风沙地貌的典型代表有新疆的罗布泊和乌尔禾等；冰川地貌的代表景区有新疆天山、四川四姑娘山、云南玉龙雪山等。

我国五种基本地貌类型齐备，并广泛分布。地貌对我国自然景观的形成与演变有着深刻的影响，其作为旅游资源，开发利用的潜力巨大。山地是五大基本地貌类型中最富有多样性、组合性造型的自然景观资源。

二、水体旅游资源

水体景观是以自然水体为主构成的景观。它有观赏、游乐、康疗、度假等旅游功能。水体的形、态、声、色、光、影及其组合变化，形成独特的美学特征，是风景中不可缺少的重要的构景要素之一。自然界中常见的水体旅游资源有海洋、江河、湖泊、涌泉和瀑布等。

（一）海滨旅游资源

海洋旅游目前多局限于海岸带。海岸带是海洋和陆地相互作用的地带，即由海洋向陆地的过渡地带。我国有着漫长的海岸线，沿海许多地方已形成滨海旅游胜地。

海滨旅游是一种以休闲度假为主体的综合性旅游产品，具有形式丰富多样，集知识性、娱乐性、参与性于一体等特点。自 20 世纪 50 年代以来，海滨旅游成为世界旅游休闲度假的主导产品。与发达国家相比，我国的海滨旅游出现得较晚，但我国拥有 1.8 万千米的海岸线以及名胜景点众多、风光秀美的海滨风光，海滨旅游发展迅速。

我国海滨旅游的开发将沿我国漫长的海岸线展开，北起丹东，南至防城。分为五个发展带。它们分别为：环渤海湾海滨旅游带、长三角海滨旅游带、海峡西岸旅游带、珠三角海滨旅游带、海南岛海滨旅游带。

视野拓展

中国十大最美海滩

1. 亚热带风情：鼓浪屿（福建厦门）
2. 美味海鲜：青岛（山东）
3. 极致美景：亚龙湾（海南三亚，见图 1-1）
4. 海天佛国：千步沙（浙江普陀山东海岸）

5. 和爱人一起看日出：成山头（山东荣成）
6. 夏日热吻：黄金海岸（河北昌黎）
7. 定情约会：棒槌岛（辽宁大连）
8. 爱人摇篮：大鹏半岛海滩（广东深圳）
9. 银滩（广西北海）
10. 与海热恋：东方银滩（广东阳江海陵岛）

图 1–1　亚龙湾沙滩

（二）河川旅游资源

中国是一个河流众多的国家，流域面积超过 1000 平方千米的河流有 1600 多条。大小河流总长度在 42 万千米以上。在所有河流中，长江是我国最长的河流，塔里木河是我国最长的内流河，雅鲁藏布江是我国海拔最高的大河。

所有的河流都可能成为旅游资源，长江和黄河是综合性大型河流旅游资源的代表，浙江的富春江（见图 1–2）和楠溪江、武夷山的九曲溪、广西的漓江、重庆巫山的大宁河、湘西的猛洞河、贵州兴义的马岭河、滇南的大盈江和瑞丽江、藏南的雅砻河、东北的松花江、海南的万泉河等都是著名的风景河溪。

图 1–2　富春江

（三）湖泊旅游资源

我国是世界上湖泊众多的国家，天然湖泊面积在 1 平方千米以上的湖泊就有 2800 多个，总面积达 8 万平方千米。此外还有大量的小型湖泊，众多的人工湖泊即水库。通常按湖水含盐量的高低，湖泊可分为淡水湖、咸水湖和盐湖三类。

在中国广阔富饶的土地上，分布着众多的湖泊。我国的湖泊主要分布在东部平原、青藏高原、蒙新地区和东北地区。其中以景色秀丽而著称的有：杭州的西湖（见图 1-3）、绍兴的东湖、嘉兴的南湖、南京的莫愁湖、昆明的滇池、大理的洱海、黑龙江的五大连池和镜泊湖、扬州的瘦西湖、湖南的洞庭湖、台湾的日月潭等，都是以水饰景的风景名胜旅游胜地。鄱阳湖、洞庭湖、太湖、洪泽湖、巢湖为我国五大淡水湖。

（四）泉水旅游资源

我国是世界上泉水最多的国家之一，仅与旅游有关的名泉，就有 2600 处之多，历史上许多文人墨客曾评定镇江金山寺泉（中泠泉）为“天下第一泉”〔也有庐山谷帘泉、济南趵突泉（见图 1-4）、峨眉山玉液泉、北京玉泉山玉泉等说法〕，无锡惠山泉为“天下第二泉”，杭州虎跑泉为“天下第三泉”。云南大理蝴蝶泉、广西桂平乳泉、四川广元含羞泉以及西藏爆炸泉等都是著名的观赏泉。辽宁鞍山汤岗子温泉，北京小汤山温泉，西安骊山温泉，南京汤山温泉，云南安宁温泉，广东从化温泉，重庆南、北温泉，台湾北投和阳明山温泉等都是我国著名的温泉旅游胜地。

图 1-3　杭州西湖景区

图 1-4　济南趵突泉公园

知识链接

含羞泉

四川省广元市龙门山上的陈家乡山中，有一股受震动就蜷缩的“含羞泉”，当地群众称为“缩水泉”。只要把一块小石头往泉水里一扔，泉水受到回声与波震的影响，就缓慢地缩回去，水面降低，就像一位见了生人就脸红的小姑娘一样，羞答答地躲起来。过一会儿，泉水又慢慢涌出，由细变粗。

“含羞泉”奇观是一种毛细管现象的表现。土和岩石中的细小空隙好比毛细管，在毛细管引力作用下，将地下水提升到地表，无数个空隙形成毛细管水带，使地面上汇成一股水流。而当它受到外界声响的震动时，则产生一种压力，很快将空隙中的水压回去，于是出现暂停片刻的怪现象。

（五）瀑布旅游资源

我国地形复杂，河、湖众多，形成了众多的瀑布。我国的瀑布主要分布在秦岭、淮河以南的广大地区，由于地形的特点以及湿润的气候，形成较多的瀑布，尤其集中于江南丘陵、云贵高原、喜马拉雅山一带。贵州黄果树瀑布（见图 1-5）、黄河壶口瀑布和黑龙江镜泊湖的吊水楼瀑布，被称为我国的三大名瀑。

图 1-5 贵州黄果树瀑布

三、天气气候旅游资源

天气、气候与人类生活、生产的关系极为密切。同时它也直接或间接地影响着人们的旅游活动。宜人的气候本身就是一项旅游资源，而且各种气候经过开发都可以成为各具特色的旅游资源。我国幅员辽阔，地形复杂，气候类型复杂多样，形成了广泛分布的宜人气候和许多独具特色的天气奇观。

（一）气候旅游资源

气候对自然景观与人文景观的形成都有巨大的影响。气候还决定一个旅游地的旅游淡旺季。旅游者外出旅游，多数会选择旅游目的地的最佳气候时节，以达到最佳的旅游效果和旅游享受。一般认为，当气温在 10℃ ~22℃，相对湿度在 65%~85%，风速在 2 米 / 秒左右，人体感觉舒适，为康乐气候。良好的气候条件本身就是一项旅游资源，而且各种气候经过开发都可以成为各具特色的旅游资源。特殊的气候环境还能提供特殊的旅游项目。像寒冷地带冬季的滑冰、滑雪，山地气候夏季的避暑、休闲、疗养等。

由于我国领土面积广大，各地纬度分布、距海远近、地形地势等方面有很大的差异，形成各地不同的气候类型，气候旅游资源丰富多彩。

（二）天气旅游资源

天气景观具有瞬息万变、变幻莫测、虚无缥缈和扑朔迷离的特点以及造型美、色彩美、动态美的观赏价值，常常形成吸引旅游者的天气奇观。我国著名的天气奇观主要有：

1. 极光

极光颜色鲜艳夺目，形状多样，节日焰火与之相比，也大为逊色。我国黑龙江的漠河地区和新疆的阿尔泰地区，每年能看到一次极光。

2. 佛光

佛光，又称宝光。它是阳光透过水蒸气折射形成的一种自然现象。佛光呈现为色彩华美的光环，霞光四射，光环随人而动，人在光环中如临仙境。我国的峨眉山、泰山、庐山均可见到佛光，尤以峨眉山金顶的佛光最为壮观。

3. 海市蜃楼

海市蜃楼，常出现在冬春季节的北极地区、夏季的沙漠、大海边及江河湖泊上空。山东蓬莱的海市蜃楼名闻全国，呈现的空中楼阁虚无缥缈，被誉为“蓬莱仙境”。

4. 冰雪景

冬季的冰雪景，尤其是山区的雪景极为壮观，如西安的“终南积雪”、嵩山的“少室晴雪”、北京香山的“西山晴雪”等。在千里冰封、万里雪飘的北国，雾凇、冰挂和冰雪体育活动项目已成为重要的旅游内容。

5. 云雾

山区云雾瞬息万变，酷似波涛汹涌，使游人心潮起伏，感情奔放。我国久负盛名的云海奇景有：黄山云海、庐山云雾等。

6. 云霞

云霞是日出和日落时阳光透过云层的一种天气现象，主要有朝霞和晚霞。它们绚丽多彩、光芒四射，伴随着旭日东升和夕阳西下，情景交融，美不胜收。高山和海边是观赏日出、日落和云霞景观最为理想的地点。著名的云霞景观有“骊山晚照”“金台夕照”等。

四、生物旅游资源

我国生物种类繁多，每种都有自己独特的生态、习性、色彩等。许多生物既能起到烘托主景的作用，又能独立成景。除了满足观赏娱乐功能外，利用植物点缀别墅、庭院可为人类创造优美的环境；利用动物可开展垂钓、狩猎、采集等活动，以达到促进人们身心健康，增长知识，扩大视野的目的。

（一）植物旅游资源

我国是世界植物宝库，计有高等植物 20 000 余种，其中很多种属为我国所特有。我国有丰富的珍贵植物资源，尤以孑遗植物、观赏植物和名贵花卉最为突出。

孑遗植物在中国就有 100 多种，银杏、水杉、银杉、金钱松、台湾松、珙桐、香果树、鹅掌楸等都是我国特有的珍稀树种。尤其是水杉、银杏、鹅掌楸被列为世界“三大活化石植物”。

特色松竹是我国最著名的特色观赏植物。松树以抗寒暑、耐瘠旱，潇洒多姿而著名。松树种类繁多，尤以黄山松最为著名。竹子亭亭玉立，婆娑有致，不畏霜雪，四季常青。成都望江楼公园有锦竹、人面竹、佛肚竹、方竹等 100 余种，被誉为“竹的公园”。

我国名贵花卉近 600 种，其中牡丹、月季、菊花、梅花、杜鹃、兰花、荷花、茶花、桂花、水仙是我国传统的十大名花。

以植物著名的旅游地，如北京香山的红叶，洛阳与菏泽的牡丹，昆明的山茶，漳州的水仙，杭州、无锡、南京等地的梅花，杭州西湖的“曲院风荷”，四川的“蜀南竹海”，广东小揽的菊花等，都中外驰名。

知识链接

牡丹

牡丹（见图 1–6）原产我国西北部，秦岭和陕北山地，多野生。在我国，栽培牡丹的历史悠久。南北朝时，牡丹已经成为观赏植物。唐时，盛栽于长安。宋时，称洛阳牡丹为天下第一，故牡丹又名洛阳花。《群芳谱》中记载，牡丹有 180 多种，有 1500 多年的栽培史。

图 1–6 牡丹花

牡丹为花中之王，有“国色天香”之称。每年 4 月—5 月开花，朵大色艳，奇丽无比，有红、黄、白、粉、紫、墨、绿、蓝等色。花多重瓣，姿丰典雅，花香袭人。我国人民把它作为富丽繁华之象征，称之为“富贵花”“百两金”。目前，我国的牡丹以河南洛阳和山东菏泽的牡丹最盛。

（二）动物旅游资源

我国的野生动物资源极为丰富。据统计，兽类有 450 多种、鸟类有 1186 种、爬行类 320 种、两栖类 210 种左右、鱼类 2000 多种。种类之多，数量之大，在世界上是名列前茅的。

我国山多林密，野生动物种类丰富。中国特有的珍稀野生动物有大熊猫、金丝猴、华南虎、褐马鸡、丹顶鹤、朱鹮、白唇鹿、白鳍豚、扬子鳄等百余种。其中大熊猫（见图 1–7）、金丝猴、白唇鹿、白鳍豚被称为我国的四大国宝动物。

图 1–7 大熊猫

野生动物不仅有经济、科学、文化教育等多方面的价值，而且，由于野生动物具有奇特性、珍稀性和表演性，历来就成为人们喜爱的旅游景观。目前人们观赏野生动物有两类地方，一类是动物园，一类是野生动物栖息地。

第三节 中国的人文旅游资源

人文旅游资源是指由古今人类活动所创造，反映了不同历史时期、不同地理区域的人类文明成果，并对旅游者产生有吸引力的各种事物。人文旅游资源既包括人类创造的物质文化旅游资源，如可视化的民居建筑、主题公园，也包括人类创造的非物质文化旅游资源，如不可见的宗教信仰、神话传说。非物质文化旅游资源必须借助一定的物质形式予以表达和呈现，譬如烹饪技艺通过具体的菜品饮食，满足了旅游者吃的基本需求，也迎合了旅游者品尝特色美食的精神需求；物质文化旅游资源是人类思想认识的产物，蕴含了丰富的人类思想文化，譬如作为皇家宫殿的故宫，不仅是封建社会帝王执着追求“天人合一”规划理念的体现，也是封建社会等级制度的反映。

中国有长达5000年的文明史，有960万平方千米的陆地面积，还有56个民族，在漫长的历史时期，不同地域的人民和民族，充分发挥各自的聪明才智，创造了一大批绚丽多彩的文化。这些文化遗存不仅记载了历朝历代的政治、经济、军事、科技，也记录了从古至今人们的生活、生产和宗教礼制，经过一系列的开发后，形成了我们今天所见到的丰富人文旅游资源。其主要包括史前遗址、聚落名城、古典建筑、民俗节庆、风物特产、美食佳肴、主题公园、博物（纪念）馆、其他人文旅游资源九个亚类。

一、史前遗址

史前遗址是指有文字记录之前的人类社会所产生的文化遗址。它反映了人类祖先生存的环境以及生活和生产的状况，贯穿了从猿到人的漫长进化过程，是人文旅游资源中年代最古老的景观，对现代人了解人类进化和社会发展具有重大的意义，是人类学、考古学、地质学、史学和美学工作者考察的重要项目，也是旅游者抚今追昔、增长知识的场所。

一般将从中国境内发现古人类开始到夏朝建立这段时期，称为史前时期。我国是古人类发源地之一，也是目前世界上发现远古人类遗址最多的国家。在旧石器时代、新石器时代，中国境内发现了大量古代人类遗址，遍布黄河流域、长江流域及珠江流域。

（一）远古人类遗址

1. 元谋人

元谋人距今约170万年。元谋人化石是目前中国发现的最早的人类化石之一，1965年发现于云南省元谋县，后定名简称为“元谋人”。遗址出土有云南马、剑齿虎、剑齿象等早更新世动物化石，打制石器及炭屑，证明他们是能制造工具和使用火的原始人类。

2. 北京人

北京人距今约70万年至20万年，遗址位于北京市房山区周口店镇龙骨山。自1927年进行大规模系统发掘以来，共发现不同时期的各类化石和文化遗物地点27处，发掘出土代表 40 多个“北京人”的化石遗骸，10 多万件石器，近 200 种动物化石及大量的用火遗迹等，成为举世闻名的人类化石宝库和古人类学、考古学、古生物学、地层学、年代学、环境学及岩溶学等多学科综合研究基地。1987 年，被联合国教科文组织列入《世界遗产名录》。

（二）母系氏族社会遗址

1. 山顶洞人

山顶洞人距今约 3 万年。山顶洞人化石在 1933 年发现于北京市周口店龙骨山北京人遗址顶部的山顶洞。山顶洞人属于旧石器时代晚期智人，处于母系氏族社会时期。女性在社会生活中起主导的作用，按母系血统确立亲属关系。山顶洞人会制造工具，会人工取火，靠采集、狩猎（捕鱼）为生，会用骨针缝制衣服，共同劳动，共同分配食物，没有贫富贵贱的差别。

2. 半坡村遗址

半坡村遗址距今约 6700 年 ~6000 年，1953 年发现于陕西省西安市浐河东岸半坡村。半坡村遗址属于新石器时代仰韶文化的一处聚落遗址，处于母系氏族社会时期，是黄河流域一个典型的氏族村落遗址。半坡村遗址分为居住区、墓葬区和制陶作坊区，生动地展现了 6000 多年前母系氏族社会繁荣时期的半坡先民们的生产和生活情景。在一些陶钵口沿上发现有 30 多种符号，可能是中国文字的起源。1958 年在半坡村原遗址上建成半坡博物馆，是我国建立的第一座原始社会博物馆。

3. 河姆渡遗址

河姆渡遗址距今约 7000 年，1973 年发现于浙江宁波余姚的河姆渡镇而命名。河姆渡遗址属于新石器时代，处于母系氏族社会时期，是长江中下游流域一处典型的氏族村落遗址。主要特色是黑陶和“干栏式房屋”的建筑遗迹，发现了大量人工栽培的稻谷，这是目前世界上最古老、最丰富的稻作文化遗址。

（三）父系氏族社会遗址

1. 大汶口文化遗址

大汶口文化遗址距今约 6500 年 ~4500 年，因发现于山东省泰安市大汶口镇而得名。大汶口文化是分布于黄河下游一带的新石器时代文化。发现有红陶、黑陶、灰陶、白陶和彩陶，有磨制精美石器和玉器。出土的墓葬及陪葬品，说明出现严重的贫富分化、私有制和男女不平等，标志进入到父系氏族社会时期。

2. 良渚古城遗址

良渚古城遗址距今约 5300 年 ~4300 年（公元前 3300 年—公元前 2300 年），因发现于浙江省杭州市良渚镇而得名。良渚古城遗址是长江下游地区首次发现的新石器时代城址，是中国长江下游环太湖地区的一个区域性早期国家的权力与信仰中心，古城遗址包括城址、功能复杂的外围水利工程和分等级同时期的墓地（含祭坛）等。其中，良渚古城外围水利系统是迄今所知中国最早的大型水利工程，也是世界最早的水坝系统。良渚古城遗址向人们展示了新石器时代晚期一个以稻作农业为支撑、具有统一信仰的早期区域性国家形态。良渚古城遗址是人类早期城市文明的范例，实证中华五千年文明史。2019 年 7 月，被联合国教科文组织列入《世界遗产名录》。

视野拓展

世界最早的水利系统

良渚古城外围存在一个由 11 道坝体构成的水利系统，控制范围达 100 平方千米，距今已有 5000 多年，具有防洪、运输和灌溉等综合功能，这是世界上最早、规模最大的水利系统。借助于现代 GIS、RS 技术，考古工作人员确认在良渚古城遗址外围由高坝、低坝、天然山体和谷口水库共同构成了超大型的系统水利工程，整个水坝系统人工堆筑土方量达 288 万立方米，仅塘山长堤堆筑土方量就达 198 万立方米，这是同时期世界上规模最大的水资源管理系统。

通过水利系统的高、低两级水坝，可以将大量的来水潴留在山谷和低地内，解除洪水直接的威胁。同时，该系统在运输上也具有重要作用。天目山为遗址群提供丰富的石料、木材及其他动植物资源。但与平原区发达的水网不同，该地区山谷陡峻，降水季节性明显，水量变化大，夏季山洪暴发，冬季则可能断流，大多时候不具备行船的可能。通过筑坝蓄水形成库容，一个连接各个山谷的水上交通运输网络逐渐形成。整个水利系统在良渚古城西、北方向形成 12.4 平方千米储水面积，储水量超过 6000 万立方米。良渚先民以综合系统的思维方式，不只把水视为威胁，更将水视为通途，即使在今天仍值得学习。

（来源于：人民网 – 探访世界最早的水利系统，网址链接 http：//energy.people.com.cn/n1/2018/0123/c71661–29780692.html）

二、聚落名城

聚落古代指村落，如《汉书 · 沟洫志》的记载：“或久无害，稍筑室宅，遂成聚落。”近代泛指一切居民点。聚落是人类活动的中心，它既是人们居住、生活、休息和进行各种社会活动的场所，也是人们进行劳动生产的场所。

我国幅员辽阔，受自然地理环境和民族、宗教及历史的影响，全国形成了很多区域性的政治、经济、文化和军事中心，这些中心既有数千年建城史的城市，也有传承千百年的历史名镇名村。

在漫长而不间断的历史进程中，我国曾出现了众多历史文化名城名镇名村，其数量之多堪称世界之最。城市的出现是人类历史发展的必然，是人类智慧的结晶。历史名城尤其是古都更是文明的遗存最为富集和最具代表性的地区。目前，保留下来的历史文化名城名镇名村似一幅幅历史画卷，各自从不同的侧面反映了中华民族的悠久历史和光辉形象，也体现了历史文化名城名镇名村在我国历史上的重要地位以及对我国古代文化的繁荣与发展所做出的重大贡献，因而是一种特殊的旅游资源，具有其他旅游资源所没有的优越性。

（一）古都

古都，指古代王朝的政治中心，也往往是其经济和文化中心，因此，它的设置应该比较稳定。但随着国家政治、经济的发展以及向外拓张形势的需要，京都常常从旧都迁往更为合适的新地。在中国历史上，不仅许多政权在自身发展中经历了京都位置的逐步转移，而且从整体看，历代京都还呈现出先以东西向迁移为主，后以南北向交替的位置变换。京都的迁移还必须考虑各种地理因素。中国历史上统一王朝或者在全局范围看呈鼎立之势的大的政权的首都，既是某一王朝的政治中心，也往往是其经济和文化中心。

古都是最重要的历史文化名城，它是历史上帝王的统治中心。自秦始皇开始，各个朝代都大搞都城建设和皇城、宫城建筑。北京、西安、洛阳、开封、南京、杭州、安阳因建都朝代多、时间长、建筑宏伟，而被称为历史上的七大古都，它们都对世界的政治、经济和文化有过贡献。

西周开始有都城事先经过规划设计而后建的记载。成于春秋战国之际的《周礼·考工记》代表了早期中国都城规划的设计思想，其中方形城垣，以坐北朝南为宫殿主体，突出中轴线，左右对称布局，是崇拜天神地母、祭祀祖先的礼制原则与中原地区季风气候环境相结合的产物，从而框定了中国历代都城建筑形制的主导方向和原则。

都城的建设一般包括皇城、宫城、园林、陵墓、寺庙等建筑。正方形是中国都城的传统形制。三重城墙，层层包围，外城是老百姓的住宅区和商业区，皇城为中央衙署和官吏住宅区，宫城则为皇宫所在。中国古都在规模和形制等方面都有一套规定。城中十字路口或附近，常建有报时报警的钟楼鼓楼，其规模颇大，有居高临下之势，具有防御作用。此外各类建筑在用材、色彩、装饰等方面也有严格规定，不得越制。

学术界对大古都有严格的认定标准。中国古都学会前会长朱士光解释了中国古都学会认定大古都的四大标准：它应是我国历史上主流（或主体，非正统）王朝或政权的都城；它有着较长的作为都城的时间，一般而言应在 200 年以上；它有着相当大的城址规模；在它遗址上或其近旁存在后续城市，且应是国家级或较高级别规格的区域性的政治、经济、文化中心。

（二）历史文化名城

根据《中华人民共和国文物保护法》，历史文化名城是指“保存文物特别丰富，具有重大历史文化价值和革命意义的城市”。与保护单个文物古迹不同，历史文化名城强调对古城空间秩序和传统风貌的整体传承。目前，国家级历史文化名城按特点分为七类：

历史古都型：以都城时代的历史遗存物、古都的风貌为特点的城市。例如：北京、西安。

传统风貌型：保留了一个或几个历史时期积淀的完整建筑群的城市。例如：平遥、歙县。

一般史迹型：以分散在全城各处的文物古迹为历史传统主要体现方式的城市。例如：

徐州、长沙。

风景名胜型：建筑与山水环境的叠加而显示出鲜明个性特征的城市。例如：承德、蓬莱。

地域特色型：地域特色或独自的个性特征、民族风情、地方文化构成城市风貌主体的城市。例如：拉萨、凤凰（见图 1-8）。

近代史迹型：反映历史上某一事件或某个阶段的建筑物或建筑群为其显著特色的城市。例如：上海、南昌。

特殊职能型：某种职能在历史上占有极突出地位的城市。例如：景德镇、扬州。

图 1-8　中国历史文化名城凤凰

国家级历史文化名城，不仅要求城市有特别丰富的文物资源、具有重大历史文化价值和革命意义，对文化保护程度也有较高要求。我国是一个历史悠久的文明古国，许多历史文化名城是我国古代政治、经济、文化的中心，或者是近代革命运动的策源地和重大历史事件的发生地。在这些历史文化名城的地面和地下，保存了大量历史文物与革命文物，体现了中华民族的悠久历史、光荣的革命传统与光辉灿烂的文化。做好这些历史文化名城的保护和管理工作，对建设社会主义精神文明和发展我国的旅游事业都起着重要的作用。

知识链接

国家历史文化名城起源

国家历史文化名城是 1982 年根据北京大学侯仁之、建设部郑孝燮和故宫博物院单士元三位先生提议而建立的一种文物保护机制。由中华人民共和国国务院确定并公布的国家历史文化名城均为保存文物特别丰富、具有重大历史价值或者纪念意义，且正在延续使用的城市。党和国家历来高度重视历史文化名城、名镇、名村的保护工作，《文物保护法》《城乡规划法》确立了历史文化名城、名镇、名村保护制度，并明确规定由国务院制定保护办法。2005 年 10 月 1 日，《历史文化名城保护规划规范》正式施行，确定了保护原则、措施、内容和重点。2008 年 7 月 1 日,《历史文化名城名镇名村保护条例》正式施行,规范了历史文化名城、名镇、名村的申报与批准。如果国家历史文化名城的布局、环境、历史风貌等遭到严重破坏的,由国务院撤销其历史文化名城称号。(资料来源:百度百科)

国家历史文化名城由国务院确定、公布。自 1982 年首批 24 座国家历史文化名城公布以来,之后整体又公布了第二、第三批,2001 年后陆续增补了 39 座历史名城。截至 2021 年 6 月 15 日,国务院已将 137 座城市列为国家历史文化名城(琼山区已并入海口市,两者算一座)。

从行政区划看,历史文化名城并非一定是“市”,也可能是“县”或“区”。附表如下:

表 1-2 国务院公布的国家历史文化名城一览表

省级行政区	第一批 24 座(1982 年)	第二批 38 座(1986 年)	第三批 37 座(1994 年)	增补 39 座(2001—2021 年)
北京市	北京	—	—	—
河北省	承德	保定	正定、邯郸	山海关、蔚县
山西省	大同	平遥	新绛、代县、祁县	太原
内蒙古自治区	—	呼和浩特	—	—
天津市	—	天津	—	—
辽宁省	—	沈阳	—	辽阳
吉林省	—	—	吉林、集安	长春
黑龙江省	—	—	哈尔滨	齐齐哈尔
上海市	—	上海	—	—
安徽省	—	歙县、寿县、亳州	—	安庆、绩溪、黟县
江苏省	南京、苏州、扬州	镇江、常熟、徐州、淮安	—	无锡、南通、宜兴、泰州、常州、高邮
浙江省	杭州、绍兴	宁波	衢州、临海	金华、嘉兴、湖州、温州、龙泉
福建省	泉州	福州、漳州	长汀	—
江西省	景德镇	南昌	赣州	瑞金
山东省	曲阜	济南	青岛、聊城、邹城、临淄	泰安、蓬莱、烟台、青州
河南省	洛阳、开封	安阳、南阳、商丘	郑州、浚县	濮阳
湖北省	江陵(荆州)①	武汉、襄樊(襄阳)	随州、钟祥	—
湖南省	长沙	—	岳阳	凤凰、永州

续表

省级行政区	第一批 24 座（1982 年）	第二批 38 座（1986 年）	第三批 37 座（1994 年）	增补 39 座（2001—2021 年）
广东省	广州	潮州	肇庆、佛山、梅州、海康（雷州）②	中山、惠州
海南省	—	—	琼山③	海口
广西壮族自治区	桂林	—	柳州	北海
四川省	成都	阆中、宜宾、自贡	乐山、都江堰、泸州	会理
重庆	—	重庆	—	—
贵州省	遵义	镇远	—	—
云南省	昆明、大理	丽江	建水、巍山	会泽、通海县
西藏自治区	拉萨	日喀则（桑珠孜区）④	江孜	—
陕西省	西安、延安	韩城、榆林	咸阳、汉中	—
甘肃省	—	武威、张掖、敦煌	天水	—
宁夏回族自治区	—	银川	—	—
新疆维吾尔自治区	—	喀什	—	吐鲁番、特克斯、库车、伊宁
青海省	—	—	同仁	—

注解：

① 江陵又称荆州城，是国务院 1982 年 2 月 8 日批准公布的首批全国 24 座历史文化名城之一。现属湖北省荆州市的荆州区。

② 海康，现名为雷州市，它是国务院 1994 年 1 月 4 日批准的国家第三批历史文化名城。1994 年 4 月 26 日，民政部批复（民行批［1994］64 号）同意撤销海康县，设立雷州市。

③ 琼山，现为海口市的一个区。1994 年 1 月 4 日，琼山府城被国务院批准授予“国家历史文化名城”的称号。2003 年 1 月 1 日正式成为海口市的一个区。

④ 第二批国家历史文化名城日喀则市于 2014 年调整行政区划为桑珠孜区。

（三）历史文化名镇名村

中国历史文化名镇（村）是保存文物特别丰富，且具有重大历史价值或纪念意义的，能较完整地反映一些历史时期传统风貌和地方民族特色的镇和村落。自 2003 年以来，住房和城乡建设部、国家文物局联合公布了七批共 799 个中国历史文化名镇名村，其中名镇 312 个，名村 487 个，分布范围已覆盖除港澳台之外的全国 31 个省、直辖市、自治区。这些历史文化名镇名村反映了我国不同地域、不同民族、不同经济社会发展阶段聚落形成和演变的历史过程，真实记录了传统建筑风貌、优秀建筑艺术、传统民俗民风和原始空间形态，具有很高的研究和利用价值。

历史文化名镇名村是我国五千年历史遗产的重要组成部分。近些年来，随着国际社会和我国政府对文化遗产保护的日益关注，历史文化名镇名村保护与利用已成为各地经济社会发展尤其是旅游开发的重要组成部分，成为培育地方旅游业、推动旅游经济发展和增加旅游收入的重要源泉，成为塑造乡村特色、增强人民群众对各民族文化的认同感和自豪感，满足社会公众精神文化需求的重要途径，在推动经济发展、社会进步和保护先进文化等方面都发挥着积极的作用。代表性历史文化名镇名村有：河南开封县朱仙镇、江苏昆山市周庄镇、浙江桐乡市乌镇、湖南永顺县芙蓉镇、安徽歙县郑村镇棠樾村、广东中山市南朗镇翠亨村等。

2000 年，安徽省黟县西递、宏村（见图 1–9）两处徽派古民居以其保存良好的传统风貌被联合国教科文组织列入《世界遗产名录》。

图 1–9　皖南古村落宏村

三、古典建筑

建筑是凝固的音乐。建筑和音乐一样具有节奏和旋律，追求整体的和谐一致。在中华文明的长河中，除了文字典籍和出土文物，最能震撼民族心灵的就是建筑。不同时期的建筑表现出特定历史阶段人们的信仰，不同地域的建筑表现出特定民族人们的风俗，不同种类的建筑表现出特定群体人们所追求的功用。建筑是一个地方乃至一个国家形象的重要组成部分，所以，现在各地旅游活动一般都有参观游览当地著名建筑的安排。

中国古典建筑以其独特的取材、巧妙的结构和别具风格的造型艺术在世界建筑史上占有重要地位，是认识和理解中国传统文化和历史的重要途径。

巧妙的木框式结构，庭院式的组群布局，丰富多彩的艺术形象和等级森严的建筑制度，是中国古建筑的主要特征。

中国古代建筑遗存十分丰富，类型多样，主要包括宫殿建筑、礼制建筑、陵墓建筑、宗教建筑、园林建筑、楼阁建筑、民居建筑、其他古建筑等。

（一）宫殿建筑

古代建筑是中国传统文化的重要组成部分，而宫殿建筑，则是其中最瑰丽的奇葩。无论在结构上，还是在形式上，都有别于其他类型的建筑。

宫殿建筑又称宫廷建筑，是供皇帝处理朝政和满足居住功能的院落式建筑群，是中国传统建筑之精华。古代皇帝为了巩固自己的统治，突出皇权的威严，满足精神生活和物质生活的享受而建造了规模巨大、气势雄伟的建筑物。这些建筑大都金玉交辉、巍峨壮观。中国古代宫殿建筑采取严格的中轴对称的布局方式，古代宫殿建筑物自身也被分为两部分，即“前朝后寝”：“前朝”是帝王上朝处理政务、举行大典之处，“后寝”是皇帝与后妃们居住生活的所在。

由于我国古代宫殿多为木构建筑，大多毁于战火，今天保留下来较完整的古代宫殿建筑群只有明清两代的宫殿。其中保存最完好，且规模最宏伟、最有代表性的宫殿是北京故宫（见图 1-10），俗称“紫禁城”。它是中国古典建筑的典范，在世界建筑史上别具一格。虽然它是封建专制皇权的象征，但却折射出中国古代文明的光辉。北京故宫在人类世界文化遗产史册中占有不可替代的重要地位。

除北京故宫外，我国现存代表性的宫殿建筑还有西藏拉萨布达拉宫和辽宁沈阳故宫（见图 1-11）等。

图 1-10　北京故宫

图 1-11　沈阳故宫大政殿

（二）礼制建筑

“礼”为中国古代“六艺”之一，并集中地反映了封建社会中的天人关系、阶级和等级关系、人伦关系、行为准则等，是上层建筑的重要组成部分，在维系封建统治中起着很大的作用。礼制建筑是体现宗法礼制并表达对天地、祖先的崇敬和感恩而举行各种祭祀活动的场所，狭义又称坛庙建筑。礼制性建筑起源早、延续久、形制尊、数量多、规模大、成就高，因此，礼制性建筑的地位远高于实用性建筑。

图 1-12　北京天坛祈年殿

礼制建筑中祭祀与供奉的内容，可以归纳为天神地祇和已经“升天”祖先及先贤。现存礼制建筑遍布各地，典型礼制建筑有北京天坛（见图 1-12）、山东曲阜孔庙、河南嵩山汉三阙、山西的关帝庙、安徽包公祠、四川武侯祠、山西晋祠，各地的文庙、武庙以及宗祠、家庙等。

（三）陵墓建筑

陵墓建筑是中国古代建筑的重要组成部分，中国先民基于人死而灵魂不灭的观念，普遍重视丧葬，因此，无论任何阶层对陵墓皆精心构筑。在漫长的历史进程中，中国陵墓建筑得到了长足的发展，产生了举世罕见的且庞大的古代帝后陵墓、王侯将相墓葬；在历史演变过程中，陵墓建筑还先后与绘画、书法、雕刻等诸艺术门派融为一体，成为反映多种艺术成就的综合体。

1. 帝王陵墓

帝王陵墓包括陵墓及其附属建筑，合称为陵寝。历代封建帝王为了死后继续保持在世时的权力，“享受”生前的奢靡生活，都不惜挥霍巨金、役使千万民众，为自己修建陵墓。各代帝王的葬式不同、规模不等，建筑形式各异，对我们了解当时社会发展的状况、建筑工程的水平及人们思想意识的特征等都具有重要的价值。它是古代建筑的重要组成部分和历史文化遗产。

帝王陵墓是集建筑、雕刻、绘画、自然环境于一体的综合性艺术。我国的帝王陵寝数量众多、历史悠久，在世界上独一无二；其布局严谨、建筑宏伟、工艺精湛，具有独特的风格，在世界文化史上占有重要地位。

我国丰富的古代帝王陵墓的墓葬与建筑形式、丰富的殉葬品和众多的出土文物，以及陵墓区域“风水宝地”的环境资源，具有很高的观赏、科研、游憩等价值。

我国古代帝王从商代始兴厚葬之风。3000 年来，其陵墓构建形式经历了不断发展、演变和完善的过程。我国古代帝王陵寝主要由封土、墓室（地宫）和陵园建筑三部分构成。

我国帝王陵寝营造历时数千年，迄今为止保存下来的主要有陕西的黄帝陵、秦始皇陵、汉茂陵、唐乾陵、唐昭陵，河南巩义的宋陵，江苏南京明孝陵，北京明十三陵，清代关外四陵（福陵、昭陵、永陵、东京陵），河北清东陵、清西陵（见图 1-13），西藏琼结县藏王墓，辽宁北镇辽代皇家墓葬，宁夏西夏王陵，吉林高句丽王陵，内蒙古成吉思汗陵等。

图 1-13　清西陵泰陵

2. 名人墓葬

除了规模庞大、陪葬奢侈的历代帝陵，全国各地还分布着数以千计的历代政治军事界王侯将相、文化教育界诸子百家、宗教科技界著名人物的墓葬。这些墓葬的规模及等级虽不及历代帝陵，但也有非同寻常的墓葬规格、为数众多的地面文物、独具特色的纪念价值，从不同侧面反映了我国古代社会发展的灿烂文化。这些名人墓葬对于考古发掘、研究古代的丧葬文化和爱国主义教育都具有重要意义，因而也成为一种重要的人文旅游资源。

有些墓葬虽然没有称为王陵，但墓葬规格与帝王陵墓相当，譬如山东曲阜的孔林；有些墓葬造型独特，譬如陕西汉茂陵附近形似祁连山的霍去病墓；有些墓葬用材讲究，代表时代最高葬礼规制，譬如江苏高邮使用“黄肠题凑”的汉广陵王墓；有些墓葬成为后世瞻仰的景点，譬如浙江杭州的岳飞墓、安徽马鞍山的李白墓。

（四）宗教建筑

宗教是人类社会发展到一定历史阶段出现的一种文化现象，宗教古迹是宗教文化遗产的重要组成部分，不同历史时期的宗教建筑几乎都成为当时的建筑典范。目前保存下来的寺院、教堂、宫观、石窟等古迹，不仅体现了一定历史时期的建筑风格和建筑艺术水平，还记载了文化的发展、宗教的盛衰。

认识和了解宗教知识，是帮助我们了解世界和中国的历史文化发展、了解各国各地区人们的思想意识背景及风俗习惯等内容的一把钥匙。我国当前各民族信仰的宗教主要有道教、佛教、伊斯兰教和基督教，称中国四大宗教。

1. 佛教建筑

在历史上佛教对我国文化产生过深刻影响，佛教遗迹遍布大江南北，其中最突出的是佛教三大建筑，即寺院、石窟、佛塔。

寺院是僧侣、信徒们从事佛教活动的场所。佛教传入中国后营建的第一座寺院是河南洛阳的白马寺。河南嵩山少林寺、北京雍和宫和潭柘寺、陕西西安慈恩寺、江西庐山东林寺、浙江天台山国清寺、浙江杭州灵隐寺、西藏大昭寺、青海塔尔寺、甘肃拉卜楞寺等都是我国著名的寺院。

石窟是佛教徒为了寻觅幽静和传教及集会、诵经的地方，依山凿窟而修建的修行“精舍”。甘肃敦煌莫高窟、山西大同云冈石窟、河南洛阳龙门石窟和甘肃天水麦积山石窟为我国佛教四大著名石窟，具有较高的文化、历史和艺术价值。

图 1-14　大雁塔

佛塔是佛教显著的建筑景观之一，往往与寺院相伴。它原是为保存和埋葬释迦牟尼的“舍利”而建的塔楼，是佛教徒主要的膜拜对象。我国比较著名的佛塔有河南登封市的嵩岳寺塔、陕西西安市的大雁塔（见图 1-14）、山西应县木塔、山东济南市郊的四门塔、河北定州市的开元寺塔、河南开封相国寺塔、杭州六和塔、北京北海的白塔、苏州的虎丘塔等，都是我国宝塔中的佼佼者。

2. 道教建筑

道教建筑是道士布道传教，供奉、祭祀神仙和举行各种宗教仪式的场所。它是社会经济和文化的综合反映，又是宗教哲学思想和信仰的体现。道教祀神和做法事的处所，称作道宫或道观。道观的名称有宫、观、庙、道院等。称“宫”的为有特殊地位的道观。我国著名的道教宫观有沈阳太清宫、北京白云观、陕西楼观台、苏州玄妙观、成都青羊宫、广州三元宫、香港黄大仙祠等。

3. 伊斯兰教建筑

清真寺是伊斯兰教建筑的主要类型，它是信仰伊斯兰教的居民点中必须建立的建筑，是穆斯林举行宗教仪式、传授宗教知识的场所，也称礼拜寺。清真寺建筑必须遵守伊斯兰教的通行规则，如我国礼拜殿的朝向必须面东，使朝拜者可以朝向圣地麦加的方向做礼拜，即面向西方；礼拜殿内不设偶像，仅以殿后的圣龛为礼拜的对象；清真寺建筑装饰纹样不准用动物纹样，只能是植物或文字的图形。

由于中国各地的建筑技术及材料的不同，因使用要求而引发建筑规模、附属建筑、工艺特点、地方风格的不同，结果产生了形式各异的清真寺建筑。中国清真寺建筑有中国传统式建筑和阿拉伯风格建筑两种。我国著名的清真寺有北京牛街清真寺、山东济宁东大寺、新疆喀什艾提尕清真寺、宁夏银川南关清真寺、陕西西安化觉巷清真寺、青海西宁东关清真大寺（见图 1-15）、广州怀圣寺、泉州清净寺、扬州礼拜寺和杭州真教寺等。泉州清净寺是我国现存最古老的伊斯兰教寺庙。

图 1-15 西宁东关清真大寺

4. 基督教建筑

教堂是基督教的典型建筑，是基督教教徒举行宗教仪式的建筑物，原意是为上帝的居所，以此来赞美上帝，祈求赐福给天下众生。人们在教堂进行弥撒礼仪和祈祷，以求天下太平，众生平安。

我国著名的教堂有哈尔滨圣索菲亚教堂（见图 1-16）、北京南堂、天津老西开教堂、上海徐家汇天主教堂、上海国际礼拜堂、广州圣心大教堂等。

图 1-16 圣索菲亚教堂

（五）园林建筑

中国园林是模拟自然环境，利用山石、水体、生物、建筑等构景要素，按一定的艺术构思而建成的具有生活、游憩和观赏功能，同时又富有诗情画意的综合性艺术品。它集建筑、雕塑、绘画、书法、文学、金石、园艺等艺术于一体，达到自然美与艺术美相互融合的完美境界。它与国画、烹饪、京剧一起被称为“中国文化四绝”。

中国古典园林的分类，从不同角度看，可以有不同的分类方法。一般有两种分类法：

一是按占有者身份来划分，分为皇家园林和私家园林。皇家园林是专供帝王休息享乐的园林。古人讲“普天之下莫非王土”，在统治阶级看来，国家的山河都是属于皇家所有。

图 1-17　北海公园

所以其特点是规模宏大，真山真水较多。园中建筑富丽堂皇、体形高大。

现存著名皇家园林有：北京的颐和园、北京的北海公园（见图 1-17）、河北承德的避暑山庄。私家园林是供皇家的宗室外戚、王公官吏、富商大贾等休闲的园林。其特点是规模较小，所以常用假山假水，建筑小巧玲珑、淡雅素净。现存的私家园林，如北京的恭王府，苏州的拙政园、留园、沧浪亭、网师园，上海的豫园等。

二是按园林所处地理位置来划分，分为北方园林、江南园林和岭南园林。北方因地域宽广，所以范围较大；又因大多为百郡所在，所以建筑富丽堂皇。因自然气象条件所局限，河川湖泊、园石和常绿树木都较少，由于风格粗犷，所以秀丽媚美则显不足。北方园林的代表作大多集中于北京、西安、洛阳、开封，其中尤以北京为代表。南方人口较密集，所以园林地域范围小；又因河湖、园石、常绿树较多，所以园林景致较细腻精美、明媚秀丽、淡雅朴素、曲折幽深，但面积小，略感局促。江南园林的代表作大多集中于南京、上海（见图 1-18）、无锡、苏州、杭州、扬州等地，其中尤以苏州为代表。岭南园林因为其地处亚热带，终年常绿，又多河川，所以造园条件比北方、南方都好。其明显的特点是具有热带风光，建筑物都较高而宽敞。现存岭南类型园林，主要有广东顺德的清晖园（见图 1-19）、东莞的可园、番禺的余荫山房和佛山梁园等。

图 1-18　上海古猗园

图 1-19　顺德清晖园

（六）楼阁建筑

楼阁建筑是中国古代建筑中的多层建筑物。我国古代的楼阁建筑类型多、分布广，现存的主要有河北承德避暑山庄的烟雨楼、浙江嘉兴的烟雨楼、广东广州的镇海楼、湖南岳阳的岳阳楼、湖北武汉的黄鹤楼、江西南昌的滕王阁、四川成都的望江楼、云南昆明的大观楼、贵州贵阳的甲秀楼、台湾台南的赤嵌楼等。

湖北武汉黄鹤楼、湖南岳阳岳阳楼、江西南昌滕王阁并称为江南三大名楼；安徽滁州醉翁亭、浙江杭州湖心亭、北京陶然亭、湖南长沙爱晚亭（见图 1-20）并称为中国四大名亭。

图 1-20　长沙岳麓山爱晚亭

（七）民居建筑

中国各地的居住建筑，又称民居。由于中国各地区的自然环境和人文环境不同，因而中国民居的多样性在世界建筑史上也较为鲜见。

图 1-21　开平碉楼

民居建筑是指中国传统的人们居住的房屋建筑。中国的居住建筑是最基本的建筑类型，出现最早，分布最广，数量最多。中国民居与地形地貌、气候等自然地理环境紧密相关，又随着历史朝代的更迭和文化观念的差异而变化多端，具有丰富的心理效应和超凡的审美意境。具有代表性的传统民居有北京四合院、西北黄土高原的窑洞、徽派民居、客家土楼、广东镬耳屋、藏族碉房、蒙古包、西南吊脚楼、傣族竹楼、广东骑楼、广东开平碉楼（见图 1-21）。其中，北京四合院、陕北窑洞、客家围龙屋、广西干栏式民居和云南一颗印，合称为我国最具乡土风情的五大传统住宅建筑形式，被中外建筑学界称为中国民居建筑的五大特色之一。

我国的民居大体可分为三类：

第一类是帐篷型和蒙古包型民居。这是游牧民族的居住方式，最大的特点是容易拆迁。如达斡尔族、鄂温克族、蒙古族居住的蒙古包，哈萨克族居住的毡房，藏族的帐篷等。

第二类是干栏式民居。这类民居多见于我国南方少数民族地区，其结构有两种形式，纯木结构和土木结构。纯木结构建筑多建于平地，以西双版纳傣族的竹楼最为典型。西南地区侗族、苗族、布依族的吊脚楼，海南黎族的船形屋均属此类民居。

第三类是上栋下宇式。这是我国北方和南方各民族居民通行的样式。依屋顶样式又分平顶形、一面坡形和人字形，在干旱地区多平顶房，而在雨水较多的地区多坡顶房。在我国汉族住宅中，历史比较悠久、应用最为广泛的是单层四合院住宅，其中又以北京的四合院最为典型。

知识链接

四合院简介

四合院就是由北房、南房、东房、西房四面围合，各房之间用墙来连接起来形成的封闭式院落，使建筑形成一个“口”字形。在中国民居中历史最悠久，分布最广泛，是汉族民居形式的典型。其历史已有3000多年，西周时，形式就已初具规模。山西、陕西、北京、河北的四合院最具代表性。

图 1–22　老北京四合院模型

北京四合院（见图 1–22）是老北京人世代居住的主要建筑形式。四合院的典型特征是外观规矩，中线对称。北京四合院的构成有独特之处，院落宽绰疏朗，四面房屋各自独立，彼此之间有游廊连接，起居十分方便。四合院是封闭式的住宅，对外只有一个街门，关起门来自成天地，具有很强的私密性，非常适合独家居住。院内，四面房子都向院子中间开门，一家人在里面和亲和美，其乐融融。由于院落宽敞，可在院内植树栽花，饲鸟养鱼，叠石造景。居住者不仅享有舒适的住房，还可分享大自然赐予的一片美好天地。

视野拓展

满族民居

东北地区天气寒冷，各民族的居室住宅形成以防寒为主的特点。满族多居住在山区谷地，尤其注重御寒防冷的问题，并因此形成了满族特有的居住习俗。“口袋房，万字炕，烟筒坐在地面上”形象地说出了满族人的居住特点。口袋房是指3间房多在最东面一间南侧开门或5间的在东起第二间开门。整座房屋形似口袋，因此称作“口袋房”。开门的一间称“外屋”“堂屋”；西面屋又称“上屋”，上屋里南、西、北三面筑有“∏”字形大土坯炕，叫作“万字炕”，其中西炕为满族人家放祖宗匣子的地方，是不许坐人的。火炕是满族人家住房主要的取暖设备（宫廷内还有火地、火墙），东屋是小字辈住房；北方汉族盖房屋，一般将烟囱设在房脊上。而满族却将烟囱设在房西或房后地上，以一段横烟道与烟囱相连，这也叫“跨海式烟囱”。

（八）其他古建筑

其他古建筑主要是指历史上对我国经济、军事和科技等方面产生重大影响的建筑工程。主要包括军事工程、水利工程及桥梁工程等。它的旅游价值主要表现在工程本身所具有的显著的时代性和突出的科技性。这些工程曾经甚至迄今仍在发挥作用，工程的规模和技术含量是当时科技成果和发展水平的标志，因而是人们研究社会发展的实物资料，也是重要的人文旅游资源。

1. 军事工程——长城

长城不仅是中国也是世界上修建时间最长、工程量最大的一项古代防御工程，自西周时期开始，延续不断修筑了 2000 多年，分布于中国北部和中部的广大土地上，总计长度达 2 万多千米。万里长城是中国古代劳动人民智慧的结晶，被誉为“世界第七大奇迹”。

自秦至明，凡统治过中原地区的朝代，几乎都修筑过长城。若把各个朝代修筑的长城累加起来，有 10 万里以上，其中秦、汉、明三个朝代所修长城的长度都超过了 1 万里。明代以后，长城修筑基本停止。秦汉以来，早期王朝所修长城大多损毁，现今保存最完整的就是明代的长城。

长城不仅体现了高超的建筑技艺，也反映了不同时代雕刻、绘画等建筑艺术，同时还诞生了凄美的爱情故事，成为民间传说和曲艺戏剧的摇篮，更是无数文人骚客诗词歌赋的源泉。一部万里长城修筑史就是中华民族爱好和平、抵御入侵的历史。今天，长城已经成为中华民族的象征，是重要的爱国主义教育基地，具有巨大的旅游价值。

目前，万里长城主要旅游景点有八达岭、慕田峪、司马台、嘉峪关（见图 1–23）、山海关、居庸关、玉门关、雁门关等。1987 年，长城被联合国教科文组织列入《世界遗产名录》。

图 1–23　万里长城嘉峪关

2. 古代桥梁

中国是桥的故乡，自古就有“桥的国度”之称。中国古代桥梁创始于西周，创建于秦汉，鼎盛于唐宋，饱和于元明清。

我国古桥不仅艺术造型上有高度的成就，表现出鲜明的民族风格；而且在建桥理论、构造处理、平面布局以及施工方法上都有不少独特创造，充分显示了中国古代劳动人民的非凡智慧与才能。在12世纪前一直处在世界桥梁的领先地位，为世界工程界所重视。中国古桥是一门综合性的艺术，它融合了中国古代力学、数学、美学、材料学等多学科技术的成就，称得上是中国古代的第五大发明。中国古代桥梁，除了桥梁本身的建筑技艺外，古桥本身所承载的美学价值、历史背景、神话传说，更是折射出中华五千年的深厚文化底蕴，是华夏文明不可或缺的一个组成部分，具有丰富的旅游价值。

中国古代桥梁主要代表有河北赵州桥、福建安平桥、贵州地坪风雨桥、北京卢沟桥、广东湘子桥、浙江杭州西湖断桥，其中北京卢沟桥、河北赵县赵州桥、福建泉州洛阳桥、广东潮州湘子桥被誉为中国四大古桥。

3. 古代水利工程

中国古代最重要的生产部门就是农业，农业受自然因素的影响极大，在古代科学技术不发达，人们抵御自然灾害能力低下的情况下更是如此。因而历朝历代均将“水利灌溉，河防疏泛”作为首要工作，上至帝王，下至百姓都十分重视农业基础建设，不断兴建公共水利工程。兴修水利工程不仅直接有利于农业生产的发展，还可以扩大运输，加快物资流转，发展商业，推动整个社会经济繁荣。

中国古代水利工程基本都是以国家推动为主，从大禹治水传说开始，不断挖渠灌溉、开挖运河、兴修堤坝、治理黄河等。由于水患不断，水利工程受破坏损毁严重，保留至今的古代水利工程主要有广西灵渠、四川都江堰、京杭大运河（中国大运河）、新疆坎儿井（见图1-24）等。其中，都江堰（与青城山）、中国大运河分别于2000年、2014年被联合国教科文组织列入《世界遗产名录》。

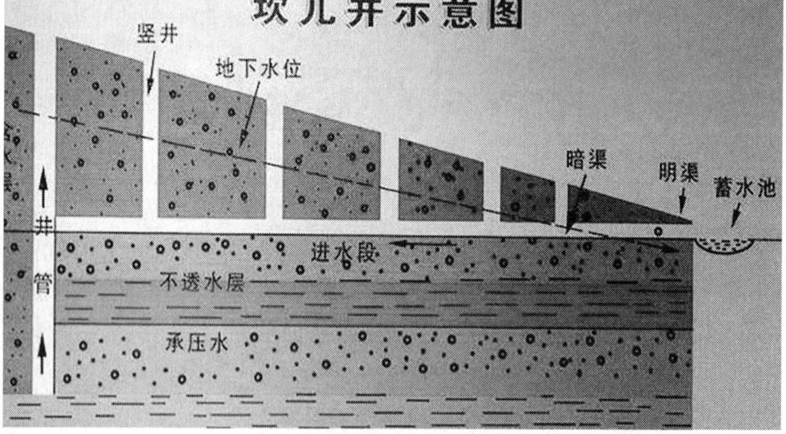

图1-24　新疆坎儿井示意图

4. 古代书院

中国古代书院是指中国封建社会特有的一种教育组织和学术研究机构，既有官方修建的学府，也有著名学者私人创建或主持的书院。

书院是民间教育组织，最早出现在唐朝，盛行于宋初，著名的书院有河南商丘应天书院、湖南长沙岳麓书院（见图 1-25）、江西庐山白鹿洞书院、河南嵩山嵩阳书院、湖南石鼓书院等。其中前四个被称为四大书院。

图 1-25　长沙岳麓书院

知识链接

中国大运河

中国大运河是中国东部平原上的伟大工程，是中国古代汉族劳动人民创造的一项伟大的水利建筑，为世界上最长的运河，也是世界上开凿最早、规模最大的运河。大运河始建于公元前 486 年，包括隋唐大运河、京杭大运河和浙东大运河三部分，全长 2700 千米，跨越地球 10 多个纬度，地跨北京、天津、河北、山东、河南、安徽、江苏、浙江 8 个省 / 直辖市，纵贯在中国最富饶的华北大平原上，通达海河、黄河、淮河、长江、曹娥江五大水系，是中国古代南北交通的大动脉，至今大运河历史延续已 2500 余年。

2014 年 6 月 22 日，中国大运河在第 38 届世界遗产大会上获准列入《世界遗产名录》，成为我国第 46 个世界遗产项目，包括中国 8 个省 / 直辖市，27 座城市，大运河河道遗产 27 段，以及运河水工遗存、运河附属遗存、运河相关遗产共计 58 处遗产点，河道总长度 1011 千米。

四、民俗节庆

民俗即民间风俗习惯，是各民族在共同地域环境和共同历史发展作用下，形成并传承至今的礼节、风尚、习俗的总和。民俗呈现出民族性和地域性两大特征，包括节庆、礼仪、饮食、服饰、婚嫁、丧葬、居住等内容。民俗充分地展现了一个民族、一个地域人们的社会结构、生活方式、伦理道德和心理情感，很多民俗易于为旅游者所观察。旅游者不仅能从中获取足够的知识，还能通过对其他地区民族及风土人情的考察，进一步反观自身的生活状态，从而感受生活的意义。

我们国家历史悠久，疆域辽阔，民族众多，拥有世界上最丰富多彩的民俗。千百年来，各民族人民在不同的自然和社会历史条件下，形成了各具特色的传统风俗，这些风俗从不同侧面反映了一个民族的历史和现实，体现了一个民族的思想和感情，蕴含着本民族丰厚的文化渊源。因此，民族风俗对游客有很强的吸引力，是人文旅游资源的重要组成部分。

（一）传统节庆

中国传统节庆形式多样、内容丰富。传统节庆的形成，是一个民族或国家的历史文化长期积淀凝聚的过程。中华民族的古老传统节庆，涵盖了原始信仰、祭祀文化、天文历法、易理术数等人文与自然文化内容，蕴含着深邃丰厚的文化内涵。从远古先民时期发展而来的中华传统节庆，不仅清晰地记录着中华民族先民丰富而多彩的社会生活文化内容，也积淀着博大精深的历史文化内涵。

我国民族众多，有许多各具特色的民族节庆和地方风俗。如法定节庆：春节（农历正月初一）；清明节（公历4月5日前后）；端午节（农历五月初五）；中秋节（农历八月十五）；除夕（农历十二月廿九或三十）。流行于东部汉族及部分少数民族的民间节庆有：元宵节（又称上元节，农历正月十五）；龙抬头、社日节（农历二月初二）；寒食节（清明节前一二日）；七夕节（农历七月初七）；中元节（农历七月十五）；重阳节（农历九月初九）；下元节（农历十月十五）；冬至节（公历12月21—23日）等。少数民族传统节庆丰富多彩，著名的有：蒙古族的那达慕、壮族的三月三歌会（歌墟节）、藏族的雪顿节、傣族的泼水节、苗族的苗年和花山节、傈僳族的刀杆节、彝族的火把节、白族的三月街、瑶族的盘王节、哈尼族的扎勒特、纳西族的三朵节，另外，回族、维吾尔族、哈萨克族等信仰伊斯兰教的少数民族，都有过古尔邦节、开斋节的习俗等。

视野拓展

傣族泼水节

泼水节又名“浴佛节”，意为新年，是流行于云南省傣族人民聚居地的传统节日，国家级非物质文化遗产之一。泼水节一般在傣历六月中旬（即农历清明前后十天左右）举行，是西双版纳隆重的传统节日之一。节日期间，傣族男女老少穿上节日盛装，而妇女们则各挑一担清水为佛像洗尘，求佛灵保佑。“浴佛”完毕，人们就开始相互泼水，表示祝福，希望用圣洁的水冲走疾病和灾难，换来美好幸福的生活。集体性的相互泼水就这样开始了。人们用各种各样的容器盛水，涌出大街小巷，追逐嬉戏，逢人便泼。文雅的则用树枝蘸水泼。“水花放，傣家旺”“泼湿一身、幸福终身”！象征着吉祥、幸福、健康的一朵朵水花在空中盛开，人们尽情地泼尽情地洒，笑声朗朗，全身湿透，兴致弥高。入夜，村寨鼓乐相闻，人们纵情歌舞，热闹非凡。整个节日期间，除有泼水、赶摆、赛龙舟、浴佛、诵经、章哈演唱、放高升、放孔明灯等传统娱乐活动外，还有游园联欢、经贸交流等新的活动。

（二）传统服饰

服饰是人类特有的劳动成果，是一个国家民族文化的重要组成部分，是区别族群的重要标志，它与社会文化的发展不可分割，人们的生活习俗、审美情趣、色彩爱好、文化心态和宗教观念都积淀于服饰之中。中国是一个多民族国家，有着绚丽多彩的民族服饰文化。中国的民族服饰是以汉民族服饰及众多少数民族服饰共同组成的。它不仅具有方便着装、便于劳作的实用性特点，而且其纷繁的款式，精湛的工艺，多彩的民俗，不断丰富装点着各族人民的生活，成为中华大地一道亮丽而绵延流长的文化景观。中国传统民族服饰体现出各民族的精神风貌，反映了不同民族发展的历史轨迹，饱含着浓郁的民族特色，折射着灿烂的民族精神，体现了多民族的文化交融，具有极高的欣赏价值，成为认识东方文明独特形态的又一途径，是研究中华民族深厚文化内涵的宝贵资源，具有不可替代的旅游价值。

在中国这样一个地域辽阔，民族众多，社会发展不平衡的国家里，由于经济生活、文化素养和自然环境、地理气候的差异，从而呈现出民族服饰的多种多样、多姿多彩，南北方、山地草原地区服饰的差异性，具有不同的风格和特点。中国传统民族服饰从制作原料、纺织工艺，到服饰样式、装饰都保持着鲜明的民族和地区特色。如银饰、苗绣、蜡染是苗族服饰（见图 1–26）的主要特色。

图 1–26　苗族服饰

汉族传统服装为汉服，有两种基本形制，即上衣下裳制和衣裳连属制。上衣下裳的服制，上衣的形状多为交领右衽，下裳类似围裙的形状，腰系带，下系芾。衣裳连属制，古称深衣，始创于周代。深衣同当代的连衣裙结构类似，上衣下裳在腰处缝合为一体，领、袖、裾用其他面料或刺绣缘边。古代的袍衫也都采用这种衣裳连属的形式。

我国少数民族服饰款式纷繁，大体上有长袍和短衣两类。穿袍子的民族，一般戴帽蹬靴；穿短衣的民族，多缠帕、着履。袍子形式也多种多样，有蒙古、满等民族的高领大襟式，有藏、门巴等族的无领斜襟式，有维吾尔等族的右斜襟式等，还有坎肩式长袍。短衣有裤和裙之别。裙子款式有百褶裙、筒裙、短裙、连衣裙等。无论是袍、衣、裙、裤，不同的民族在结构、工艺、风格等方面都有差别，同是高领大襟袍，有开衩和不开衩的，有前后开衩的，有前后开衩和周围镶边的。

服饰是民族最显而易见的标志。民族服饰不仅民族与民族之间存在着明显的区别，就是在民族内部，不同支系、不同地区也都有明显的差异。

（三）饮食习俗

一个民族、一个地区的食俗不仅与地缘、物产等自然条件、经济状况有着必然和不可分割的关系，而且反映了人们在审美情趣、宗教信仰等方面的文化观念和传统意识。我国各民族的饮食习俗因所从事的生产内容和所处的地理环境而异。

总体而言，中国人的传统饮食习俗是以植物性食料为主，以热食、熟食为主，以聚食制的饮食方式为主。

以种植业为主的汉族，北方以面食为主，南方以大米为主。以畜牧业和狩猎为主的各少数民族，则肉食比重大，但各民族饮食差异较大。如蒙古族以牛羊肉、奶制品为主食；回族以面为主，喜吃牛羊肉，但忌食猪肉；藏族以青稞、小麦为主粮，日常食糌粑，伴以酥油茶；南方的侗族、苗族、瑶族，都有腌制酸鱼、酸肉的习俗，苗族还喜欢用自制的酸汤作为煮菜作料；西双版纳一带的傣族喜吃糯米饭；朝鲜族喜食冷面，嗜酸辣，爱吃狗肉、猪肉、泡菜和咸菜；新疆维吾尔族以面食、大米饭为主食，肉食以羊肉为主，都具有强烈的地域性和民族特征。

此外，中国的饮食习俗还包括饮食的禁忌，主要包括饮食方式和饮食对象。在饮食方式中的禁忌大多是礼节性的，俗称“讲究吃相”，主要表现在用筷子和端碗等细节上。如在进餐时，不要用筷子敲打桌子或碗碟，不要用筷子指点他人等。在饮食对象上，主要是一些禁食某些食物。如信奉伊斯兰教的民族禁食猪肉，喇嘛教禁食鱼虾，游猎民族禁食狗肉等。

知识链接

苗族、侗族为什么喜欢吃酸鱼

我国西南地区的苗族、侗族等少数民族都特别喜爱吃酸食。这种酸食是传统习惯的形成，相传是由于他们世居深山峻岭之中、山高路远、交通不便，很不容易吃上鱼肉类和蔬菜，也缺盐。所以，苗族、侗族群众为适应日常生活上的需要，便家家户户都设置酸坛，制作酸鱼、酸肉、酸菜及其他相通食物。制作的酸鱼多用鲤鱼。鲤鱼大多放养于稻田。待到秋收季节、鱼稻双收。收获的鱼，除少数鲜食外，大部分都用来做成酸鱼，经久吃用。

（四）礼仪礼节

礼仪礼节是指人们在社会交往活动中，为了相互尊重，在仪容、仪表、仪态、仪式、言谈举止等方面约定俗成的，共同认可的行为规范。中国素有“礼仪之邦”之称，这里的“礼”包含了礼制的精神原则与礼仪行为两大部分。中国古代有五礼之说，祭祀之事为吉礼，冠婚之事为喜礼，宾客之事为宾礼，军旅之事为军礼，丧葬之事为凶礼。

中国礼仪在中国文化中起着“准法律”的作用。中国礼仪渗透于人们日常生活中的点点滴滴。传统礼仪礼节很多都延伸传承至今，譬如见面时，一般行握手礼（古代为作揖）；入座时，座席有主次尊卑之分；饮食时，多有“无酒不成礼仪”的说法。尤其在待人接物方面，各民族也形成了具有本民族特色的好客形式和内容。汉族人民对待贵客，大多宰鸡杀鸭，买肉买酒。少数民族人民迎客的形式更为多样，如壮族迎客设鸡宴，敬交臂酒；苗族迎客穿节日盛装，敬“牛角酒”，男女主人在宴席前跳民族舞蹈；藏族接待客人最高贵的礼物是赠哈达、敬青稞酒和酥油茶，在向客人敬酒时还常唱劝酒歌；蒙古族牧民接待客人的见面礼是向客人敬鼻烟壶，客人必须嗅烟壶以回敬谢礼，献哈达也是蒙古族的一项高贵礼节；新疆柯尔克孜族人对待贵宾，以羊头肉敬客人为最高礼节；回族有客人来访，则要先沏茶，并端上瓜果点心或自制面点招待，所有家庭成员都要来与客人见面、问好。此外，布依族人的杀鸡待客礼仪，佤族人中指蘸酒敬客的礼节，傈僳族人待客劝告饮“柱酒”的礼节等，都是热情洋溢的民族礼仪形式。

视野拓展

哈达

哈达是蒙古族和藏族人民作为礼仪用的丝织品，是社交活动中的重要用品。哈达类似于古代汉族的礼帛，是蒙古族人和藏族人表示敬意和祝贺用的长条丝巾或纱巾，多为白、蓝色，也有黄色等。此外，还有五彩哈达，颜色为蓝、白、黄、绿、红。蓝色表示蓝天，白色是白云，绿色是江河水，红色是空间护法神，黄色象征大地。五彩哈达是献给菩萨和近亲时做彩箭用的，是最珍贵的礼物。佛教教义解释五彩哈达是菩萨的服装。所以，五彩哈达只在特定的情况下才用。

哈达是藏民任何阶层的人物，在来往时最通行的一种礼物。在藏、蒙古等民族人士顶礼佛像、拜见尊长、迎来送往、致敬致贺、婚丧嫁娶等礼仪活动中，均有献哈达的习惯。由此，敬献哈达表示人们对佛的敬仰，对迎见之人的敬意与祝福。

五、风物特产

风物特产最先产生于人民群众的日常生活必需品。中国是一个历史悠久的文明古国。自中华文明诞生以来，中华民族的先人们以自己的勤劳和智慧，创造了大量涵盖吃喝穿戴学用玩等日常生活的物品，再经过历朝历代能工巧匠和工艺大师之手，形成了今天我们所见的工艺精湛、巧夺天工、出神入化的风物特产。这些风物特产是中华民族优秀文化的重要组成部分，也是人类的物质文明与精神文明的完美体现。

中国风物特产源远流长，从新石器时代的彩陶、玉器到殷周的青铜器，春秋战国的漆器，唐宋瓷器，明清景泰蓝等；在千百年传统基础上发展到现代各类工艺品，一脉相承，品类的繁多，在世界上也是难以匹敌的。我国主要风物特产可分为名茶名酒、丝绸织绣、陶瓷漆器、其他工艺特产。

（一）名茶名酒

1. 中国名茶

茶叶制成的茶饮料，是世界三大饮料之一。中国是茶树的原产地，又是最早发现茶叶功效、栽培茶树和制成茶叶的国家，被誉为“茶叶故乡”。我国茶区辽阔，茶树品种众多，采制技术经验丰富，形成众多的名茶珍品。按制茶工艺可分为绿茶、黄茶、乌龙茶、红茶、黑茶和白茶6种；按茶叶产生历史可分为传统名茶、历史名茶和新创名茶3种；按采制季节可分为春茶、夏茶、秋茶和冬茶4种；以各种毛茶或精制茶再加工，茶还可以分为：花茶、紧压茶、萃取茶、果味茶、药用保健茶、茶饮料和抹茶7种。

按照传统制茶工艺，中国主要绿茶有黄山毛峰、六安瓜片、西湖龙井、碧螺春、信阳毛尖、都匀毛尖等；主要黄茶有君山银针、霍山黄芽、大叶青等；主要乌龙茶有铁观音、大红袍、冻顶乌龙茶等；主要红茶有祁门红茶、英德红茶、云南滇红等；主要黑茶有云南普洱茶、广西六堡茶、湖南安化黑茶、四川边茶等；主要白茶有白毫银针、白牡丹、贡眉、寿眉等。

根据中国茶叶饮用消费习惯，绿茶居首，其次为黑茶、红茶和乌龙茶，白茶和黄茶最少。

2. 中国名酒

我国是酒的故乡，也是酒文化的发源地，是世界上酿酒最早的国家。酒的酿造，在我国已有相当悠久的历史。在中国数千年的文明发展史中，酒与文化的发展基本上是同步进行的。酒不仅是一种食物，它还作为一种精神文化体现在社会政治生活、文学艺术等方面，渗透于中华五千年的文明史中。酒从文学艺术创作、文化娱乐到饮食烹饪、养生保健等各方面，在中国人民生活中都占有重要的地位，因而酒文化是中华民族传统文化的重要组成部分。

中国制酒源远流长，品种繁多，名酒荟萃，享誉中外。根据酿酒方法分类，有蒸馏酒、发酵酒和配制酒。根据商业习惯，酒可分为白酒、黄酒、葡萄酒、啤酒、果酒、露酒和药酒。

白酒是我国劳动人民创造的一种特殊饮料，它在我国人民的日常生活中占据着重要地位。我国著名的白酒有贵州茅台酒，山西汾酒，江苏洋河大曲，四川宜宾五粮液、泸州老窖和绵竹剑南春酒，安徽亳州古井贡酒，贵州遵义董酒等。黄酒是中国最古老的饮料酒，也是中国特有的酿造酒，我国最著名的黄酒是浙江绍兴加饭酒。葡萄酒是用新鲜的葡萄或葡萄汁经发酵酿成的酒精饮料。中国著名的葡萄酒有山东烟台张裕葡萄酒、长城葡萄酒、天津王朝葡萄酒等。啤酒于20世纪初传入中国，属外来酒种。我国著名的啤酒有青岛啤酒、雪花啤酒、燕京啤酒、珠江啤酒、哈尔滨啤酒等。

（二）丝绸织绣

中国是世界上最早饲养家蚕和缫丝织绸的国家，根据考古发现，中国丝绸已经有5000多年可考的历史。

丝绸织绣是我国优秀的传统工艺，是指在丝绸、布或纱线等织品上，通过绣、织而制作的各种民族工艺品，是我国民族工艺中的瑰宝。织锦是用彩色经纬丝提花织成各种图案花纹的熟丝织品，成都蜀锦、南京云锦、苏州宋锦被誉为三大名锦。刺绣又名“针绣”，俗称“绣花”，是在布面上“以针代笔，以线晕色”的艺术。中国刺绣被誉为“东方艺术明珠”。苏绣、粤绣、湘绣、蜀绣号称中国“四大名绣”。

知识链接

云锦

南京云锦是中国传统的丝制工艺品，有“寸锦寸金”之称，其历史可追溯至417年（东晋义熙十三年）在国都建康（今南京）设立专门管理织锦的官署——锦署，至今已有1600多年历史。如今只有云锦还保持着传统的特色和独特的技艺，一直保留着传统的提花木机织造，这种靠人记忆编织的传统手工织造技艺仍无法用现代机器来替代。

云锦因其色泽光丽灿烂，美如天上云霞而得名，其用料考究，织造精细、图案精美、锦纹绚丽、格调高雅，在继承历代织锦的优秀传统基础上发展而来，又融会了其他各种丝织工艺的宝贵经验，达到了丝织工艺的巅峰状态，被誉为“锦中之冠”，代表了中国丝织工艺的最高成就，浓缩了中国丝织技艺的精华，是中国丝绸文化的璀璨结晶。

在古代丝织物中“锦”是代表最高技术水平的织物，而南京云锦则集历代织锦工艺艺术之大成，列中国三大名锦之首，元、明、清三朝均为皇家御用品贡品，因其丰富的文化和内涵，被专家称作是中国古代织锦工艺史上最后一座里程碑，公认为“东方瑰宝”“中华一绝”，也是中华民族和全世界珍贵的历史文化遗产。

（三）陶瓷漆器

1. 中国陶瓷

陶瓷是一种工艺美术品，也是一种风物民俗特产。陶瓷是陶器和瓷器的总称。陶器是用黏土造型、经过700℃~800℃的炉温焙烧、无釉或上釉作为摆设工艺品或生活日用品的器皿。瓷器以高岭土（瓷土）作为胎料，以达1200℃以上的炉温焙烧而成，质地细密，色泽洁白。中国是世界著名的陶瓷古国，制陶技艺可追溯到公元前4500年至公元前2500年的时代，可以说，中华民族发展史中的一个重要组成部分是陶瓷发展史，中国人在科学技术上的成果以及对美的追求与塑造，在许多方面都是通过陶瓷制作来体现的，并形成各时代非常典型的技术与艺术特征。

中国的陶瓷，从西汉开始就通过古代丝绸之路走向世界。明代以后，又从海路远销各国。所以，我国素有“瓷器大国”之称。目前，著名陶器有：江苏宜兴陶（陶都）、广东石湾陶、河南洛阳唐三彩；著名瓷器有：江西景德镇瓷、湖南醴陵瓷、福建德化瓷。

2. 中国漆器

我国是世界上用漆最早的国家，漆器历史悠久。漆器是指经过制胎式脱胎、再髹底漆、打磨、推光、装饰等工序而制成的一种工艺美术品。分为一般漆器和雕漆。中国漆器是古代在化学工艺及工艺美术方面的重要发明。它以优美的图案在器物表面构成一个绮丽的彩色世界。我国著名的漆器工艺品有：北京漆器、福州脱胎漆器、扬州镶嵌漆器和天水漆器等。其中，福建脱胎漆器是我国传统的工艺美术品，距今已有180多年的历史，产品远销世界70多个国家和地区。

知识链接

唐三彩

图1–27 唐三彩骆驼

唐三彩是一种盛行于唐代的陶器，是唐代最重要的产品，多以黄、褐、绿为基本釉色，后来人们习惯地把这类陶器称为“唐三彩”。唐代是中国封建社会的鼎盛时期，经济上繁荣兴盛，文化艺术上群芳争艳，唐三彩就是这一时期产生的一种彩陶工艺品，唐三彩的造型主要是马、骆驼（见图1–27）、人物。它以造型生动逼真、色泽艳丽和富有生活气息而著称。唐三彩的生产已有1300多年的历史了，它汲取了中国国画、雕塑等工艺美术的特点，采用堆贴、刻画等形式的装饰图案，线条粗犷有力。唐三彩分布在长安和洛阳两地，在长安的称西窑，在洛阳的则称为东窑。

（四）其他工艺特产

1. 文房四宝

文房四宝，是中国独有的书法绘画工具，即笔、墨、纸、砚。文房四宝之名源于南北朝时期。其中，被称为文房四宝之首的是：湖笔（浙江湖州）、徽墨（安徽歙县）、宣纸（安徽泾县）、端砚（广东肇庆）。

2. 雕刻

雕刻是运用刀、斧等工具在玉石、象牙、石料、木料等各种硬质材料上创作形象的一种艺术。目前，主要雕刻包括玉雕（含玉器）、石雕、木雕、竹雕。玉雕分为南北两派，北派以北京为代表，南派包括上海工、苏州工、扬州工、广东工和福建工。中国石雕历史悠久，其中以福建的寿山石、浙江昌化鸡血石和青田石为篆刻石雕最佳原料，并称为我国三大佳石。木雕在我国非常普遍，著名的木雕有：东阳木雕、潮州木雕、黄杨木雕、海南椰雕。竹雕主要分布在长江以南地区，以上海留青竹刻和浙江黄岩翻簧竹刻最为出名。

此外，还有北京面塑、天津泥塑（泥人张）、无锡惠山泥塑、广州灰塑、核雕等其他种类地方特色的雕刻特产。

3. 金属工艺品

金属工艺品是用金、银、锡等金属，分别采用掐、錾、点釉、烧制、镶嵌等技艺，制成各种富丽堂皇或清雅实用的工艺品。主要金属工艺品有：北京景泰蓝、成都金银花丝镶嵌、芜湖铁画等。其中，北京景泰蓝与福州脱胎漆器、江西景德镇瓷器并称为中国传统工艺“三绝”。

4. 工艺画

中国工艺画由于用材及工艺不同，从而种类极为丰富。著名工艺画有：被称为中国三大木版年画的天津杨柳青木版年画、江苏苏州桃花坞木版年画、山东潍坊杨家埠木版年画，还有福州软木画、北京内画壶等。

5. 编织工艺品

中国各地植物资源丰富，民间通常用竹、藤、棕、革、柳、葵、苞米皮等做原材料，编织成各种生活用品和陈设品。这些编织工艺品经济实用，美观大方，在艺术美中充盈着自然美。主要代表有：浙江东阳竹编、浙江嵊州竹编、云南傣家竹编、山东草编等。

6. 其他工艺品

除了上述介绍的各类风物特产外，还有上海牙雕、抚顺煤精雕、北方剪纸、杭州的檀香扇和绸伞，贵州苗族蜡染，北方柳条编、山东玉米皮编等都是我国著名的工艺品。

知识链接

景泰蓝

景泰蓝是中国的著名特种金属工艺品类之一，到明代景泰年间这种工艺技术制作达到了最巅峰，制作出的工艺品最为精美而著名。景泰蓝正名“铜胎掐丝珐琅”，俗名“珐蓝”，又称“嵌珐琅”，是一种在铜质的胎型上，用柔软的扁铜丝，掐成各种花纹焊上，然后把珐琅质的色釉填充在花纹内烧制而成的器物。因其在明朝景泰年间盛行，制作技艺比较成熟，使用的珐琅釉多以蓝色为主，故而得名“景泰蓝”。

视野拓展

海南椰雕

椰雕是以椰壳、椰棕、椰木为原料，用手工雕刻成各种实用产品和造型艺术品。因旧时官吏常以它进贡朝廷而得“天南贡品”之誉。雕刻工艺包括平面浮雕、立体浮雕、通花浮雕，还有带棕立体雕刻和贝壳镶嵌雕刻等多种手法。品种有清壳、镶锡、檀香木嵌雕、贝雕镶嵌等。椰雕工艺品样式新颖，造型古朴，画面雅致，质地轻巧，融观赏性与实用性于一体，具有浓郁的海南风格。

六、美食佳肴

俗话说“民以食为天”，中国饮食文化历史悠久，各种美食佳肴独具魅力，成为旅游开发中非常具有吸引力的旅游产品之一。中国的美食佳肴一是讲究四季有别，饮食按季节变化来调味、配菜，如冬天味醇浓厚，夏天清淡凉爽；冬天多炖焖煨，夏天多凉拌冷冻。二是讲究美感，注意食物的色、香、味、形、器的协调一致。三是注重情趣，对菜肴名称既有根据主、辅、调料及烹调方法直接命名，也有根据历史掌故、神话传说、名人食趣、菜肴形象来命名的，如“狮子头”“叫化鸡”“鸿门宴”“东坡肉”等。四是医食结合，即利用食物原料的药用价值，做成各种美味佳肴，达到对某些疾病防治的作用。作为中国美食的主要内容，中国菜与法国菜、土耳其菜被称为世界三大菜系。

（一）地方菜系

作为一个餐饮文化大国，自古以来，在某一地区由于地理环境、气候物产、文化传统以及民族习俗等因素的影响，形成有一定亲缘承袭关系、菜点风味相近，知名度较高，并为部分群众喜爱的地方风味著名流派称作菜系。早在春秋战国时期，中国传统饮食文化中南北菜肴风味就表现出差异。到唐宋时，南食、北食各自形成体系。发展到清代初期时，鲁菜、苏菜、粤菜、川菜，成为当时最有影响的地方菜，被称作“四大菜系”。到清末时，浙菜、闽菜、湘菜、徽菜四大新地方菜系分化形成，共同构成中国传统饮食文化中的“八大菜系”。后来，又加上京菜和楚菜，即为“十大菜系”。

（二）风味小吃

风味小吃是一类在口味上具有特定风格特色的食品的总称。风味小吃就地取材，能够突出反映当地的物质文化及社会生活风貌，是一个地区不可或缺的重要特色，更是离乡游子们对家乡思念的主要对象。

中国东西南北自然地理环境差异明显，食材千差万别，饮食习惯也千姿百态。中国各省市都有各种各样的风味小吃，因当地风俗而异，特色鲜明，风味独特。作为旅游产品的重要构成内容，旅游者通过品尝异地风味小吃可以借此了解当地风情。我国地方风味小吃品种繁多，久负盛名，最受广大旅游者青睐。著名的有：黑龙江哈尔滨红肠、北京炸酱面、天津“狗不理”包子、山东沂蒙山煎饼、山西刀削面、陕西西安牛羊肉泡馍、江苏南京鸭血粉丝汤、上海汤包、安徽合肥三河米饺、湖北武汉热干面、福建沙县小吃、广东拉肠粉、广东顺德双皮奶、广东梅州客家腌面、广西桂林螺蛳粉、海南腌粉、香港烧腊、澳门葡式蛋挞、台湾蚵仔煎、四川麻辣烫、云南过桥米线、重庆酸辣粉、新疆烤羊肉串等。

视野拓展

外国人最喜欢吃的十大中国美食

1. 宫保鸡丁（Gong Bao Chicken）

宫保鸡丁是川菜的代表菜，由鸡胸肉、干辣椒、花生米炒制而成，香辣好吃，在美英等西方国家，宫保鸡丁几乎是中国菜的代表。

2. 糖醋里脊（Sweet and Sour Pork）

糖醋里脊色泽红亮、酸甜可口、外酥里嫩，在浙菜、川菜、鲁菜、清真菜里都有它，如此大名鼎鼎，受到国外朋友的喜爱一点也不奇怪。

3. 春卷（Spring Rolls）

春卷是中国很传统的小吃，在外国人心中也有不小的影响力。立春吃春卷在我国民间更是一个传统习俗，就像端午节要吃粽子，大年三十要吃饺子一样。

4. 饺子（Dumplings）

中国有一句话：好吃不过饺子。足见饺子在中餐中的分量。而且饺子馅料的变化众多，囊括了中国文化精华，自然也是外国人眼中最能代表中国的一道菜了。

5. 炒饭（Fried rice with egg）

炒饭是中国人很传统的食物，也是最考验中国厨师基本功的，相传在一次国事访问中，李鸿章命令他的厨师做一道中国人喜欢吃、洋人也喜欢吃的菜肴，这便是炒饭。

6. 炒面（Chow Mein）

广东的干炒牛河、潮汕的干炒面，山东的炒面，这些都属于炒面的范畴，因为广东人在海外分布广泛的关系，炒面也深受外国人的喜爱。

7. 麻婆豆腐（Ma Po Bean Curd）

麻婆豆腐是川菜中的名菜，麻、辣、烫、香、酥、嫩、鲜、活，不仅中国人爱吃，外国人同样也喜欢。

8. 馄饨（Won ton Soup）

很多外国人都喜欢吃面食，而在西餐的面食中绝对没有像馄饨一样那么细致和清爽的做法了。

9. 烤鸭（Peking Duck）

北京烤鸭，被誉为“天下美味”而驰名中外，它更以色泽红润，肉质细嫩，味道醇厚，肥而不腻的特色而享誉海内外。

10. 腰果虾仁（Fried Shrimps With Cashewnuts）

腰果虾仁，粤菜中的名菜，营养丰富，吃起来虾仁滑嫩，腰果酥脆，减肥又美味。外国人自然也是喜欢。

七、主题公园

主题公园是指以营利为目的兴建的，占地、投资达到一定规模，实行封闭管理，具有一个或多个特定文化旅游主题，为游客有偿提供休闲体验、文化娱乐产品或服务的人造景区。主要包括以大型游乐设施为主体的游乐园，大型微缩景观公园，以及提供情景模拟、环境体验为主要内容的各类影视城、动漫城等园区。主题公园主要特点包括：强烈的个性，普遍的适宜性；被动游憩形式；投入高，占地规模大；高门票，高消费。

中国第一家真正意义的大型主题公园是1989年开业的深圳锦绣中华微缩景区。经过40多年的发展，目前中国主题公园主要品牌有方特、欢乐谷、长隆、迪士尼等。中国代表性主题公园有：广东深圳锦绣中华、深圳世界之窗、广州长隆欢乐世界、珠海长隆海洋王国、陕西西安大唐芙蓉园、河南开封清明上河园、江苏常州中华恐龙园、浙江金华横店影视城、安徽芜湖方特欢乐世界、北京欢乐谷、上海迪士尼、香港迪士尼等。

知识链接

珠海横琴长隆海洋王国

珠海横琴长隆国际海洋度假区位于广东省珠海市横琴新区，是集主题公园、豪华酒店、商务会展、旅游购物、体育休闲于一体的超级旅游度假区，同时也是大型海洋主题旅游度假区。2014年3月29日，珠海长隆三大首期项目正式对外开放。

图1-28　珠海长隆海洋王国

据全球主题娱乐协会TEA的权威数据显示，2018年，珠海长隆海洋王国（见图1-28）继续上榜全球20大主题公园排行榜，入园游客保持两位数的稳定增幅，全年接待游客数量首次突破1000万人次，位居中国民族旅游品牌第一主题乐园位置。

珠海长隆旗下长隆海洋王国曾经连创七项纪录，并于2014年荣获全球主题娱乐协会TEA颁发的“主题公园杰出成就奖”，是中国主题公园首次获得这一业界“奥斯卡”级殊荣。2017年和2018年，珠海长隆海洋王国又先后凭“5D城堡影院”和“海洋夜间花车大巡游”再获TEA大奖殊荣。

八、博物（纪念）馆

随着中国社会经济发展，普通民众对于文化教育越来越重视，博物（纪念）馆已成为中国各地区旅游发展的一个新热点。在文旅融合的大背景下，博物馆所特有的丰富知识内涵，增加了旅游项目的文化内涵，已经在研学旅游、传播科学知识、传承中华文明、树立文化自信等方面起到了很好的宣传教育作用，越发显示出其与众不同的旅游价值。

博物馆是征集、典藏、陈列和研究代表自然和人类文化遗产的实物的场所，对馆藏物品分类管理，为公众提供知识、教育和欣赏的文化教育的机构、建筑物、地点或者社会公共机构。博物馆是非营利的永久性机构，对公众开放，为社会发展提供服务，以学习、教育、娱乐为目的。

纪念馆是博物馆的一种主要类型。它是纪念杰出历史人物或重大历史事件的专题博物馆，是我国博物馆事业的重要组成部分。纪念馆是杰出历史人物或重大历史事件有关遗址、遗物和纪念建筑的保护收藏机构、宣传教育机构和科学研究机构，包括名人故居、重要会议会址、重大历史事件发生地。

中国博物馆可以划分为历史类、艺术类、科学与技术类、综合类这四种类型。

目前主要代表性博物馆（纪念馆）有中国国家博物馆、故宫博物院、中国地质博物馆、自贡恐龙博物馆、中国科学技术馆、中国共产党第一次全国代表大会会址纪念馆、建川博物馆、孙中山故居纪念馆、韶山毛泽东故居、遵义会议纪念馆、侵华日军南京大屠杀遇难同胞纪念馆、沈阳张氏帅府（见图 1-29）等。

图 1-29　沈阳张氏帅府

知识链接

建川博物馆

建川博物馆全称为成都市建川博物馆聚落，由民营企业家樊建川创建，位于中国博物馆小镇——大邑县安仁镇，占地 33 万平方米，建筑面积近 10 万平方米，拥有藏品 800 余万件，其中国家一级文物 425 件。

博物馆以“为了和平，收藏战争；为了未来，收藏教训；为了安宁，收藏灾难；为了传承，收藏民俗”为主题，建设抗战、民俗、红色年代、抗震救灾四大系列 30 余座分馆，已建成开放 24 座场馆，是目前国内民间资本投入最多、建设规模和展览面积最大，收藏内容最丰富的民间博物馆。

目前已对外开放的陈列馆有抗战文物陈列中流砥柱馆、正面战场馆、飞虎奇兵馆、不屈战俘馆、川军抗战馆及抗战老兵手印广场和中国抗日壮士群塑广场；红色年代系列瓷器陈列馆、生活用品陈列馆、章钟印陈列馆、镜面陈列馆、知青生活馆、邓公祠；民俗系列三寸金莲文物陈列馆、老公馆家具陈列馆、中医文物陈列馆；地震系列震撼日记 5.12—6.12 馆、地震美术作品馆、5.12 抗震救灾纪念馆以及国防兵器馆、航空三线博物馆等。

博物馆聚落获得了国家文化产业示范基地、国家 AAAA 级旅游景区、全国光彩事业重点项目、全国爱国主义教育基地、全国先进社会组织、中国十大民间博物馆、四川省科普教育基地、国防教育基地、廉政文化教育基地、四川民营文化企业综合十强、四川省“十一五”期间旅游工作先进单位和建设成都杰出事件等荣誉称号。

2018 年 9 月，被确定为国家二级博物馆。2020 年 11 月 18 日，当选“巴蜀文化旅游走廊新地标”。

九、其他人文旅游资源

除上述八种人文旅游资源外，近年来，随着城市的发展，一大批地标类建筑如雨后春笋般涌现，成为中国重要的人造旅游资源。

北京央视新大楼被美国《时代》周刊杂志评选为2007年世界十大建筑奇迹之一。上海东方明珠电视塔是上海新的标志性建筑。广州塔是广州市的地标工程，目前是中国第一高塔，多个游乐项目位居世界之最。长江三峡大坝是当今世界第一大的水电工程，被誉为“自长城以来中国最宏伟的工程”。青藏铁路是全球目前穿越高原、高寒、缺氧及连续性永久冻土地区的最长铁路。

知识链接

青藏铁路

青藏铁路，东起青海西宁，南至西藏拉萨，全长1956千米，被誉为“天路”，是实施西部大开发战略的标志性工程，是中国新世纪四大工程之一，对加快青藏两省区的经济、社会发展，增进民族团结，造福各族人民，具有重要意义。2006年7月1日，青藏铁路正式通车运营。

青藏铁路西宁至格尔木段814千米已于1979年铺通，1984年投入运营。青藏铁路格拉段东起青海格尔木，西至西藏拉萨市，全长1142千米，其中新建线路1110千米，于2001年6月29日正式开工。途经纳赤台、五道梁、沱沱河、雁石坪，翻越唐古拉山，再经西藏自治区安多、那曲、当雄、羊八井到拉萨。其中海拔4000米以上的路段960千米，多年冻土地段550千米，翻越唐古拉山的铁路最高点海拔5072米，是世界上海拔最高、在冻土上路程最长、克服了世界级困难的高原铁路。

2014年8月15日，青藏铁路延伸线拉日铁路开通运营，它也被人们称为：团结路、幸福路。

本章关键词

旅游资源　自然旅游资源　人文旅游资源

本章小结

我国旅游资源十分丰富，在全球具有明显优势，有巨大吸引力。中国国土广袤，山川锦绣，历史悠久，民族众多。经过漫长的历史变迁，在辽阔的国土上，形成了无比丰厚的旅游资源和旅游名胜，为中国旅游业的发展提供了雄厚的潜力。本章重点介绍了旅游资源的概念、特点及类型，自然旅游资源的类型及其代表性景观和人文旅游资源的类型及代表性名胜。

本章彩图

思考与练习

一、填空题

1. 旅游资源按属性可分为（   ）和（   ）两种类型。

2. 世界遗产可分为（   ）、（   ）、（   ）和（   ）四大类。

3. 旅游资源是指对旅游者产生（   ），具有一定（   ）和（   ）的资源。

4. 世界遗产是特指那些具有全球（   ）、（   ）、（   ），并不可再生的人类遗存。

5. 自然旅游资源是由（   ）、（   ）、（   ）、（   ）和（   ）等自然地理要素所组成的自然综合体。

6. 水体旅游资源可分为（   ）、（   ）、（   ）、（   ）和（   ）五种类型。

7. 贵州（   ）瀑布、黄河（   ）瀑布和黑龙江镜泊湖的（   ）瀑布，被称为我国三大名瀑。

8. 在我国十大名花中被称为“花中之王”的是（   ），其主要的产地在河南（   ）和山东（   ）等地。

9. 我国建立的第一座原始社会博物馆，是陕西西安的（   ）。

10. 我国现存代表性的宫殿建筑，有北京（   ）、拉萨（   ）和沈阳（   ）。

11. 世界上开凿最早、里程最长的人工运河是（   ），我国最具代表性的军事工程是（   ）。

12. 园林是由（   ）、（   ）、（   ）、（   ）等构景要素组成为一体的综合艺术品。

13. 我国古代的帝王陵墓，主要由（   ）、（   ）和（   ）三个部分构成。

14. 我国第一座佛教寺庙是河南洛阳的（   ）。

15. 基督教的建筑物是（   ），伊斯兰教的建筑物是（   ）。佛教的三大建筑物是（   ）、（   ）、（   ）。

16. 中国四大宗教是指（   ）、（   ）、（   ）和（   ）。

17. 最基本的建筑类型是（   ）建筑，它出现最早、分布最广、数量最多。

18. 我国各地民居种类繁多，其中，（   ）、（   ）、（   ）、广西干栏式民居和（   ），合称为我国最具乡土风情的五大传统住宅建筑形式。

19. 我国少数民族特色民居有藏族的（　　）、蒙古族的（　　）、傣族的（　　）。
20. 岭南四大园林是指（　　）、（　　）、（　　）和（　　）。
21. 江南三大名楼是指（　　）、（　　）和（　　）。
22. 中国四大古桥是指（　　）、（　　）、（　　）和（　　）。
23. 中国古代四大书院是指（　　）、（　　）、（　　）和（　　）。
24. 中国传统工艺品“三绝”是指（　　）、（　　）和（　　）。
25. 我国的四大石窟是指（　　）、（　　）、（　　）和（　　）。
26. 我国的四大名绣是指（　　）、（　　）、（　　）和（　　）。
27. 中国三大名锦是指（　　）、（　　）和（　　）。
28. 中国四大名亭是指（　　）、（　　）、（　　）和（　　）。

二、单项选择题

1. 旅游业发展的物质基础是（　　）。

A. 环境资源　B. 旅游资源　C. 自然资源　D. 人文资源

2. 截至 2021 年 7 月，我国已有（　　）个项目被列入《世界遗产名录》。

A. 53　B. 54　C. 55　D. 56

3. 截至 2021 年 7 月，中国是世界排名第（　　）位的世界遗产大国。

A. 一　B. 二　C. 三　D. 四

4. 下列景区中属于世界自然与文化双重遗产的是（　　）。

A. 庐山　B. 九寨沟　C. 丽江古城　D. 泰山

5. 下列景区中属于世界文化景观遗产的是（　　）。

A. 武陵源　B. 五台山　C. 福建土楼　D. 黄山

6. 我国著名的桂林山水风景区是属于（　　）地貌的典型代表。

A. 岩溶地貌　B. 海岸地貌　C. 丹霞地貌　D. 火山地貌

7. 下列地貌中，特点为“赤壁丹崖”“丹山碧水”的是（　　）。

A. 风沙地貌　B. 海岸地貌　C. 丹霞地貌　D. 火山地貌

8. 黑龙江的五大连池是我国最典型的（　　）自然景观。

A. 岩溶地貌　B. 海岸地貌　C. 丹霞地貌　D. 火山熔岩地貌

9. 下列水体旅游资源中，利用水体可开展漂流旅游项目的是（　　）。

A. 湖泊　B. 瀑布　C. 海滨　D. 河流

10. 外出旅游较为理想的气温是（　　）。

A. −10℃ ~1℃　B. 1℃ ~10℃

C. 10℃ ~22℃　D. 25℃ ~30℃

11. 山茶花的主要产地是（　　）。

A. 昆明　B. 北京　C. 洛阳　D. 漳州

12. 下列原始人类遗址，被联合国教科文组织列入《世界遗产名录》的是（　　）。

A. 北京人遗址　　B. 西安半坡村遗址

C. 元谋人遗址　　D. 山顶洞人遗址

13. 被称为“石头的史书”的是（　　）。

A. 古人类遗址　　B. 古典园林　　C. 古典建筑　　D. 古都名城

14. 长城修筑史上的最后一个朝代是（　　）。

A. 唐代　　B. 宋代　　C. 明代　　D. 清代

15. 与国画、烹饪、京剧一起被称为“中国文化四绝”的是（　　）。

A. 宫殿　　B. 园林　　C. 陵墓　　D. 都城

16. 下列不属于皇家园林的是（　　）。

A. 颐和园　　B. 北海公园　　C. 网师园　　D. 避暑山庄

17. 下列不属于私人园林的是（　　）。

A. 扬州个园　　B. 北海公园　　C. 拙政园　　D. 沧浪亭

18. 下列不属于中国历史上的七大古都的是（　　）。

A. 苏州、安阳　　B. 北京、杭州　　C. 西安、南京　　D. 洛阳、开封

19. 帝王陵墓的重要标志是（　　）。

A. 神道　　B. 封土　　C. 墓室　　D. 祭祀建筑

20. 对我国影响最大的宗教是（　　）。

A. 道教　　B. 佛教　　C. 基督教　　D. 伊斯兰教

21. 新月是属于（　　）宗教的信仰标志。

A. 道教　　B. 佛教　　C. 基督教　　D. 伊斯兰教

22.（　　）是人类早期城市文明的范例，实证中华五千年文明史。

A. 三星堆遗址　　B. 二里头遗址

C. 良渚古城遗址　　D. 殷墟遗址

23.（　　）是中国现存最典型的礼制建筑。

A. 北京颐和园　　B. 北京天坛

C. 曲阜孔庙　　D. 成都武侯祠

24. 我国少数民族服饰款式纷繁，大体上有长袍和短衣两类，其中（　　）是穿长袍的。

A. 蒙古族　　B. 傣族　　C. 苗族　　D. 畲族

25. 我国少数民族饮食禁忌较多，其中不吃狗肉的是（　　）。

A. 朝鲜族　　B. 满族　　C. 壮族　　D. 侗族

三、判断题

1. 旅游资源是可再生的资源。（　　）

2. 只要是吸引游客的资源都是旅游资源。（ ）

3. 只要是吸引游客的景区都可以被列入《世界遗产名录》。（ ）

4. 旅游资源必须经过开发才能为人所用。（ ）

5. 中国是一个河流稀少的国家。（ ）

6. 水体是最富有吸引力的康乐型自然旅游资源。（ ）

7. 自然旅游资源俗称为自然景观、自然风光。（ ）

8. 我国特有的植物有银杉、银杏、水杉等。（ ）

9. 大熊猫、金丝猴、丹顶鹤、白鳍豚、扬子鳄等是我国特有的珍稀动物。（ ）

10. 在自然界中最活跃、最有生机的旅游资源是动植物旅游资源。（ ）

11. 民族风俗是各民族在社会发展中长期沿袭下来的礼节、风尚和习俗的总和。（ ）

12. 古都是最重要的历史文化名城。（ ）

13. 半坡村遗址是黄河流域一个典型的父系氏族公社村落遗址。（ ）

14. 被称为“文房四宝”之首的是：浙江的湖笔、安徽的徽墨与宣纸、福建的端砚。（ ）

15. 漆器是我国独创的一种瓷铜结合的金属工艺品。（ ）

16. 那达慕是蒙古族特有的民族节庆。（ ）

17. 广州长隆是我国最早的主题公园。（ ）

18. 建川博物馆是由四川省政府投资建设的博物馆。（ ）

19. 中国传统饮食习俗是以聚食制的饮食方式为主。（ ）

20. 北京四合院仅分布于北京市境内。（ ）

四、简答题

1. 旅游资源具有哪些特点？

2. 列出截至 2021 年 7 月，我国被联合国教科文组织纳入《世界自然遗产名录》的 14 项景区。

3. 列出截至 2021 年 7 月，我国被联合国教科文组织纳入《世界自然与文化双重遗产名录》的 4 项景区。

4. 列举我国天气旅游资源中著名的天气奇观。

5. 中国古典建筑有哪些主要特征？

6. 我国现存有哪些著名的帝王陵墓？

7. 我国著名的七大古都指哪几个？

8. 按占有者身份划分，我国古代园林有哪些类型，列出其特点及代表园林的名称。

9. 按制茶工艺，我国的茶叶如何分类？请各举 1~2 个代表。

10. 我国有哪些著名的工艺美术品？请列举。

11. 列举中国的“八大菜系”。
12. 中国美食佳肴有何特点?
13. 列举中国代表性的主题公园。
14. 列举我国古代著名的水利工程。
15. 列举我国主要特色民居建筑。

第2章 中国旅游交通

本章概览

俗话说“火车一响，黄金万两”，交通是经济发展的“先行官”，可以实现人与物的空间位移，与我们的生活息息相关。其中旅游交通是旅游活动得以实现的必要条件，是旅游业可持续发展的保证。各种旅游交通运输方式各有特点，它们相互结合、相互补充，构成了我国完整、复杂的旅游交通网络。近年来，我国的交通事业发展迅速，特别是高速铁路营运里程增长迅猛，“高铁游”已成为时下流行的旅游出行方式。

学习目标

认识旅游交通对发展旅游业的重要性

掌握主要旅游交通方式和特点

一、概况

旅游交通是指为旅游者从客源地到旅游目的地的往返，以及在旅游目的地进行各种旅游活动而提供的交通设施及服务。

旅游与交通密不可分。一方面，交通作为“旅游媒介”，对于实现与促进旅游客流的空间位移起到关键作用，为旅游发展提供了必要的条件；另一方面，旅游对交通的发展也起到了相当大的促进作用。汽车、飞机等现代交通工具的问世，使人们用于空间位移的时间大大缩短，安排旅游越来越方便。第二次世界大战后，国际旅游的迅速发展与民用航空的普及是分不开的。今天我国旅游的大好局面，也得益于我国改革开放40多年来交通发展的成果。旅游交通是旅游业的基础和命脉。其重要性表现在：

（一）旅游交通是发展旅游业的先决条件

旅游交通是联系客源地与旅游目的地的纽带。只有发达的交通才能使旅游者顺利、愉快地完成食、住、行、游、购、娱等旅游活动。反之，游览行程受阻，就会出现游客“进不去、散不开、出不来”的现象，从而严重制约旅游业的发展。

（二）旅游交通是旅游业收入的重要来源

随着经济的发展及旅游市场的开放，游客越来越多地跨越大洋到其他大洲的国家进行观光游览。这种长距离的旅行，交通费用也许就是旅游费用中最大的开支。

（三）旅游交通本身就是一项特殊的旅游活动

在旅游过程中，旅游交通既要快捷、安全、正点，更要方便、舒适，不管是现代交通运输方式（铁路、公路、水路、航空），还是古老的传统方式（骑马、骑骆驼、划艇、撑竹筏、坐轿子等），都要满足游客娱乐和享受的精神需求。尤其是在现代旅游中，乘坐或驾驶特种交通工具已成为一项极富吸引力的旅游活动。这使旅游交通工具本身具有了旅游资源的特性，旅游交通也就成为一项特殊的旅游活动。

二、旅游交通的主要方式及其特点

旅游交通按其路线和运输工具的不同，可分为铁路、公路、水路、航空、特种旅游交通等。其中铁路、公路、水路、航空是主要的运输方式。高架索道和民间运输等特种旅游交通主要担负着景区内部短距离的运输任务。虽然各种运输方式的发展历程不同，分别有不同的适用范围，在旅游业发展进程中所占有的地位和发挥的作用都不尽相同，它们各有特点和优势，互相结合，协调发展，形成交通网络，在旅游过程中互相衔接，支撑旅游活动的全过程。

（一）铁路旅游交通

铁路旅游交通是近代旅游的发端。1845 年，托马斯 · 库克在英国组织的第一次团体旅游就是火车旅游。铁路交通的优势是：①客运量大、成本低。其成本分别是公路运输的 1/20 和航空运输的 1/128，且运输距离越长，运量越大，单位成本就越低。②铁路交通速度较快。常规铁路时速 80 千米左右，高速铁路上运行的旅客列车时速可达 200 千米 ~350 千米。③铁路交通受自然条件限制小，连续性强，一般可全天候运营。④具有环境污染小和单位能源消耗较少等优点。⑤铁路运输是一个互相衔接的整体，便于统一管理和指挥，安全可靠性高。据有关资料统计，世界各国铁路客运的安全率是公路运输的 18~30 倍。在当今，铁路交通在中长途旅游交通中仍发挥着重要作用。铁路造价高、消耗钢材多、修筑工期长、灵活性差、短途运输成本较高，这是它的短处。

我国领土辽阔，铁路运输在我国运输业中长期占重要地位，有“铁老大”之称，在中长途旅游交通中发挥重要作用。可分为普通铁路和高速铁路两种。我国目前已拥有全球最大规模的高速铁路网。截至 2020 年年底，我国铁路营业里程已达 14.6 万千米，其中高速铁路 3.8 万千米，占全球高铁里程 60% 以上。

1. 普通铁路

普通铁路方面，我国已形成了以北京为中心，由多条纵贯南北和横贯东西的干线交织的铁路网。南北主要干线有：京哈线、京沪线、京九线、京广线、同蒲—太焦—焦柳线、宝成—成昆—南昆线等。东西主要干线有：京包—宝兰线、陇海—兰新线、沪杭—浙赣—湘黔—贵昆线等。

2. 高速铁路

高速铁路方面，自2008年8月1日京津（北京—天津）城际高速铁路正式运营以来，我国高铁走出了一条自主创新、高速发展之路。至2025年，我国将建成“八纵八横”的高铁网：

（1）八纵。

①沿海通道：大连（丹东）—秦皇岛—天津—东营—潍坊—青岛（烟台）—连云港—盐城—南通—上海—宁波—福州—厦门—深圳—湛江—北海（防城港）。

②京沪通道：北京—天津—济南—南京—上海（杭州），包括南京—杭州、蚌埠—合肥—杭州。

③京港（台）通道：北京—衡水—菏泽—商丘—阜阳—合肥（黄冈）—九江—南昌—赣州—深圳—香港（九龙）；另一支线为合肥—福州—台北，包括南昌—福州（莆田）。

④京哈—京港澳通道：哈尔滨—长春—沈阳—北京—石家庄—郑州—武汉—长沙—广州—深圳—香港，包括广州—珠海—澳门。

⑤呼南通道：呼和浩特—大同—太原—郑州—襄阳—常德—益阳—邵阳—永州—桂林—南宁。

⑥京昆通道：北京—石家庄—太原—西安—成都（重庆）—昆明，包括北京—张家口—大同—太原。

⑦包（银）海通道：包头—延安—西安—重庆—贵阳—南宁—湛江—海口（三亚），包括银川—西安以及海南环岛。

⑧兰（西）广通道：兰州（西宁）—成都（重庆）—贵阳—广州。

（2）八横。

①绥满通道：绥芬河—牡丹江—哈尔滨—齐齐哈尔—海拉尔—满洲里。

②京兰通道：北京—呼和浩特—银川—兰州。

③青银通道：青岛—济南—石家庄—太原—银川。

④陆桥通道：连云港—徐州—郑州—西安—兰州—西宁—乌鲁木齐。

⑤沿江通道：上海—南京—合肥—武汉—重庆—成都，包括南京—安庆—九江—武汉—宜昌—重庆、万州—达州—遂宁—成都。

⑥沪昆通道：上海—杭州—南昌—长沙—贵阳—昆明。

⑦厦渝通道：厦门—龙岩—赣州—长沙—常德—张家界—黔江—重庆。

⑧广昆通道：广州—南宁—昆明。

知识链接

高速铁路与普通铁路的差异

高速铁路不仅在速度上快于普通铁路，而且有以下特点：

（1）钢轨都采用无缝钢轨，轨道多采用无砟轨道，以保证行车平顺、安全和舒适性。

（2）弯道少，弯道半径大，道岔都是可动心高速道岔。

（3）大量采用高架桥梁和隧道，以保证平顺性和缩短距离。

（4）列车顶上的接触网与普通铁路不同，以保证列车的接触稳定和耐久性。

（5）信号控制系统比普通铁路高级，以保证发车的密度、速度和安全性。

视野拓展

列车车次首字母代表啥？

G：高速铁路动车组，读“高”，最高时速 350 千米。C：城际动车组列车，读“城”，最高时速 350 千米。D：动车组列车，读“动”，最高时速 250 千米。Z：直达特快旅客列车，读“直”，最高时速 162 千米。T：特快旅客列车，读“特”，最高时速 142 千米。K：快速旅客列车，读“快”，最高时速 120 千米。L：临时旅客列车，读“临”。Y：临时旅游列车，读“游”。没有字母开头的为普通列车，俗称慢车。

（二）公路旅游交通

公路旅游交通是最普遍、最重要的短途运输方式，该方式所占比重高达 66%~69%。其特点是灵活、方便，能深入到旅游景点内部，短途旅行速度快，公路建设投资少、工期短、见效快；但运载量小，受气候变化影响较大，安全性能较差，排出的尾气对大气有污染。可分普通公路和高速公路两种。截至 2020 年年底，我国公路通车总里程 520 万千米，其中高速公路通车里程 16.1 万千米，居世界首位。

普通公路按使用性质可分为国道、省道、县道、乡道及专用公路五种，其中国道和省道为国家的干线公路。1988 年沪嘉高速公路建成通车以来，我国高速公路建设突飞猛进，已初步形成“七纵七横”的高速公路网。近年来随着私家车的发展，每逢节假日高速公路免费，自驾出游已成为一道壮观景象。

知识链接

高速公路与普通公路的差异

高速公路一般时速 80 千米以上，快于普通公路，而且有以下特点：

（1）只供汽车高速行驶，禁止行人和非机动车上路；

（2）设有多个车道（4 车道以上），中央分隔带将往返交通完全隔开；

（3）与其他线路采用立体交叉，行人跨线桥或地道通过；

（4）全线封闭，完全控制出入口，只准汽车在规定的立体交叉口进出；

（5）采用沥青或水泥混凝土高级路面，设有齐全的标志、标线、信号及照明装置，每隔一定距离还设置服务区（加油站、停车场、饭店和旅馆等）。

视野拓展

国道和高速公路的编号

中国国道编号：

（1）以北京为起点的放射国道，编号101~112，如G107北京—郑州—武汉—广州—深圳线；

（2）南北走向的国道，编号201~228（无226），如G207锡林浩特—张家口—长治—襄阳—常德—梧州—海安线；

（3）东西走向的国道，编号301~330（除313），如G307黄骅—石家庄—太原—银川线。

高速公路编号：

（1）以北京为起点的放射高速，标号为1位数，如G4京港澳；

（2）纵向（南北向）高速，以2位奇数为标号，范围11~89，如G55二广高速（二连浩特—广州）；

（3）横向（东西向）高速，以2位偶数为标号，范围10~90，如G40沪陕高速（上海—西安）。

（三）航空旅游交通

航空旅游交通是一种现代化的先进的运输方式，在20世纪迅速崛起和发展，在长距离国际、国内旅游中处于绝对垄断地位。与其他运输方式相比，最大的特点是快捷、舒适、安全。现代的喷气运输机，时速一般在900千米左右，比火车快5倍~10倍，比海轮快20倍~25倍。航空运输不受地形地貌、山川河流的阻碍，只要有机场并有航路设施保证，便可开辟航线，如果用直升机运输，则机动性更大，可到达其他运输方式不易到达的地方，是长途、远距离旅行的理想运输方式。尤其能满足现代旅游者惜时如金的心理需求。其缺点是载运能力小、能源消耗大、运输成本高。还因为空港占地大，机场远离市中心，因此航空交通必须与其他交通工具相互配合，才能完成旅游交通服务。

我国航空运输始于1929年，现已拥有300多条航线，2019年年底定期航班航线里程达948.22万千米，其中国内航线260多条，通航百余城市，形成以北京为中心辐射全国的国内航空干线网。国际航线方面，截至2020年年底我国已与128个国家或地区签署了双边航空运输协定。北京、上海、广州、昆明、大连、厦门等国际机场已架起了通往30多个国家的“空中桥梁”。随着商务旅游、度假旅游的兴起，乘坐飞机旅行已越来越受到游客的青睐。

知识链接

乘坐飞机禁止及限量携带物品

禁带物品：枪支弹药、军械、警械、管制刀具、爆炸物品、易燃易爆物品、剧毒物品、放射性物品、腐蚀性物品、危险溶液及国家规定的其他禁运物品。手术刀、屠刀、雕刻刀等专业刀具，文艺单位表演用的刀、矛、剑、戟等，以及斧、凿、锤、锥、加重或有尖钉的手杖、铁头登山杖可作为行李托运。随身携带的生活用刀刃长不超过 4 厘米，水果刀、剪刀、男士的剃须刀片等生活用刀都必须放在托运行李中，或者交机场安检部门暂存。乘坐国内航班的旅客一律禁止随身携带液态物品，但可办理托运。

限量携带：发胶、衣领净、摩丝、发亮剂、杀虫剂、空气清新剂分别限带 1 瓶（350 毫升），香水限带 500 毫升，累计不得超过 1000 毫升或 1 公斤。包装完好的白酒限带 2 公斤。随身携带的化妆品，体积不可超过 100 毫升。可随身携带含超过 100Wh 但不超过 160Wh 锂电池的电子设备登机，且不允许托运。手提行李，单件体积不能超过 20 厘米 × 40 厘米 ×55 厘米，总重量不能超过 5 公斤。“免费托运行李额”一般是：经济舱 20 公斤、公务舱 30 公斤、头等舱 40 公斤。超重要按超出的重量收费。

（四）水上旅游交通

水上旅游交通是以船舶为主要运输工具、以港口或港站为运输基地、以水域包括海洋、河流和湖泊为运输活动范围的一种运输方式。一般说来，长途河运的运输成本比铁路低，而海运成本则更低。水上旅游交通包括内河运输和海洋运输两种。我国内河航运主要集中在南方，如“黄金水道”长江、珠江、闽江等，2020 年年底内河航道通航里程 12.8 万千米。我国海岸线漫长，海运条件优越，著名的海港有上海、天津、秦皇岛、大连、青岛、宁波、福州、广州、北海、海口等。水上运输是沿湖、沿江和沿海各城市之间旅客来往的运输方式，同时也是游客欣赏沿岸自然美景的最佳选择。

知识链接

方兴未艾的邮轮旅游

中国人对邮轮的印象多半是从电影《泰坦尼克号》开始的。其实，邮轮旅游起源于 18 世纪末的欧洲贵族，20 世纪 60 年代以后逐渐兴盛，是欧美人最向往的度假方式之一。邮轮是海上漂浮的度假村，精彩生活一般从晚上开始，盛大的晚宴、各色酒店、演出、剧场会让黑夜变得那么短暂。而中午则是邮轮的早晨，吃完午饭后在甲板上享受日光浴或打高尔夫、在泳池游泳、在健身房做运动、在美容室做 SPA、在咖啡馆聊天等。每到一个目的地，还可以登岸观景、购物等。不愧为一种优雅、闲适、自由的旅行。世界上最大的邮轮是美国皇家加勒比游轮公司的“海洋绿洲号”（Oasis of The Seas）豪华邮轮，大小是“泰坦尼克号”的5倍。

（五）特种旅游交通

特种旅游交通，包括索道、缆车、栈道、电瓶车、轿子、滑竿、竹筏、马、牦牛、骆驼等交通方式，多用于景区内，具有浓郁的地方特色。其优点是可帮助游客通过一些难行路段，本身也是一种游览活动体验，可提高旅游价值，招徕游客，是风景区内重要的旅游交通方式。比如，索道可跨越山岭、深谷、江河、湖泊，提高至景区精华地区的便捷性，同时还可欣赏到常规步行看不到的景色。所以，我国在不少著名山地风景游览区都建有缆车索道。在开发这类交通方式时，要考虑当地的实际情况，与景区环境相协调，尽量减少对景区原有景观的破坏。

知识链接

天门山奇观

天门山位于湖南张家界市南，国家5A旅游景区，山体上部1300米处有一天门洞，洞高131.5米、宽57米、深60余米，终年氤氲蒸腾，景象万千。观赏此景，可乘长7455米（世界最长）的索道，到山顶，然后再乘897米的隧道电梯到洞前。还有一处长60米玻璃栈道，海拔1430米，刺激震撼。完毕可乘车行驶在长10.77千米、九十九道弯的通天大道上。

本章关键词

旅游交通　交通方式　特点

本章小结

旅游交通是旅游业的基础和命脉，是发展旅游业的先决与必备条件之一。我国旅游交通由铁路、公路、航空、水路和特种交通等多种方式组成，各种运输方式均有其优点和局限，它们相互结合形成了我国综合交通运输网，对旅游业的发展发挥着重要的作用。

思考与练习

一、填空题

1. 旅游交通是联系（　　）和（　　）的纽带。
2. 目前，我国的高速铁路和高速公路总里程均居世界（　　）。
3. （　　）公路是公路运输发展的方向。

4. 水上旅游交通包括（　　）运输和（　　）运输两种。

5. 特种旅游交通多用于（　　）内，具有浓郁的（　　）特色。

二、单项选择题

1. 下列各种交通运输方式中历史最悠久的是（　　）。

A. 铁路旅游交通　　B. 水上旅游交通　　C. 公路旅游交通　　D. 航空旅游交通

2.（　　）是近代旅游发端的主要运输工具。

A. 火车　　B. 汽车　　C. 轮船　　D. 飞机

3. 下列（　　）的最大的特点是快捷、舒适、安全，但其价格高。

A. 铁路旅游交通　　B. 水上旅游交通　　C. 公路旅游交通　　D. 航空旅游交通

4. 机动、灵活，且对客运量的大小及自然环境具有很强的适应性的交通运输方式是（　　）。

A. 铁路旅游交通　　B. 水上旅游交通　　C. 公路旅游交通　　D. 航空旅游交通

5. 素有"黄金水道"之称的是（　　）。

A. 长江　　B. 黄河　　C. 珠江　　D. 黑龙江

三、判断题

1. 旅游交通本身就是一项特殊的旅游活动。（　　）

2. 经济是航空运输的一个突出特点。（　　）

3. 旅游交通是发展旅游业的先决条件。（　　）

4. 目前，我国高速铁路里程占全球高速铁路总里程的 50% 以上。（　　）

5. 发展特种旅游交通，要考虑当地的实际情况，与景区环境相协调，尽量减少对景区原有景观的破坏。（　　）

四、简答题

1. 旅游交通对发展旅游业有什么重要性？

2. 我国旅游交通的主要方式有哪几种？各有什么优缺点？

3. 目前，我国已投入运营的高铁铁路干线有哪些？

第3章 中国旅游分区

本章概览

旅游区划是旅游地理研究工作的一个重要方面。近20年来，我国一些学者根据教学或科研的需要，先后提出了多种中国旅游区划的方案及相应的分区体系。旅游区应是一个表现出社会—经济、文化—历史和自然—地理条件的统一的地域的单元。本书将全国分为七大旅游区。

学习目标

了解旅游区的概念

熟悉旅游区划的目的和原则

掌握本书的中国旅游区划分

一、旅游区的概念

旅游区是指自然地理与人文地理环境特征相似，自然旅游风光与旅游特征基本相近的地理区域综合体。一般将旅游资源相对集中、类似、与邻区有显著地域差异，而区内政治、经济、文化联系较为密切的地区，划分为一个旅游区。它主要是以自然地理与人文地理环境为基础，以自然旅游风光为依托，以旅游文化为核心而形成。

二、旅游区划的目的

区划的目的是揭示旅游资源的地域分布规律，旅游配套设施和行政管理的地域分工和相互联系，以利于合理组织不同区域的旅游活动，确定旅游区的发展方向，为旅游资源的开发、保护及发展战略制定提供科学依据。

三、旅游区划的原则

（一）整体性原则

旅游区的划分应当全面地考虑区域内自然和人文条件。区内不仅有若干具有共同特征的景点单位，而且包含相关联的服务接待设施及交通、通信等基础设施和相对完整的行政管理体系。

（二）相似性原则

相似性是指在同一旅游区内，旅游资源具有成因的共同性、特征的类似性，以及发展方向的一致性等。这一原则要求，在各旅游区内部，旅游资源相似性最大且差异性最小，而在旅游区之间，则正好相反。

（三）主导因素原则

各旅游区内分布多种类型的旅游资源，各类型的旅游资源在旅游区内所起的作用各不相同，但总是某种类型旅游资源起主导作用，表现出旅游区独有的特色。因此，在区划时要突出某种类型旅游资源作为划分旅游区的主要依据，合理划分旅游区。

（四）地域完整性原则

旅游区划应同自然地理区划一样，在地域上应该是连续的、完整的。各级旅游区必须覆盖全国，不允许出现遗漏和重叠现象。

（五）旅游中心地和交通便捷性原则

每个旅游区都应有一个或几个旅游中心地，以旅游中心地作为旅游业发展的依托。作为旅游中心地，应能代表整个旅游区的旅游资源特色。中心地应当是区内政治、经济、文化中心，拥有较好的食宿、交通、通信、购物等必备的旅游设施，并尽可能地考虑到交通便捷性以及基本的辐射范围。

（六）区域社会经济原则

旅游业本身是一项综合性的经济事业，涉及诸多的经济部门，旅游业的发展离不开各级行政管理部门的综合服务。因此，在划分旅游区时还要尽可能地考虑服务区域社会经济的原则。

四、中国旅游区划分

迄今为止，中国尚未进行正式的旅游区划。一些学者为了教学的需要，或从科研的角度，依不同的目的，提出了一些不同的区划方案。这些旅游区划方案主要是从两方面考虑的：①旅游资源的相似性；②行政区划的完整性。所以，各种方案在进行旅游区命名时，基本上采用了区域名称命名。

本书根据旅游区划原则，取各家之长，考虑旅游区自然环境整体性、特色性、社会经济环境、历史文化的相似性，将全国分为七大旅游区，并以顺时针方向排序。

（一）东北旅游区（黑、吉、辽）

包括黑龙江、吉林、辽宁三省。该区民风民俗相近，人文旅游资源相似性强；同时山水脉络相连，气候因子相似，以冰雪、火山、森林、海滨、民俗为特色。

（二）黄河中下游旅游区（冀、陕、晋、豫、鲁、京、津）

包括河北、陕西、山西、河南、山东、北京、天津五省二市。该区是中华文化的发祥地，名胜古迹众多，名山大川云集。以北京为中心，交通四通八达，是我国著名的人文旅游大区。

（三）长江中下游旅游区（鄂、湘、皖、赣、苏、浙、沪）

包括湖北、湖南、安徽、江西、江苏、浙江六省和上海市。该区自然风光与人文景观并重，旅游资源密集、类型多种多样。这里交通便捷、经济发达，是我国著名的自然旅游大区。

（四）南部沿海旅游区（闽、台、粤、琼、桂、港、澳）

包括福建、台湾、广东、海南四省、广西壮族自治区以及香港、澳门两个特别行政区。该区位于我国南部，具有典型的热带和亚热带气候特征。本区经济发达，是著名的侨乡、海外旅游者的主要入境口岸。

（五）西南旅游区（蜀、滇、贵、渝）

包括四川、云南、贵州三省和重庆市，该区岩溶地貌独特，动植物资源丰富，自然风光独具特色。同时，本区少数民族众多，民族风情各异，对旅游者具有强烈的吸引力。

（六）青藏旅游区（青、藏）

包括青海省和西藏自治区。高寒的草原、丰富的地热、奇特的动物是这里独有的自然风光；古朴的藏族风情、奇异的宗教文化是这里神秘的人文旅游资源。

（七）西北内陆旅游区（内蒙古、新、宁、甘）

包括内蒙古自治区、新疆维吾尔自治区、宁夏回族自治区和甘肃省。本区深居内陆，为典型的温带大陆性气候区，有辽阔的草原。风吹草低见牛羊的景观、茫茫大沙漠里悠扬的驼铃声响等对旅游者具有极强的吸引力。

视野拓展

中国的5A级景区

我国的旅游景区质量等级划分为五级，从高到低依次为AAAAA、AAAA、AAA、AA、A级旅游景区。5A级为中国旅游景区最高等级，代表着中国世界级精品的旅游风景区等级。

5A是一套规范性标准化的质量等级评定体系，是目前全国旅游景区（点）最高评定标准。5A级景区评选非常严格，共涉及8大类、44个分项系统以及213个得分点，其中包括游客，尤其是儿童、老人以及残疾游客在景区游览过程中的便利程度、信息服务系统、标牌标识以及卫生间等“人本化”标准。

经全国旅游景区质量等级评定委员会委派的评定小组现场验收，全国旅游景区质量等级评定委员会审核批准，2007年5月8日，我国66家试点景区达到5A级景区质量等级标准要求，被授予首批5A级旅游景区称号。2007年8月17日，国家旅游局在北京隆重召开全国首批5A级旅游景区颁牌大会。截至2020年年末，全国共有A级旅游景区

13 332 个，3A 级旅游景区 6931 个，4A 级旅游景区 4030 个。截至 2021 年 6 月 9 日，文化和旅游部共确定了 306 个国家 5A 级旅游风景区。

本章关键词

旅游区　旅游区划

本章小结

旅游地理有明显的区域性特征，因此，进行旅游区划十分必要。本书考虑旅游区自然环境整体性、特色性、社会经济环境、历史文化的相似性，将全国分为七大旅游区，并以顺时针方向排序。

思考与练习

一、填空题

1. 本书把全国划分为（　　）大旅游区，每个旅游区都应有一个或几个（　　）中心地。

2.（　　）旅游区经济发达，是著名的侨乡、海外旅游者的主要入境口岸。

3.（　　）旅游区位于我国南部，具有典型的热带和亚热带气候特征。

4.（　　）旅游区以北京为中心，交通四通八达，是我国著名的人文旅游大区。

5.（　　）级景区是我国目前对旅游景区景点最高级别的认证。

6. 截至 2021 年 6 月 9 日，文化和旅游部共确定了（　　）个国家 5A 级旅游风景区。

二、简答题

1. 什么是旅游区？
2. 旅游区划的目的是什么？
3. 简介旅游区划的原则。
4. 我国旅游区划分的七个区各包括哪些省级行政区？

第4章 东北旅游区

本章概览

东北旅游区包括黑龙江、吉林和辽宁三省，是自然地理环境完整、经济发展水平相近的一个地理行政单元。山环水绕的地形大势、寒冷的气候环境，使其成为我国温带森林面积分布最广、冰雪资源最丰富的地区，因此可以开发许多参与性的娱乐健身旅游活动。本区也是我国火山地貌景观最集中的地区，独具开发优势。

学习目标

了解东北旅游区的旅游环境

掌握本区的旅游资源特征

熟悉本区的主要旅游胜地

了解区内的主要旅游线路

第一节 旅游环境

一、概况

东北旅游区位于我国最东北部，总面积约80万平方千米，总人口9851万余人。民族除汉族外，还有满族、朝鲜族、蒙古族、回族、鄂伦春族等，是我国少数民族聚居的地区之一。

东北旅游区地貌类型多，但分布很有规律。外围的东、北、南均为江、河、湖、海所环绕，只有西部连陆。其内侧的西、北、东三面分别由大、小兴安岭和长白山地环绕，呈马蹄状，包围着东北大平原，构成山环水绕、平原南开的地表形势。山地丘陵与平原的面积大体相等，大部分山地海拔在1000米~1500米。本区的主要山脉有大兴安岭、小兴安岭和长白山地等。在这些山地之间分布有广阔的东北大平原，由三江、松嫩和辽河三大平原组成，是我国面积最大、土壤最肥沃的平原区。

本区气候属温带季风气候，北部进入寒温带。本区气候的特色是冬季寒冷漫长，夏季温湿短促。1 月平均最低气温在零下 20℃以下，是世界同纬度陆地气温最低地区。漠河曾记录了零下 52.3℃的全国最低气温，被称为“中国寒极”。冬季一般长达 6 个月左右，降水多固态，雪层深厚。7 月平均气温，平原南部为 24℃，大兴安岭北部不低于 18℃。但大部分地区绝对最高温也可达到 35℃以上。春秋二季甚短，春天多大风，秋季天高气爽。

东北旅游区交通发达，铁路网稠密，铁路是东北地区交通运输的骨干。有京哈、沈大、滨洲、滨绥等 70 多条铁路线，总长约 1.4 万千米，总长度和密度在各旅游区中均居首位。内河运输主要指黑龙江和松花江的航运。海上运输以大连和营口为重要港口。大连港港阔水深，冬季不冻，是我国北方对外贸易大港。航空运输以沈阳、大连、哈尔滨和长春为中心。便利的交通为本区旅游业的发展奠定了良好的基础。

本区经济在全国居重要地位。资源丰富，盛产大豆、春小麦和苹果；是全国最大的木材生产基地；林区盛产貂皮、鹿茸、人参，素称东北“三宝”；熊掌（中国珍贵的传统食材，我国现在对野生动物的捕杀和进食都进行了严格的限制）、飞龙（飞龙鸟，学名榛鸡）、林蛙（俗称黄蛤蟆或油蛤蟆，医药界又称“田鸡”）、猴头（指野生猴头菌，又称猴头蘑、猴头菇）被称为四大山珍。此外，还出产毛皮、兽药材等。

知识链接

东北“三宝”

东北“三宝”是指中国东北地区的三种土特产：人参、貂皮与鹿茸。不同年代不同地区对东北“三宝”有不同的说法，也曾有过“人参、貂皮与靰鞡草”的提法。

人参是东北“三宝”第一宝，为百草之王。野生的称“野参”“山参”，较名贵，栽培的称“园参”。人参具有兴奋中枢神经、促进新陈代谢、降低血糖等作用，是舒筋活血、提神壮力、补脾健胃的名贵药材。人参不但可以入药，还可用于烹饪、制糖、浸酒、制烟及制成营养性高级化妆品等用途。目前，在东北市场已开发的人参系列制品，很受海内外旅游者的喜爱。

貂皮是东北“三宝”之一，素有“裘中之王”之称。貂皮有紫貂皮和水貂皮两种，其中以紫貂皮较为名贵。貂皮属于细皮毛裘皮，皮板优良，轻柔结实，毛绒丰厚，色泽光润。貂皮具有“风吹皮毛毛更暖，雪落皮毛雪自消，雨落皮毛毛不湿”的三大特点。貂皮以其华丽美观、保暖性强而被列为制作高级皮衣的上品或极品。

东北“三宝”之一的鹿茸，主要有产于大兴安岭的马鹿茸和产于长白山的梅花鹿茸。鹿茸的药用价值很高，可生精补髓，养血益阳，强筋健骨，治疗身体虚弱、耳聋目暗等症。此外，鹿角、鹿肾、鹿胎、鹿尾、鹿筋、鹿骨、鹿血、鹿皮及鹿肉都是珍贵的药材。可以说，鹿的全身都是宝。

二、旅游资源特征

森林景观是本区自然景观的主要特色。东北是我国最大的林区，有大面积的原始天然林。大兴安岭是以兴安落叶松为主的明亮针叶林，小兴安岭和长白山是以红松、冷杉为主的针叶与落叶阔叶混交林，山地内侧形成大片温带森林和草原。茂密的森林、广阔的草原为动物的生长和繁殖提供了良好的生栖场所。因此，东北成为我国目前最重要的野生动物产地和狩猎区。莽莽森林与冬季千里冰封、万里雪飘的景色，构成了北国林海雪原的独特景观。本区冬季冰雪期漫长，冰雪活动场所众多，可以开展滑雪、溜冰、乘坐雪橇、冰帆、欣赏冰雕、雾凇等旅游活动，是一片具有独特魅力的冰雪世界。

本区是我国火山分布较多的地区之一，共有火山锥 600 多座，组成 30 多个火山群，占全国火山群总数的 30%，从长白山、大兴安岭、小兴安岭到平原地带均有分布。火山地貌景观主要有火山锥、火山湖和熔岩台地等。五大连池、长白山天池和镜泊湖等都是其著名火山遗迹游览区。

本区南部有漫长的海岸线，其山、海、岛、礁和沙滩浑然一体，形成了多种特色的海滨景观。这里有大连海滨——旅顺风景名胜区、兴城古城及海滨风景名胜区、盘锦鹤乡“红海滩”国家级自然保护区以及蛇岛、长海等诸多岛屿。海岛旅游资源独特，海滩、海蚀地貌、渔港、渔村等自然和人文景观相融合，风光旖旎。

截至 2021 年 7 月，本区吉林及辽宁的高句丽王城、王陵及贵族墓葬，明清皇宫之沈阳故宫，明清皇家寝陵之盛京三陵和辽宁九门口长城（长城中唯一的水上长城）等景区被列入《世界文化遗产名录》。

第二节　主要旅游胜地

一、黑龙江省

黑龙江省位于我国东北地区最北部，是我国位置最北、纬度最高的省份，因省内最大河流黑龙江而得名，简称黑。全省面积约 46 万平方千米，人口有 3185 万余人，省会是哈尔滨市。

黑龙江省属中温带到寒温带的大陆性季风气候，独特的气候使其夏宜避暑，冬宜赏雪，冰灯、冰雕引人入胜，冰雪运动颇受欢迎。其主要名胜有冰城、松花江、太阳岛公园、漠河、五大连池、镜泊湖等。哈尔滨太阳岛景区、黑河五大连池景区、牡丹江宁安市镜泊湖景区、伊春汤旺河林海奇石景区、漠河北极村旅游区、鸡西市虎头风景名胜 80 区为我国 5A 级景区。

（一）哈尔滨市

哈尔滨是黑龙江省省会，它地处松嫩平原东部、松花江右岸。它不仅荟萃了北方少数民族的历史文化，而且融合了中外文化，是我国著名的历史文化名城和旅游城市，素有“冰城”“丁香城”“北方音乐名城”“东方莫斯科”等美称。

哈尔滨是以冰雪、避暑旅游为主要特色的旅游城市。“哈尔滨国际冰雪节”是世界闻名的冬季旅游项目。主要旅游胜地有太阳岛公园、兆麟公园、亚布力滑雪场、二龙山、松峰山风景区等。

知识链接

哈尔滨国际冰雪节

哈尔滨是我国冰雪艺术的发祥地之一，哈尔滨国际冰雪节（见图 4–1）是我国历史上第一个以冰雪活动为内容的区域性节日。首届哈尔滨国际冰雪节从 1985 年 1 月 5 日开始，至今已是被中外人士所瞩目。

图 4–1　哈尔滨冰雪节

每年一度的哈尔滨冰雪节，以“主题经济化、目标国际化、经营商业化、活动群众化”为原则，集冰灯游园会、大型焰火晚会、冰上婚礼、摄影比赛、图书博览会、经济技术协作洽谈会、经协信息发布洽谈会、物资交易大会、专利技术新产品交易会于一体，吸引游客多达百余万人次，经贸洽谈会成交额逐年上升。它不仅是中外游客旅游观光的热点，而且是国内外客商开展经贸合作、进行友好交往的桥梁和纽带。冰雪节，已成为向国内外展示哈尔滨社会经济发展水平和人民精神面貌的重要窗口。

太阳岛公园是全国著名的旅游避暑胜地，公园位于松花江北岸、斯大林公园对岸，是哈尔滨的一颗亮丽明珠，是哈尔滨人民的光荣和骄傲。20 世纪 80 年代初，著名歌唱家郑绪岚一首《太阳岛上》，唱出了太阳岛的风采，唱出了太阳岛的原汁原味。

这里从前是俄国人的别墅，以此扩建为岛。太阳岛的交通极为方便，水、陆、空皆通。太阳岛不仅是夏季旅游避暑的胜地，更是冬季冰雪旅游的乐园。哈尔滨一年一度的雪雕游园会就是在太阳岛举办的。由于岛上空气清新，污染少，雪质好，一到冬季，一座座造型各异的雪塑制品，竞相展现在游人面前，给岛上的冬季增添了无限生机。2007 年 5 月 8 日，太阳岛公园成为国家首批 5A 级旅游景区。

知识链接

中央大街

中央大街是哈尔滨市很繁华的一条商业步行街，位于哈尔滨道里区，北起江畔的防洪纪念塔广场，南接新阳广场，长1400米。这条长街始建于1900年，街道建筑包罗了文艺复兴、巴洛克等多种风格的建筑71栋。

中央大街是哈尔滨的缩影，哈尔滨的独特建筑文化和哈尔滨人的欧式生活都在这里得以体现，并且被称为“亚洲第一街”。

哈尔滨中央大街是哈尔滨的突出代表和显著标志。1986年，哈尔滨市人民政府将中央大街步行街确定为保护街，1997年6月1日将其改造成全国第一条商业步行街。2006年4月被国家建设部评为“中国人居环境范例奖”。2006年首届哈尔滨十大城市名片评选活动中，中央大街被评为哈尔滨的城市名片。2008年评为“哈尔滨十佳名景”。

（二）牡丹江镜泊湖景区

牡丹江市位于黑龙江省东南部，地处中、俄、朝鲜三国的“金三角”腹地，以其得天独厚的旅游资源而闻名。世界最大的高山堰塞湖——镜泊湖便位于黑龙江省牡丹江市的西南面。

镜泊湖坐落在牡丹江市境南94千米处的崇山峻岭间，是经五次火山喷发，熔岩阻塞牡丹江河道而形成的火山堰塞湖，是我国北方著名的风景区和避暑胜地，被誉为“北方的西湖”。镜泊湖南北长45千米，东西最宽处6千米。景区总面积1214平方千米，容水量约16亿立方米。镜泊湖以天然无饰的自然美而著称，主要景区有吊水楼瀑布、地下森林和渤海古国遗址，还有珍珠门、道士山、老鹳山、大孤山、小孤山、白石砬子、城墙砬子等景点。

1993年，镜泊湖被国务院首批审定为国家级风景名胜区，是科研、旅游和避暑的胜地。2011年1月，成为国家5A级旅游景区。

（三）五大连池景区

五大连池位于黑龙江省西北部的五大连池市境内，是我国著名的火山游览胜地。公元1719年—1721年，火山爆发堵塞了当年的河道，形成了五个互相连通的熔岩堰塞湖。这里拥有世界上保存最完整、分布最集中、品类最齐全、状貌最典型的新老期火山地质地貌，有景色奇特的火山风光、丰富完整的火山地貌和疗效显著的矿泉“圣水”，是一个集游览观光、疗养休息、科学考察多种功能于一体的综合性天然风景名胜区。每年6月—9月为旅游最佳季节。五大连池除五个堰塞湖外，还有许多古代和近代的火山。中、近期形成的火山共14座，其中老黑山是14座火山中最高的一座。老黑山和火烧山年龄最小，但体态庞大，景色尤佳，是五大连池中最佳景区。主要游览点有老黑山、五大连池（见图 4-2）、药泉山、火烧山等风景点。

五大连池火山群是我国第一个火山群自然保护区。五大连池风景区现已辟为旅游观光、度假疗养、科学考察的综合性自然风景名胜区。2011 年 1 月，成为国家 5A 级旅游景区。

图 4-2　五大连池

（四）漠河

漠河市位于祖国的最北端，大兴安岭北麓，黑龙江上游南岸，是中国最北端的县级行政区，隶属黑龙江省大兴安岭地区，漠河市有汉、蒙古、满、朝鲜、鄂温克、鄂伦春、锡伯等 17 个民族，人口 5.4 万余人。

漠河资源丰富，尤以森林、矿产、旅游、珍稀动植物资源闻名于世。漠河地处北纬 50°11′ 至 53°33′，是“神州的北极”。那里是国内最冷的地方，极端最低气温曾达零下 52.3℃。旅游资源得天独厚，所辖北极村是我国唯一可观赏到北极光和极昼现象的地方。村内有“中国最北一家”“北陲哨兵”碑、“神州北极”碑、望江楼等旅游景点。每年夏至，市政府都要在此举办盛大活动，吸引了大批国内外游客。

二、吉林省

吉林省位于松花江畔，居我国东北东三省的中部，因境内有吉林城而得名。“吉林”为满语，沿江之意。简称吉，全省总面积约 19 万平方千米，人口 2702 万，省会长春市。

吉林省旅游景点多集中在长春市、吉林市、松花江和长白山一线。国家重点名胜区有松花湖风景名胜区、“八大部”——净月潭风景名胜区。吉林雾凇全国闻名。文物古迹中以有关高句丽古国者最多，长春伪皇宫是伪满洲国“皇帝”爱新觉罗·溥仪的宫殿。长白山景区、长春伪满皇宫博物院、长春净月潭景区、长春市长影世纪城旅游区、敦化市六鼎山文化旅游区、长春市世界雕塑公园、通化市高句丽文物古迹旅游景区为我国 5A 级景区。

（一）长春市

长春市地处松辽平原中部，是吉林省省会，素有“汽车城”“电影城”“森林城”“北国春城”等美誉。这里有全国著名的汽车生产基地——第一汽车制造厂；有中国电影事业的摇篮——长春电影制片厂。

长春市自然风光以湖和森林为主。南湖公园是长春市最大的公园，市区东南部的净月潭森林公园是国家级风景区、国家 5A 级旅游景区。长春市伪满皇宫博物院是国家首批 5A 级旅游景区。

伪满皇宫博物院位于长春市光复北路5号，成立于1962年，占地面积12公顷，是伪满洲国傀儡皇帝爱新觉罗·溥仪的宫殿，他从1932年到1945年曾在这里居住。伪满皇宫的主体建筑是一组黄色琉璃瓦覆顶的二层小楼，包括勤民楼、辑熙楼和同德殿，这三座小楼风格独特，是中西式相结合的格局。

伪满皇宫可分为进行政治活动的外廷和日常生活的内廷两部分，现分别辟为伪满皇宫陈列馆和伪满帝宫陈列馆。如今，帝宫的一部分已辟为吉林省博物馆，展出高句丽、渤海、辽、金等在东北建立的封建王朝的史料。2007年5月8日，伪满皇宫博物院被评为国家首批5A级旅游景区，也是一处优秀的全国爱国主义教育基地。

（二）长白山景区

长白山位于吉林省东南部地区，是中、朝两国界山，也是图们江、鸭绿江、松花江的发源地，1980年被列入联合国教科文组织“人与生物圈”保护区。

长白山是一座休眠火山，历史上有过数次喷发，形成了独特的地貌景观。长白山不仅具有丰富的自然资源，而且具有世界第一流的自然景观。其自然景观主要由山地垂直景观和火山地貌景观所构成。

长白山气势雄伟，资源丰富。这里林木参天，种类繁多，素有“长白林海”之称。从山下到山顶，拥有从温带到寒带各种主要植被类型，山地垂直景观明显。山区拥有高等植物1400余种，有著名的红松、白桦、紫杉等。林中还栖息着许多动物，著名的珍稀动物有东北虎、梅花鹿、紫貂、金钱豹等。长白山被称为“药材之山”，有人参、党参、黄芪、木灵芝等300多种中药材。长白山还是东北三宝的产地。

图4-3 长白山天池

长白山天池（见图4-3）也称白头山天池，海拔2194米，最深处达373米，是我国最高的火山口湖，也是我国最深的湖泊。长白山瀑布从天池北口68米高的悬崖峭壁上飞流直下，十分壮观。长白山多温泉，有长白温泉群、天池湖滨温泉群等多处。

2007年5月8日，长白山景区被评为国家首批5A级风景区。

（三）吉林雾凇

雾凇又名“树挂”，是吉林冬季最具地方特色的景物，它与桂林山水、长江三峡、云南石林并称我国四大自然奇景。

吉林雾凇（见图4-4）以造型优美而著称。一冬可出现五六十次，其中冬至以后最频繁。雾凇为凝聚在物体表面的乳白色针状、粒状冰晶冰粒，吉林晶状雾凇具有出现次数多、持续时间长、厚度大等特点。冬季出现可达 60 余天，尤其冬至后数九隆冬几乎天天出现，黄昏初生，入夜加厚，至翌日午后脱落，持续竟达 20 小时，被誉为“寒江雪柳”。经阳光普照，雾凇五彩缤纷，美丽异常。中国传统节日——春节前后，是欣赏雾凇的最佳日子，观“冰雪树挂”已被列为吉林的专项旅游节目。吉林市自 1991 年起，每年一月中旬举办一次中国吉林“雾凇冰雪节”。

图 4–4　吉林雾凇

知识链接

吉林雾凇奇景是如何形成的?

松花江流经吉林市，其上游的丰满水电站昼夜不停地运转，即便在冰封千里的冬季，丰满水坝排出的水依然在零度以上，顺流而下的松花江百里不结冰；而且吉林市又是一个河谷盆地，浓雾不易散去，充沛的水汽遇到适宜的气温气压，随着微风飘向堤岸上的垂柳松枝，形成了银装素裹的吉林雾凇奇景。

（四）高句丽王城、王陵及贵族墓葬

高句丽王城、王陵及贵族墓葬，距今已有 2000 多年的历史，主要分布在吉林省集安市境内以及辽宁省桓仁县境内。作为中国古代东北地区最具特色与影响的民族和地方政权之一，高句丽曾创造了辉煌的历史。其主要的历史遗迹大量地存续于中国的吉林省和辽宁省，成为该段历史无可替代的实物见证，具有重要的历史文化价值。其中的王城、王陵和贵族墓尤为珍贵。2004 年 7 月，被列入《世界遗产名录》的项目，包括五女山城、国内城、丸都山城、12 座王陵、26 座贵族墓葬、好太王碑和将军坟 1 号陪冢。

三、辽宁省

辽宁省位于中国东北地区南部沿海，面积约 15 万平方千米，人口 4259 万余人，省会是沈阳市。辽宁省旅游资源丰富，文物古迹荟萃，自然风景秀丽，独具中国北方特色。主要古迹有沈阳故宫、清福陵、清昭陵。风景名胜区有鞍山千山风景名胜区、凤凰山风景名胜区、本溪水洞风景名胜区、汤岗子温泉等。沈阳植物园、大连老虎滩海洋公园——老虎滩极地馆、大连金石滩景区、本溪市本溪水洞景区、鞍山市千山风景区、盘锦市红海滩国家风景廊道为我国 5A 级景区。

（一）沈阳市

沈阳市位于辽宁省的中部，是辽宁省的省会，已有2000多年历史，是中国著名的历史文化名城和首批中国优秀旅游城市。沈阳市是东北最大的城市，我国著名的重工业城市。因地处浑河（古称沈水）之北而得名。

沈阳的旅游景观丰富多彩，以名胜古迹最为突出。如沈阳故宫、皇家陵寝（清福陵、清昭陵）、“九一八”事变纪念馆、张氏帅府、棋盘山风景区等，都是沈阳著名的旅游景观。

1. 沈阳故宫

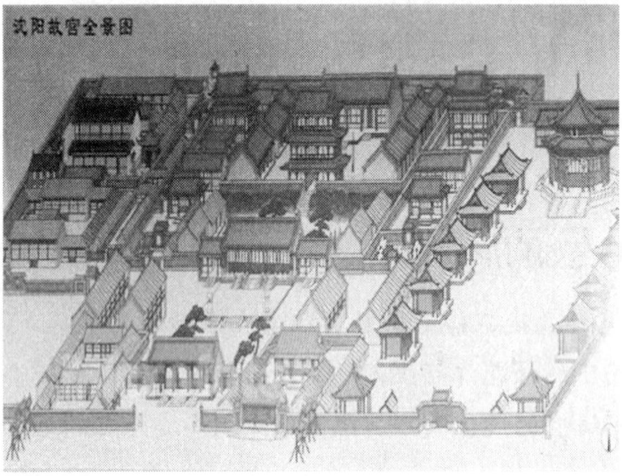

图4–5　沈阳故宫全景

沈阳故宫（见图4–5）在辽宁省沈阳市旧城中心，为清太祖努尔哈赤和清太宗皇太极的宫殿，即盛京宫阙，入关后称“奉天行宫”。始建于1625年，建成于1636年。乾隆、嘉庆时又增建，占地6万多平方米。

沈阳故宫以崇政殿为核心，从大清门到清宁宫为中轴线，分为东路、中路、西路3个部分。中路依次为崇政殿、凤凰楼和清宁宫；崇政殿俗称金銮殿，是故宫的正殿，是皇太极接受朝贺、处理政务之处。东路有大政殿，大政殿为东路主体建筑，是举行大典的地方。前面两侧排列亭子10座，为左、右翼王亭和八旗亭，统称十王亭，是左、右翼王和八旗大臣议政之处。西路以文溯阁为主，具有江南风格。整个建筑楼阁耸立，殿宇巍然，雕梁画栋，富丽堂皇，融汇了汉、满、蒙古三个民族的特色，为中国现存仅次于北京故宫最完整的古代帝王宫殿建筑。

中华人民共和国成立后，沈阳故宫被开辟为沈阳故宫博物院，它不仅是古代宫殿建筑群，还以丰富的珍贵收藏而著称于海内外，宫内陈列了大量旧皇宫遗留下来的宫廷文物，为全国重点文物保护单位。

2. 盛京三陵

盛京三陵位于辽宁省，包括永陵、福陵、昭陵三座陵寝，也称东北三陵，是开创清王朝皇室基业的祖先陵墓。2004年7月盛京三陵作为明清皇家陵寝扩展项目被列入《世界遗产名录》。

永陵在盛京三陵中规模最小，占地仅1.1万多平方米，但列三陵之首。永陵始建于公元1598年，是清王朝皇族的祖陵，坐落于辽宁新宾满族自治县城西21千米处的永陵镇。陵内葬着努尔哈赤的六世祖猛哥帖木儿、曾祖福满、祖父觉昌安、父亲塔克世及伯父礼敦、叔父塔察篇古以及他们的福晋。清皇室把永陵视为“兆基帝业钦龙兴”之地，所以终年香火不断。

福陵是清太祖努尔哈赤与皇后叶赫那拉氏的陵墓，是清朝命名的第一座皇陵。坐落在沈阳市东郊，故有“东陵”之称。陵区占地近 54 万平方米，现存古建筑 32 座（组）。福陵一带现已辟为疗养地。

昭陵是清太宗皇太极及其皇后的陵墓，在盛京三陵中规模最大，结构最完整。因坐落在沈阳市北端，故又称北陵。陵区占地面积近 48 万平方米，现存古建筑 38 座。昭陵建在平地上，四周护以缭墙，极似一座小城。昭陵已辟为北陵公园。

3. 沈阳市植物园

沈阳市植物园位于沈阳东郊，1959 年筹建，占地 189 公顷。本园以搜集、展示东北、西北、华北及内蒙古地区植物资源为主。已建成植物专类园 10 余个，园内已栽植露地木本植物 400 余种，露地草本植物 400 余种，温室植物 400 余种，现已成为东北地区收集植物种类最多的植物园。

植物园主要担负着科普、科学研究和参观游览的任务，特别是耸立的 10 多座以“人与自然”为主题的中国古代神话系列雕塑，更是加深了全园的文化内涵。

沈阳植物园现已被评为辽宁省五十大旅游景观之一，也是沈阳市十大科普基地之一。2007 年 5 月 8 日，沈阳市植物园经国家旅游局正式批准为国家 5A 级旅游景区。

（二）大连市

大连市位于辽东半岛最南端，东濒黄海，西临渤海。大连是一座气候宜人、四季分明、工业发达、交通便捷、美丽富饶的海滨城市。这里水深港阔、终年不冻，是一座天然良港。大连是中国优秀旅游城市，2001 年 6 月 5 日，联合国授予大连为中国唯一、亚洲第二个“世界环境 500 佳”城市。

大连市有“足球城”“旅游城”“服装城”“槐花城”的美誉。大连旅游的特点是以大海为背景，以绿色为依托，以漂亮的城市环境为品牌，以大型旅游活动为载体，以特色旅游项目和时装城、足球城、田径之乡、夜光城为吸引力的年轻而现代的浪漫之都。大连市的主要景点，有金石滩、星海公园、老虎滩海洋公园、海洋极地馆、棒槌岛等。

1. 老虎滩海洋公园

大连老虎滩海洋公园坐落于大连南部海滨中部，是市区南部最大的景区。占地面积 118 万平方米，有着 4000 余米的曲折海岸线，是中国最大的一座现代化海滨游乐场。园区自然风光秀丽，山海互映，景色迷人，有极地海洋动物馆、海兽馆、珊瑚馆、动物欢乐表演剧场、海盗村、南极科考站真实场景的南极村、空中索道等娱乐项目。

大连老虎滩海洋公园是滨城一道亮丽的风景，中国旅游知名品牌，2007 年 5 月被国家旅游局首批评为 5A 级景区。老虎滩海洋公园是展示海洋文化，突出滨城特色，集观光、娱乐、科普、购物、文化于一体的现代化主题海洋公园。

2. 海洋极地馆

位于大连老虎滩的海洋极地动物馆，是世界上建筑面积最大、屯水量最多、展示极地动物最全的场馆，已被列入吉尼斯世界纪录大全。

场馆分成六部分：第一部分是极地动物展示。主要展示南极、北极的海洋动物。第二部分是极地体验。第三部分是科普教育区，可以观赏到无水的海底世界，可以查询到有关极地、海洋、动物的各类科普知识；第四部分是神秘的海底世界，可以观赏到几十个品种的鲨鱼，几千尾鱼类；第五部分是海洋动物表演场。第六部分是为游客配套的服务功能区。有面积近2000平方米的中餐厅、400平方米的快餐厅、300平方米的旅游纪念品商场。

大连老虎滩极地海洋动物馆是触摸极地、体验极地最完美的地方，并于2007年5月，被国家旅游局首批评为5A级景区。

视野拓展

满族传统服饰——旗袍

旗袍是现代流行服装之一，在国际服饰橱窗里，享有很高的盛誉。旗袍是从满族古老的服装演变而来的。

旗袍是满族男女老少一年四季都穿着的服饰。它裁剪简单，圆领，前后襟宽大，而袖子较窄，四片裁制，衣衩较长，便于上马下马；窄窄的袖子，便于射箭。由于袖子口附有马蹄状的护袖，又称马蹄袖。在满族人逐渐脱离骑射生涯后，马蹄袖已成装饰，而放下马蹄袖仍然是满族人对长者、尊者致敬的礼仪。妇女旗袍的装饰性比男性旗袍更强。领子、前襟和袖口都有绣花装饰。

在满族南迁辽沈，入中原后，与汉族同田共耦，受汉族“大领大袖”服饰的影响，由箭袖变成了喇叭袖，四开衩演变为左右开衩。19世纪40年代后，满族男性旗袍已废弃，女性旗袍由宽袖变窄袖，直筒变紧身贴腰，臀部略大，下摆回收，长及踝，逐渐形成今日各色各样讲究色彩装饰和人体线条美的旗袍样式。

旗袍是中华民族文化宝库中的一朵奇葩，在国际流行服饰界享有很高的盛誉。旗袍能很好地表现妇女的身段和曲线，因此受到国内外妇女的青睐和赞赏。

第三节　主要旅游线路

一、黑龙江省——冰雪风光游

（一）行程

哈尔滨—亚布力—镜泊湖—漠河

（二）特点

本线路能参与各种丰富多彩的冰雪活动。黑龙江省的冬季寒冷漫长，冰雪旅游资源丰富，冰雪旅游是其主要特色。哈尔滨市是我国著名的“冰城”，每年 1 月的哈尔滨“冰雪节”历时一个月，各种冰雪旅游项目让人流连忘返。亚布力滑雪场是目前国内最大的滑雪场，也是我国目前最大的综合性雪上训练中心。

镜泊湖是中国最大、世界第二大高山堰塞湖，冬游镜泊湖，“冰瀑、雪堡、渔场、冰场、雪场”等是其五大亮点。

漠河市位于中国版图的最北端，是中国最北端的县级行政区。在漠河北极村可感受到“极地”冰雪体验，到漠河不仅是一种“至寒”体验，也有可能看到极光，冬季漠河的旅游项目都跟冰雪有关，北极村的茫茫雪海，漠河市的冰灯、雪雕展、马拉爬犁等别具情趣。

二、吉林省——雾凇冰雪游

（一）行程

吉林雾凇—长白山

（二）特点

本线路的雾凇冰雪游是吉林冬季旅游的一大特色。吉林雾凇以其蔚为壮观的景色，被誉为中国四大自然景观之一，成了很多旅游者和摄影爱好者冬季的主要观赏与拍摄对象。每当雾凇来临，吉林松花江岸十里长堤“忽如一夜春风来，千树万树梨花开”，把人们带进如诗如画的仙境。

长白山是中国十大名山之一，横亘在中国的东北边疆，它以美丽富饶、景色壮观闻名中外。长白山主峰附近的白头山天池是著名的火山湖，是中国最大的火山口湖，荣获海拔最高的火山湖吉尼斯世界之最。长白山四季风景以冬季景色最佳，赏雪、滑雪、玩雪、泡温泉是长白山冬季旅游的一大特色。

三、辽宁省——清代遗迹游

（一）行程

沈阳故宫—关外三陵

（二）特点

本线路以清代遗迹为主。沈阳是清朝入关前的政治中心，有许多历史文物和名胜古迹。沈阳故宫是清入关以前的皇宫，独具满族生活色彩和艺术风格，规模仅次于北京故宫，是全国现存唯一一座由少数民族——满族建立的皇家宫殿，也是清朝初期清太祖努尔哈赤和清太宗皇太极建造及使用的宫殿。

关外三陵是指位于抚顺市新宾县境内的清永陵和位于沈阳市境内的清福陵和清昭陵。三陵的陵墓形制都仿照明陵，程式化特点强烈，并影响了入关后清朝各陵的修建。

本章关键词

东北旅游区　旅游环境　旅游资源特征　旅游胜地　旅游线路

本章小结

东北旅游区是我国纬度最高的旅游区，冬季气候寒冷漫长，地貌以山地、平原为主，形成山环水绕的地貌格局。铁路网稠密，是全国铁路密度最大的地区，旅游交通便利。本区重要的自然旅游资源有冰雪、森林和火山地貌等。哈尔滨、沈阳、长春和大连是本区重要的旅游城市，旅游景点众多。

本章彩图

思考与练习

一、填空题

1. 东北“三宝”是指（　　）、（　　）和（　　）。

2. （　　）是开创清王朝皇室基业的祖先陵墓。

3. 盛京三陵位于辽宁省，是指（　　）、（　　）和（　　）。

4. （　　）是我国第一个火山群自然保护区。

二、单项选择题

1. 我国面积最大、土壤最肥沃的平原区是（　　）。

A. 东北平原　　B. 华北平原

C. 长江中下游平原　　D. 三江平原

2. （　　）曾记录了零下 52.3℃的全国最低气温，被称为“中国寒极”。

A. 沈阳　　B. 哈尔滨　　C. 漠河　　D. 长春

3. 东北地区交通运输的骨干是（　　）。

A. 公路　　B. 铁路　　C. 航空　　D. 水运

4. 东北旅游区是全国最大的（　　）生产基地。

A. 小麦　　B. 红薯　　C. 木材　　D. 苹果

5. 中国最大的林区是（　　）。

A. 黑龙江省　　B. 吉林省　　C. 辽宁省　　D. 陕西省

6. 中朝两国界河是（　　）。

A. 黑龙江　　B. 鸭绿江　　C. 松花江　　D. 乌苏里江

7. 下列关于长白山说法不正确的是（　　）。

A. 长白山是中俄两国的界山

B. 长白山素有“长白林海”之称

C. 长白山是一座休眠火山

D. 长白山的天池是我国最高的火山口湖、最深的湖泊

8. 雾凇是（　　）冬季最具地方特色的景物。

A. 黑龙江省　　B. 吉林省　　C. 辽宁省　　D. 陕西省

9. 东北最大的城市是（　　）。

A. 沈阳　　B. 哈尔滨　　C. 大连　　D. 长春

10. 冰灯、冰雕等冰雪活动，主要在东北旅游区的（　　）市。

A. 吉林　　B. 哈尔滨　　C. 营口　　D. 大庆

三、判断题

1. 东北旅游区是我国火山地貌景观最集中的地区。（　　）

2. 我国目前最重要的野生植物产地和狩猎区是东北旅游区。（　　）

3. 哈尔滨素称“冰城”“东方莫斯科”。（　　）

4. 镜泊湖是我国北方著名的避暑胜地。（　　）

5. 五大连池是我国吉林著名的火山游览胜地。（　　）

6. 长春素有“汽车城”“北国春城”之称。（　　）

7. 大连市素有“足球城”的美誉，也是一座美丽富饶的海滨城市。（　　）

四、简答题

1. 东北旅游区包括哪些行政区？其简称和行政中心分别是什么？

2. 试述东北旅游区的旅游资源。

3. 东北旅游区共有几个旅游胜地被联合国教科文组织列入《世界遗产名录》？请说出其具体名称。

4. 吉林雾凇奇景是如何形成的？

5. 哈尔滨市有哪些特色的旅游资源？

6. 为什么说沈阳故宫是我国现存仅次于北京故宫的最完整的皇宫建筑？

7. 大连市是一座怎样的城市？其旅游特点是什么？

8. 设计一条冬季东北冰雪游的精品旅游线路。

第5章 黄河中下游旅游区

本章概览

黄河中下游旅游区包括北京市、天津市、河北省、河南省、陕西省、山西省和山东省五省二市。本区是我国历史文化的主要发祥地，以灿烂的华夏古文明驰誉世界，保存有众多的历史名胜和文物古迹，人文旅游资源极其丰富。

学习目标

了解黄河中下游旅游区的旅游环境

掌握本区的旅游资源特征

熟悉本区的主要旅游胜地

了解区内的主要旅游线路

第一节　旅游环境

一、概况

黄河中下游旅游区位于我国中北部，总面积约 91.9 万平方千米，全区人口约 3.8567 亿人，以汉族为主，少数民族以回、满、蒙古及朝鲜族较多。

本区跨地势的第二、第三级阶梯，东部濒临渤海与黄海，拥有山地、高原、平原、丘陵和盆地等各种地形，地貌类型齐全，自然景观多样。主要地形区有太行山地、冀北山地、秦巴山地、黄土高原、山东半岛的低山丘陵、华北平原及关中平原和晋中盆地等。

本区气候多属比较典型的暖温带大陆性季风气候，四季分明，夏季炎热雨水丰沛，冬季寒冷雨雪少，春季干旱风沙大，秋季清和日照足。本区夏季普遍高温，多数地方 7 月平均气温在 24℃以上，最高气温可达 37℃以上，夏季炎热且较长。冬季气温较低，1 月平均气温多在 0℃以下。冬夏两季长，春秋两季短。秋季为本区黄金旅游季节。

黄河中下游旅游区是我国交通运输发达地区之一。铁路交织成网，有京九、京广、京沪、同蒲、焦枝、京包、京哈、陇海、胶济、石太、石德等铁路线；航空可通全国各大城市，并已开辟了几十条国际航线，区内的主要空港城市有北京、天津、石家庄、郑州、太原、西安、济南等；公路四通八达，发达的公路网联结了区内的旅游景点和城镇，是本区旅游业的重要运输方式；秦皇岛、天津、烟台、青岛、日照是本区著名沿海港口，联系着区内外沿海景区。全区组成以北京为中心的全国陆、空交通总枢纽，为国内、国际旅游提供了方便。

本区物产丰富，有众多闻名中外的土特产和手工艺品，如山西的汾酒和老陈醋，陕西的西凤酒和杜康酒，山东的青岛啤酒和烟台苹果，河北赵州雪花梨，河南信阳毛尖茶，天津鸭梨，北京的果脯等；传统手工艺品有陕西、河南的唐三彩，山东的鲁砚和潍坊风筝，北京的景泰蓝、牙雕、玉雕、绢花，天津的泥人张彩塑和杨柳青年画等，都深受游客的青睐。

二、旅游资源特征

黄河中下游地区是中华民族的发祥地，中国早期的奴隶社会是从这里发展起来的，中国早期封建王朝也多在此建都，在相当长的历史时期内，黄河中下游地区是我国政治、经济、文化中心。悠久的历史，灿烂的文化，给本区留下了无数的历史名胜和文物古迹，人文旅游资源极其丰富，成为本区最突出的旅游资源特征。

黄河中下游地区是我国古代文化发源地，以灿烂的华夏古文明驰誉世界。旧、新石器时代及夏、商、周、汉、唐、宋等文化遗址甚多，如周口店北京猿人遗址、山顶洞人遗址、仰韶文化遗址、大汶口文化遗址、殷墟等，它们充分展现了人类进化和发展的线索，提供了丰富的历史资料，是开展寻根求源历史文化旅游的集中场所，具有极大的考古科研价值。

本区古都名城众多。我国七大古都中，本区占五个，即北京、西安、洛阳、开封、安阳。被国务院列为国家历史文化名城的 137 座城市中，本区占 38 座，即北京，天津，河北的承德、保定、正定、邯郸、山海关、蔚县，河南的洛阳、开封、安阳、南阳、商丘、郑州、浚县、濮阳，陕西的西安、延安、韩城、榆林、咸阳、汉中，山西的大同、平遥、新绛、代县、祁县、太原，山东的曲阜、济南、青岛、聊城、邹城、临淄、泰安、蓬莱、烟台、青州，这些名城都不同程度地保存着较多的历史风貌和相应的文物古迹，是中华民族发祥地的历史缩影，是重要的旅游城市。

皇陵是本区重要的人文旅游资源，著名的有秦始皇陵及兵马俑坑、明十三陵、清东陵、清西陵、唐乾陵、唐昭陵、曲阜孔林等。

本区宗教古迹众多。佛教建筑分布很广，著名的有白马寺、少林寺、悬空寺、碧云寺等。我国著名的四大石窟中，本区即有龙门石窟和云冈石窟两个。古塔保留较多，有应县木塔、嵩岳寺塔、开封铁塔、济南四门塔等，都属于全国重点文物保护单位。

此外，本区还有长城、赵州桥、卢沟桥等古代伟大工程，北京故宫、承德避暑山庄、曲阜孔庙和泰山岱庙等都是我国著名的古建筑群。

除人文旅游资源外，黄河中下游旅游区还拥有比较丰富的自然旅游资源，海滨优美，名山众多。

本区东部的渤海、黄海之滨，是我国著名的海滨旅游胜地，海岸线漫长曲折，滩面平缓宽阔，沙滩柔和洁净，海水碧蓝清澈。这里夏无酷暑，冬无严寒，风景秀丽，气候宜人，是消夏避暑和海水沐浴的良好场所。其中，以北戴河、南戴河、烟台、青岛等地为理想的阳光海滩旅游胜地。特别是从滦河口到北戴河之间的海岸线，具有滩宽、坡缓、沙细、水清、景幽等特点，是我国旅游的黄金海岸。

本区山地风景资源独树一帜，以雄伟壮丽、气势磅礴、历史悠久闻名于世。由于自然与历史的原因，本区名山众多，可进入性大，多成为我国旅游热点。著名的五岳中，本区占有泰山、嵩山、恒山和华山四岳，还有佛教名山五台山、道教名山崂山以及河南鸡公山、天津盘山等名山。

本区已成为全国旅游资源最丰富的地区之一，截至 2021 年 7 月，本区已有长城、北京故宫、天坛、颐和园、明清皇家陵寝之明十三陵、周口店北京人遗址，河北承德避暑山庄及周围寺庙、明清皇家陵寝之清东陵、明清皇家陵寝之清西陵，河南洛阳龙门石窟、安阳殷墟、登封“天地之中”古建筑群，陕西秦始皇陵及兵马俑，山西平遥古城、云冈石窟、五台山，山东泰山、曲阜孔庙、孔府及孔林，中国大运河（在本区的分布：北京、天津、河北、山东、河南），丝绸之路（在本区的分布：河南、陕西）等 20 多处名胜被联合国教科文组织列入《世界遗产名录》。

第二节　主要旅游胜地

一、北京市

北京市位于华北平原西北边缘，总面积约 1.7 万平方千米。全市总人口为 2189 万余人，北京市有 56 个民族，少数民族人口约为 104.7929 万人，占全市总人口数的 4.8%。北京的市树为国槐和侧柏，市花为月季和菊花。

北京是中华人民共和国的首都，全国政治、文化、交通、旅游和国际交往的中心，是中央人民政府的直辖市。北京市是中国北方最大的工商业城市，是一座有 3000 多年建城史的中国历史文化名城和 800 年建都史的古都。北京经济发达，也是中国最大的陆空交通枢纽，是 2008 年第 29 届奥运会的举办城市。

北京有丰富的自然旅游资源和人文旅游资源，是我国第一旅游大城市。北京市的主要旅游景点有天安门广场、故宫、北海公园、雍和宫、天坛、颐和园、恭王府、香山公园、圆明园遗址、卢沟桥、北京周口店猿人遗址、明十三陵、八达岭长城、慕田峪长城、司马台长城、奥林匹克公园等。其中故宫博物院、天坛公园、颐和园、（八达岭—慕田峪）长城旅游区、明十三陵景区、恭王府、圆明园遗址、北京奥林匹克公园为我国 5A 级景区。

（一）天安门广场

天安门广场位于北京市中心，南北长 880 米，东西宽 500 米，面积达 44 万平方米，可容纳 100 万人举行盛大集会，是当今世界上最大的城市中心广场。天安门城楼坐落在广场的北端，五星红旗在广场上空高高飘扬；人民英雄纪念碑矗立在广场的中央；中国国家博物馆（中国革命博物馆和中国历史博物馆）和人民大会堂在广场的东西两侧遥遥相对；毛主席纪念堂和正阳门城楼矗立在广场的南部。

在天安门广场，曾爆发过五四运动、“一二·九”运动等重大事件。1949 年 10 月 1 日，举世瞩目的中华人民共和国开国大典在此隆重举行。天安门广场以其壮丽开阔、庄严宏伟的雄姿，吸引着千千万万的中外旅游者。天安门广场上日出时分的升旗仪式已经成为北京的一大景观。

（二）北京故宫

北京故宫（见图 5-1）位于北京市中心，旧称紫禁城，是明清两代的皇宫，基本建成于明代永乐十八年（公元1420年），占地总面积约 72 万平方米，南北长 960 米，东西宽 750 米，宫城周围环绕着高 12 米、长 3400 米的宫墙，墙外有 52 米宽的护城河环绕，形成一个森严的城堡。紫禁城有 4 座城门，南面为午门，北面为神武门，东面为东华门，西面为西华门。城墙四角，各有一座风格绮丽的角楼。北京故宫建筑面积 15.5 万平方米，房屋 9000 多间，宫殿建筑均是砖木结构、黄琉璃瓦顶、青白石底座，饰以金碧辉煌的彩画，是中国现存最大、最完整的宫殿建筑群，也是世界上最大的皇宫，被誉为世界五大宫之一。明清两朝 24 位皇帝曾在此执政，现辟为“故宫博物院”，它已成为我国最大的国家博物院。

图 5-1　北京故宫

北京故宫的建筑依据其布局与功用分为“前朝”与“内廷”两大部分。“前朝”与“内廷”以乾清门为界，乾清门以南为前朝，以北为内廷。故宫前朝与内廷的建筑气氛迥然不同。

午门为北京故宫的正门，初建于明永乐十八年（公元 1420 年），清顺治四年（公元 1647 年）重修。上面建有五座城楼，形似朱雀展翅，故又名五凤楼。进入午门，是内金水河，河上有五座汉白玉飞虹拱桥，跨过虹桥正前方是太和门。穿过太和门，就是北京故宫的主体建筑之一“前朝”，气势雄伟的“前朝”三大殿巍然屹立在面积 3 万平方米的太和广场之中。前朝以太和殿（见图 5-2）、中和殿、保和殿三大殿为中心，是皇帝举行朝

图 5-2　北京故宫太和殿

会的地方，也是封建皇帝行使权力、举行盛典的地方。三大殿是北京故宫的中心，也是北京故宫最著名、最富丽堂皇的建筑群。太和殿俗称“金銮殿”，高达 35 米，是全国最大、最富丽堂皇的殿堂建筑，是皇帝举行大典的地方。中和殿是一座较小的方形殿堂，为明清两朝举行大典前皇帝休息和做准备的地方。保和殿是明清两朝皇帝宴请群臣之处，也是乾隆五十四年后举行科举考试的最高一级考试——殿试的地方。此外，两翼东有文华殿、文渊阁、奉先殿（现为钟表馆）、南三所等；西有武英殿、慈宁宫、雨花阁等建筑。

从乾清门往北，便是内廷。内廷是皇帝处理日常政务和后妃家族居住、游玩、祭神之处。这里建筑的规模小，装饰风格讲究淡雅、自然、恬静。内廷以乾清宫、交泰殿、坤宁宫后三宫为中心，两翼为养心殿、东西六宫、斋宫、毓庆宫，后有御花园。乾清宫是明代和清初皇帝的寝宫，自雍正皇帝后将寝宫迁至养心殿，乾清宫实际上变成了举行内廷典礼活动和皇帝驾崩后停灵之处。交泰殿是一座四角攒尖顶的方形殿堂，是清代存放宝玺的地方，也曾是皇后生日祝寿之地。坤宁宫是明代皇后的寝宫，清代皇后在此完婚三日后迁入东西六宫之一，而坤宁宫则实际成为宫中祭祀场所；其东暖阁为皇帝、皇后大婚时的洞房。内廷东部的宁寿宫是当年乾隆皇帝退位后为养老而修建的。内廷西部有慈宁宫、寿安宫等。此外还有重华宫、北五所等建筑。由坤宁宫北行，过坤宁门便是御花园，其虽占地不大，但精巧雅致，随处点缀楼、台、亭、阁，奇石异卉，富有皇家庭院的气魄。

北京故宫具有我国古代木结构建筑的独特风格，是我国古建筑精华，也是中华民族的宝贵文化遗产。1961 年，被列为全国重点文物保护单位；1987 年 12 月，被列入《世界文化遗产名录》。2007 年 5 月 8 日，北京故宫博物院经国家旅游局正式批准为国家 5A 级旅游景区。

视野拓展

故宫为何“龙”多

紫禁城是龙的世界，龙的造型千姿百态，栩栩如生。在我国封建社会里，皇帝被称作“真龙天子”，是大地的主宰。紫禁城是明、清两朝的皇宫，因此，宫中的殿堂、桥梁、丹陛、石雕以及帝后宝玺、服饰御用品等无不以龙作为纹饰。那么，故宫里到底有多少龙？恐怕谁也说不清。有人粗算过，故宫号称有宫殿 8000 多间，仅以每殿有 6 条龙计算，就有龙近 4 万条，如果加上所有建筑装饰和一切御用品上的龙，那就数不胜数了。

有人做了一个统计，即太和殿顶屋脊及瓦当、滴水等共有龙纹 2632 条，外檐额枋及门窗彩绘包括饰件共有龙纹 5732 条，殿内檐及殿内梁枋天花上共有龙纹 4037 条，殿中金柱、藻井、宝座、屏风及陈设上共有龙纹 609 条，殿内墙壁及暖阁门罩等共有龙纹 542 条。这是个尚不完全的统计，太和殿内外的龙纹、龙雕等各种形式的龙就有 13 844 条之多。这种万龙朝圣的装潢设计，构成了一种威严神秘的氛围，以获得神化皇帝、恫吓臣民的效果。

（三）北京天坛

天坛位于北京城南部，是明、清两代帝王祭天祈谷、夏至祈雨、冬至祭雪的地方，占地 270 万平方米，是我国现存最大的一处坛庙建筑。

图 5-3　北京天坛祈年殿

天坛建筑布局呈“回”字形，由两道坛墙构成内坛、外坛两大部分。内外坛墙的北部呈半圆形，南部为方形，北高南低，这既表示天高地低，又表示“天圆地方”。天坛的主要建筑均位于内坛，从北到南排列在一条直线上，主要建筑物为祈年殿（见图 5-3）、皇穹宇、圜丘坛；另有皇乾殿、斋宫、神乐署和神厨、宰牲亭等建筑和古迹。天坛的坛都朝南成圆形，以象征天。整个布局和建筑结构，具有独特的风格。祈年殿是皇帝祈祷五谷丰登的场所，是一座三重檐的圆形大殿，高 38 米，直径 32.72 米，蓝色琉璃瓦顶，全砖木结构，没有大梁长檩，全靠 28 根木柱和 36 根枋桷支撑，在建筑造型上具有高度的艺术价值。皇穹宇是供奉皇天上帝和皇帝祖先神主牌位的地方，单檐攒尖蓝色琉璃瓦顶。外面有一道圆形磨砖对缝的围墙，是著名的“回音壁”，声音沿着光滑的围墙内弧传递，在壁的一端轻声细语，另一端能够清楚听到。在皇穹宇台阶前的石板上有著名的三音石。圜丘坛是皇帝在冬至日祭天的场所，共三层，每层四面均有九级台阶，又按古天文学说，铺成一定数额的石板，台周围砌以汉白玉石栏。

天坛集明、清建筑技艺之大成，是世界上最大的祭天建筑群，是全国重点文物保护单位。1998 年 11 月，被联合国教科文组织列入《世界文化遗产名录》。2007 年 5 月，成为国家首批 5A 级旅游景区。

（四）北京颐和园

颐和园（见图 5-4）位于北京市海淀区西郊，主要由万寿山、昆明湖组成，总面积 290 万平方米，其中水域面积约占四分之三，是我国现存最大的皇家古典园林之一。

颐和园原为元、明皇帝的行宫花园，清乾隆十五年（公元 1750 年）改建为清漪园。颐和园在历史上曾遭到两次严重的破坏。1860 年被英法联军烧毁，后重新修建，并改名为颐和园。1900 年再次遭到八国联军的破坏，1902 年重修，即成现在规模。

图 5-4　北京颐和园

颐和园拥山抱水，绚丽多姿，既有自然湖山之胜，又有园林艺术之美，是国内外享有盛誉的古典园林。园内建筑以佛香阁为中心，共有亭、台、楼、阁、廊、榭等不同形式的建筑 3000 多间。全园布局分为政治活动区、生活居住区和风景游览区三大部分。

政治活动区以仁寿殿为主体，阶前陈列着古铜宝鼎和龙凤，是慈禧和光绪朝会大臣的地方。生活居住区是慈禧、光绪及其后妃居住的生活区，是用游廊连接起来的三座大型四合院，主要有乐寿堂、玉澜堂和宜芸馆。慈禧居住的乐寿堂，前临昆明湖，背靠万寿山，东有德和园，西接长廊，是生活居住区的主体。光绪居住在玉澜堂，皇后居住在宜芸馆。

风景游览区是颐和园景观的精华，以万寿山为中心，分为万寿山前山、昆明湖、后山后湖三部分。前山是全园建筑精华汇集之处，自万寿山顶的智慧海向下，有佛香阁、德辉殿、排云殿、排云门和云辉玉宇坊等建筑，构成了一条层次分明的中轴线。山下是一条长 700 多米的共 273 间的彩色长廊，长廊枋梁上有彩画 8 000 多幅，号称“世界第一廊”，是我国古典园林中最长的廊，也是颐和园中最负盛名的建筑之一。前山以佛香阁为中心，组成巨大的主体建筑群，华丽雄伟，气势磅礴。佛香阁八面三层四重檐，高 21 米，建在 20 米高的石砌台基上，是颐和园的中心建筑和标志。碧波荡漾的昆明湖平铺在万寿山南麓，湖中有一座南湖岛，由美丽的十七孔桥和岸上相连。昆明湖总面积 220 万平方米，约占全园面积的 3/4，给人以开阔感，游客可在湖中游船赏景。夏天昆明湖东面是游泳区；寒冬冰封之后，昆明湖又是天然溜冰场。湖中还点缀着清晏舫（见图 5-5）、知春亭、十七孔桥等建筑和岛屿，更是锦上添花。万寿山后山、后湖古木成林，环境幽雅，有藏式寺庙，苏州河古买卖街。后湖东端有仿无锡寄畅园而建的谐趣园，小巧玲珑，被称为“园中之园”。1990 年，在万寿山后山脚下、后湖中段又恢复了苏州街的建筑，整条街依山临水，有 63 处大小店铺，是中国传统的“以庙带市”民间商业模式，同时还备有 5 条精巧苏式画舫，供游客穿行水街。图 5-6 为颐和园苏州街风景。

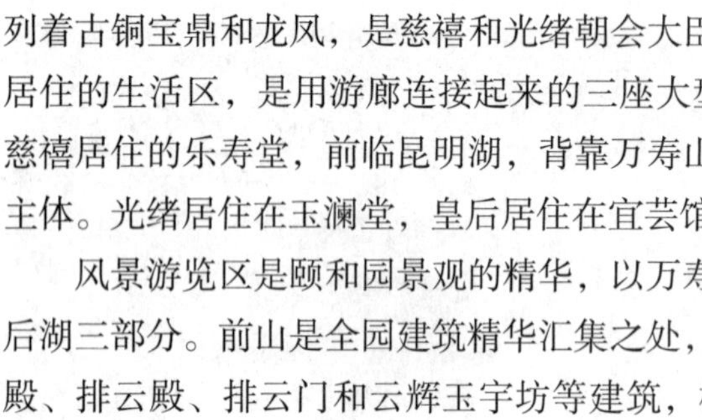

图 5-5　颐和园清晏舫

颐和园是中国四大名园之一。1961 年 3 月 4 日，颐和园被公布为第一批全国重点文

图 5-6 颐和园苏州街

物保护单位；1998 年 11 月，被评为世界文化遗产；2007 年 5 月 8 日，颐和园经国家旅游局正式批准为国家 5A 级旅游景区。

（五）明十三陵

明十三陵是明代十三个皇帝陵寝的总称，坐落在北京市西北昌平区天寿山南麓，方圆 40 平方千米的小盆地上。陵区的东、西、北三面环山，在中间广阔的盆地上，埋葬着明代 13 位皇帝、23 位皇后，是当今世界上保存完整、埋葬皇帝最多的墓葬群。

十三位皇帝的陵寝，建筑风格、整体布局基本相同，均为前方后圆，只有面积大小、筑饰繁简略有差异。十三个陵寝中，建筑最为雄伟的是长陵，长陵为明成祖朱棣的陵墓，是十三陵中的主陵，也是十三陵中建造最早、规模最大的一座陵园。定陵为明神宗朱翊钧的陵墓，其地下宫殿已被挖掘，随葬文物有 3000 多种。十三陵中结构最为精美的是永陵，规模最小的是思陵。陵区南北长达 7000 米的中轴线上，建有宏阔壮观的神路。

明十三陵是中国历代帝王陵寝建筑中保存得比较好的一处，而且建筑雄伟，体系完整，具有较高的历史和文物价值。1961 年，十三陵被公布为全国重点文物保护单位。1982 年，国务院公布八达岭—十三陵风景区为全国 44 个重点风景名胜保护区之一；1991 年，十三陵被国家旅游局确定为“中国旅游胜地四十佳”之一；1992 年，被北京旅游世界之最评选委员会评为“世界上保存完整埋葬皇帝最多的墓葬群”；2003 年 7 月，作为明清皇家陵寝的一部分被联合国教科文组织列入《世界文化遗产名录》。

（六）八达岭长城

八达岭长城（见图 5-7）位于北京市西北延庆区境内，是我国开放最早的一段长城，也是明长城中现今保存最好的一段。

图 5-7 八达岭长城

八达岭长城是最具代表性的明长城之一，城墙全长 3741 米，战略地位非常重要，所以此段长城修筑工程非常宏大，城墙高大坚固，敌楼密集。这里是长城重要关口居庸关的前哨，海拔高达 1015 米，地势险要，城关坚固，历来是兵家必争之地。

1961 年，八达岭长城被国务院列为“全国首批重点文物保护单位”；1990 年，八达岭长城代表万里长城接受了联合国颁发的人类文化遗产证书。

（七）周口店北京人遗址

周口店北京人遗址位于北京市房山区周口店村的龙骨山。这里地处山区和平原交接处，东南为华北大平原，西北为山地。周口店附近的山地多为石灰岩，在水力作用下，形成许多大小不等的天然洞穴。因20世纪20年代出土了较为完整的北京猿人化石而闻名于世，尤其是1929年发现了第一具北京人头盖骨，从而为北京人的存在提供了坚实的基础，成为古人类研究史上的里程碑。到目前为止，出土的人类化石包括6件头盖骨、15件下颌骨、157枚牙齿及大量骨骼碎块，代表约40个北京猿人个体，为研究人类早期的生物学演化及早期文化的发展提供了实物依据。北京人是属于从古猿进化到智人的中间环节的原始人类，这一发现在生物学、历史学和人类发展史研究上有着极其重要的价值。

周口店遗址历经80余年时断时续的发掘，科考工作目前仍在进行中。在周口店北京人遗址出土的猿人化石、石制品、哺乳动物化石种类数量之多以及用火遗迹之丰富，都是同时代其他遗址所无法相比的。周口店“北京人”遗址是世界上发现和保存古人类化石最丰富的遗址，特别是北京人头盖骨和大量用火证据的发掘，为研究人类进化提供了生动有力的实证。主要游览点包括北京人遗址博物馆、猿人洞、山顶洞、田园洞（新近发现并命名）及各类展馆。

周口店北京人遗址于1961年被列为全国重点文物保护单位，1987年12月被联合国教科文组织列入世界文化遗产，1992年被评为北京旅游世界之最，1997年被中宣部列入“全国百家爱国主义示范教育基地”。

视野拓展

京剧

京剧又称京戏，在我国台湾地区又被称平剧、国剧，是中国戏曲曲种之一。京剧以北京为中心分布，遍布全国。京剧是19世纪中期，融合了徽剧和汉剧，并吸收了秦腔、昆曲、梆子、弋阳腔等艺术的优点，在北京形成的。京剧形成后在清朝宫廷内得到了空前的繁荣。京剧的腔调以西皮和二黄为主，主要用胡琴和锣鼓等伴奏，被视为中国国粹。京剧的行当主要分生、旦、净、丑四种。京剧表演讲究唱、念、做、打并重，常用虚拟动作，重视情景交融，声情并茂。京剧脸谱是京剧的一大特点，是具有民族特色的一种特殊的化妆方法，象征人物的性格和命运。

京剧于2010年获选进入人类非物质文化遗产代表作名录。

二、天津市

天津市地处华北平原东北部，海河流域下游，东临渤海。总面积约1.2万平方千米，人口为 1386 万余人。

天津市是四大直辖市之一，是中国北方重要工业基地和商业中心，也是中国北方最大的沿海开放城市，首都北京的海上门户，素有“渤海明珠”之称。

天津市的主要景点有盘山、水上公园、独乐寺、蓟州区长城、大沽口炮台等。古文化街旅游区（津门故里）、盘山风景名胜区为我国 5A 级景区。市区的古文化街、商业街、食品街、服务街、旅馆街等丰富了游览内容。

（一）天津古文化街旅游区

古文化街是津门十景之一，它位于天津市南开区东北隅东门外，海河西岸，北起宫北大街，南至宫南大街。南北街口各有牌坊一座，上书“津门故里”和“沽上艺苑”，属商业步行街。

以元代古迹天后宫为中心的古文化街，南口的牌楼上高悬“津门故里”大匾，标志着这一带是 800 年前的一处居民聚落点。这里在古代是祭祀海神和船工的聚会娱乐之场所。现已修复的古文化街包括天后宫及宫南、宫北大街。天后宫俗称“娘娘宫”，是古文化街上的主要参观旅游项目。

古文化街于 1986 年元旦新建成开业，是由仿中国清代民间的小式店铺组成的街道，经营的商品主要是古玩字画、文房四宝，各种工艺品和民俗文化用品。具有地方特点的是天津四大民间工艺品（杨柳青年画、泥人张彩塑、风筝魏的风筝和刻砖刘的刻砖），以及牙玉雕、景泰蓝、镶嵌漆器、工艺陶瓷、金银饰品等工艺品。

2007 年 5 月 8 日，天津古文化街旅游区（津门故里）经国家旅游局正式批准为国家 5A 级旅游景区。

（二）天津盘山风景名胜区

盘山风景名胜区位于天津市蓟州区西北 15 千米处，又因它雄踞北京之东，故有“京东第一山”之誉。相传，东汉末年，无终名士田畴不受献帝封赏，隐居于此，因此人称田盘山，简称盘山。

盘山属中低山地貌，海拔一般在 400 米 ~600 米。主峰挂月峰，海拔 864.4 米。盘山由于岩石组级垂直节理发育，具有典型“球状风化”特点，故形成奇峰林立，怪石嵯峨的独特景观，以山深谷邃、怪石奇松、清泉秀木、寺庙古塔著称。盘山景区面积 106 平方千米，风景众多，其中以“三盘”“五峰”“八石”著称。还有天成寺、万松寺、云罩寺、舍利塔等古代建筑。

由西路登山，山势呈上、中、下三盘之状。三盘景致各具特色，上盘松、中盘石、下盘水，人称“三盘之胜”。下盘以秀水著称，有红龙池、涓涓泉和滴水濑的流瀑等。中盘奇石嶙峋，或险或怪，千姿百态。“八石”中的悬空石、摇动石、天井石、将军石等都在这里。上盘松木苍翠，林翳蔽天，而且长势怪异，有的似卧龙、飞鹰，有的像凤翅、伞盖，故有“上盘松”之说。

清代乾隆皇帝第一次巡游盘山时赞叹说：“早知有盘山，何必下江南。”命人在山东部兴建行宫“静寄山庄”，此后又27次到此巡游。由于战乱破坏、年久失修，山庙建筑多不复存。近10余年，这座名山得到了很好的整修和开发，再次成为令世人瞩目的游览胜地。2007年5月8日，天津盘山风景名胜区经国家旅游局正式批准为国家5A级旅游景区。

视野拓展

“狗不理”包子

图5-8 “狗不理”包子

狗不理包子（见图5-8）起源于天津，是全国闻名的天津市汉族传统风味小吃，为“天津三绝”之首，是中华老字号之一。

“狗不理”创始于1858年。清咸丰年间，武清县杨村（现天津市武清区）有个年轻人，名叫高贵友，因其父四十得子，为求平安养子，故取乳名“狗子”，期望他能像小狗一样好养活。

狗子十四岁来天津学艺，在天津南运河边上的刘家蒸吃铺做小伙计。他心灵手巧又勤学好问，加上师傅们的精心指点，因此做包子的手艺不断提高，练就一手好活，很快就小有名气了。

三年满师后，狗子已经精通了做包子的各种手艺，于是就独立出来，自己开了一家专营包子的小吃铺——“德聚号”。他用肥瘦鲜猪肉3∶7的比例加适量的水，佐以排骨汤或肚汤，加上小磨香油、特制酱油、姜末、葱末、调味剂等，精心调拌成包子馅料。包子皮用半发面，在搓条、放剂之后，擀成直径为8.5厘米左右、薄厚均匀的圆形皮。包入馅料，用手指精心捏褶，同时用力将褶捻开，每个包子有固定的18个褶，褶花疏密一致，如白菊花形，最后上炉用硬气蒸制而成。由于高贵友手艺好，做事又十分认真，从不掺假，制作的包子口感柔软，鲜香不腻，形似菊花，色香味形都独具特色，引得十里百里的人都来吃包子，生意十分兴隆，名声很快就响了起来。由于来吃他包子的人越来越多，高贵友忙得顾不上跟顾客说话，这样一来，吃包子的人都戏称他“狗子卖包子，不理人”。久而久之，人们喊顺了嘴，都叫他“狗不理”，把他所经营的包子称作“狗不理包子”，而原店铺字号却渐渐被人们淡忘了。

据说，袁世凯任直隶总督在天津编练新军时，曾把“狗不理”包子作为贡品进京献给慈禧太后。慈禧太后尝后大悦，曰：“山中走兽云中雁，陆地牛羊海底鲜，不及狗不理香矣，食之长寿也。”从此，狗不理包子声名大振，逐渐在许多地方开设了分号。

天津狗不理包子是中国灿烂饮食文化中的瑰宝，被公推为闻名遐迩的“天津三绝”食品之首。历经150多年的狗不理包子，经几代大师的不断创新和改良已形成秉承传统的猪肉包、三鲜包、肉皮包和创新品种海鲜包、野菜包、全蟹包等六大系列一百多个品种，百包百味，特色超群。先后摘取“商业部优质产品金鼎奖”“中国最佳名小吃”“国际名小吃”等多个国内外评选和大赛的金奖，被誉为“津门老字号，中华第一包”。

三、河北省

河北省地处华北平原北部，内环京津，东临渤海，地理位置优越。面积约 19 万平方千米，全省居住着 7461 万余人，简称冀，省会石家庄。

河北省旅游资源丰富，是我国唯一兼有海滨、平原、湖泊、丘陵与高原的省份，自然资源数量众多，类型齐全。河北省是全国文物大省之一，而且文物资源特色突出，品位极高，不少为全国之最，是我国的旅游资源大省。主要旅游景点有承德避暑山庄及周围寺庙、清东陵、清西陵、定州塔、赵州石桥、正定府大菩萨、山海关、西柏坡革命纪念馆、北戴河海滨浴场、白洋淀景区、保定野三坡景区等。其中承德避暑山庄及周围寺庙景区、保定安新白洋淀景区、保定涞水县野三坡景区、石家庄平山县西柏坡景区、唐山市清东陵景区、承德市滦县金山岭长城等为我国 5A 级景区。

（一）石家庄市

石家庄市地处华北平原腹地，河北省西南部。石家庄市是河北省省会，也是国务院批准实行沿海开放政策和金融对外开放的城市。

石家庄市的旅游景点主要有苍岩山、嶂石岩等国家级风景名胜区，封龙山、天桂山等省级风景名胜区；有国家历史文化名城正定，省历史文化名城赵县；以及国家级森林公园五岳寨等。

（二）承德避暑山庄及周围寺庙

1. 避暑山庄

避暑山庄（见图 5-9）又名“热河行宫”，俗称“承德离宫”，坐落于河北省承德市中心以北的狭长谷地上。在历史上，承德避暑山庄是清朝皇帝的夏季行宫，是我国皇家行宫中规模最宏大的一座宫苑。这里地处要势，风景优美，气候宜人，北可俯视关内，外可控蒙古各部，因此被清朝皇帝选中，修建作为北巡围猎的行宫。避暑山庄始建于清康熙四十二年（公元 1703 年），直到乾隆五十五年（公元 1790 年）建成，历时近 90 年，是规模宏大、风格独特的皇家园林杰作，在中国古代园林建筑史上写下了辉煌的一笔。

图 5-9　承德避暑山庄

避暑山庄是我国现存最大的皇家园林，总面积 564 万平方米，占承德市区面积一半以上，为北京颐和园的两倍，周围石砌宫墙长达 10 千米，是我国最大的宫墙。这座行宫圈进许多山丘，周围又有山岭环绕，故康熙题名“避暑山庄”。

避暑山庄主要分为宫殿区和苑景区两部分。宫殿区位于山庄南部，是清代皇帝处理政务、举行庆典、会见外国使臣和居住之处，宫室建筑林立，布局严整，是紫禁城的缩影，包括正宫、松鹤斋、万壑松风和东宫四组建筑。宫殿区为突出“山庄”，建筑风格与北京故宫的庄严豪华迥然不同：它既不用琉璃瓦、大理石装潢，也不加彩画油饰，而是采用青砖素瓦，四面参天古松环绕，古朴典雅，顺其自然。苑景区又分湖泊区、平原区和山峦区三部分，既有北方色彩的亭台楼阁，又具江南园林建筑的特色，集中我国南北方建筑布局的特点，综合我国各地建筑艺术的风格。湖泊区是避暑山庄风景中心，面积 80 万平方米，主要以热河等泉水为源。湖面上分布有十多个大小不同、形状各异的洲岛，湖岛交错，水秀岛绿，一派江南水乡风光；山庄由康熙、乾隆亲自命名的著名的“七十二景”绝大部分分布在湖泊区。避暑山庄是我国游览胜地中皇帝命名佳景最多的地方。平原区在湖泊区北部的山脚下，占地千亩左右，当年绿草如茵，麋鹿成群，一派北国草原风光，极富野趣。清康熙、乾隆皇帝常与蒙古王公在此野宴，观看摔跤、射骑。山峦区在山庄的西北部，面积占全景区面积的 4/5，这里山峦连绵起伏，沟壑纵横，展现了东北林海的风采。

承德避暑山庄融南北建筑风格于一体，集全国名胜于一园，将南北建筑艺术完美结合起来，从而形成自己独特的风格。整个山庄巧妙地利用地形，因山造势，西北多山，东南多水，是中国自然地理形貌的缩影。

2. 外八庙

在避暑山庄东面和北面武烈河、狮子沟河谷阶地上，分布着 11 座建筑风格各异的寺庙，其中八座归北京皇宫统辖，故称外八庙，现存寺庙七座，各具特色。外八庙中最为著名的是普宁寺、须弥福寿之庙和普陀宗乘之庙。

外八庙是当时清政府为了团结蒙古、新疆、西藏等地区的少数民族，利用宗教作为笼络手段而修建的。这些庙宇多仿照西藏、新疆的喇嘛寺庙的风格，气势宏大，富丽堂皇，融华夏多民族文化，集中国古代寺庙建筑之大成，同时也是清王朝加强统治，巩固全国统一的思想体现。

1994 年 12 月，承德避暑山庄及周围寺庙被列入《世界文化遗产名录》。

（三）保定市安新白洋淀景区

白洋淀位于河北省中部平原，地处海河流域大清河水系的九河下梢，接纳从南、西、北三面流来的潴龙河、唐河、府河等八条河流的水汇集而成。白洋淀是华北地区最大的淡水湖泊，总面积 366 平方千米，分属保定市和沧州市所辖的五个县（市），其中 85% 的水域在保定市安新县境内，在众多的淀泊中，白洋淀最大，因此称为“白洋淀”。白洋淀由 90 多个大小不等的湖泊、3700 多条沟壕、12 万亩芦苇和 36 个岛村组成。这些形状各异的淀泊，最大的有 2 万多亩，烟波浩渺，水天一色；最小的不到百亩，绿苇环抱，恬逸幽静。白洋淀自古就以物产丰富、风景秀丽闻名于世，素有“日进斗金”“四季皆秋”“华北明珠白洋淀”之誉。

2007 年 5 月，白洋淀景区被国家旅游局列为 5A 级旅游景区。

（四）秦皇岛市山海关景区

山海关是明代万里长城的东起点，号称“天下第一关”，在秦皇岛市以东 10 多千米处。因长城依山傍海，地势险要，故名“山海关”，它是华北与东北之间的咽喉。

山海关历史悠久，是古代军事要塞，素有“京师屏翰、辽左咽喉”之称。明朝洪武十四年（公元 1381 年），中山王徐达奉命修永平、界岭等关，在此创建山海关。山海关是一座威武雄壮的大关，整个城池与长城相连，以城为关，城高 14 米，厚 7 米。全城有四座主要城门，并有多种古代防御建筑，是一座防御体系比较完整的城关。山海关是国内外著名的旅游区，以长城为主线形成了“老龙头”“孟姜女庙”“角山”“天下第一关”“长寿山”“燕塞湖”六大风景区。

（五）清东陵、清西陵

1. 清东陵

清东陵位于河北省遵化市西北 30 千米的马兰峪昌瑞山，始建于顺治十八年（公元 1661 年），占地面积 2500 平方千米，是中国现存规模庞大，建筑完美的帝王陵墓群之一。清东陵包括顺治皇帝的孝陵，康熙皇帝的景陵，乾隆皇帝的裕陵，咸丰皇帝的定陵，同治皇帝的惠陵五座皇陵以及慈安太后、慈禧太后等的四座后陵，五座妃园寝，一座公主陵等。其中，埋葬乾隆的裕陵和慈禧太后的定东陵最为宏伟。这些陵墓在昌瑞山南麓各依山势东西排开，绵绵的山脉屏于陵寝之后，长长的神道伸展于墓穴之前，处于中轴线上建筑物的外围，种着蓊郁茂密的松柏，形成独特的自然景观。

2. 清西陵

清西陵位于河北省易县城西 15 千米处的永宁山下，占地面积达 100 多平方千米。清西陵是清代自雍正以来四位皇帝的陵寝之地，共有 14 座陵墓，包括雍正的泰陵、嘉庆的昌陵、道光的慕陵和光绪的崇陵。此外，还有 3 座皇后陵，以及若干座王公、公主、妃子园寝等。这里风景优美，环境清幽，有华北地区最大的古松林，数以万计的古松、古柏把这一带装点得清秀葱郁，古朴大方。

陵区内矗立着千余间宫殿建筑和百余座石建筑，其建筑形式和规制明显地体现着封建社会典章制度。雍正的泰陵是整个陵区的首陵，居于陵区的中心位置，是西陵中建筑最早、规模最大的一座。

遵化清东陵、易县清西陵皆为国家重点文物保护单位，并于 2002 年 11 月被共同列入《世界文化遗产名录》。

视野拓展

吴桥杂技

吴桥杂技是河北省的汉族民俗杂技艺术。河北省沧州市吴桥县素称“杂技之乡”。吴桥人喜爱杂技，这与他们过去的生活环境有关。吴桥县位于古黄河下游。西有大运河，东靠四女寺河，纵横河流占去大片土地，且土地盐碱瘠薄，水灾频繁，又是历兵战乱之地，人民生活苦不堪言，人们在走投无路的情况下，只好打个跟头，变套戏法，耍耍大刀，玩玩猴子、巴狗之类的小动物，浪迹江湖、卖艺糊口。

吴桥人练杂技的多，会杂技的多。吴桥十个乡镇都有杂技艺人，杂技艺人较集中的就有沟店铺、于集、铁城等几个乡镇。

在吴桥，杂技艺术俗称“耍玩意儿”。民谣说：“上自九十九，下至才会走，吴桥耍玩意儿，人人有一手。”吴桥人对杂技有着特殊的爱好，无论在街头巷尾，还是田间麦场，甚至在饭桌前和土炕上，他们随时都会翻一串跟斗，叠几组罗汉，打几趟拳跤，变几套戏法魔术。

2006年吴桥杂技被国务院列入第一批国家级非物质文化遗产名录。

四、河南省

河南省位于中国中东部，黄河中下游，因大部分地区在黄河以南，故名“河南”。简称豫，省会郑州，古称“中州”“中原”，全省总面积约17万平方千米，人口9936万余人。河南是华夏文明的主要发祥地之一，在中华民族数千年的文明史中，先后有20多个朝代在此建都或迁都。中国已确定的七大古都河南有三座，即殷商古都安阳、九朝古都洛阳、七朝古都开封。中国古代四大发明中的指南针、造纸、火药三大技术，均发明于河南。河南地下文物居全国第一位，地上文物居全国第二位。众多的文物古迹和著名的黄河等自然风光构成了河南丰富的旅游资源。

河南省的名胜遍布，主要有中国三大石刻艺术宝库之一的洛阳龙门石窟、千年古刹登封少林寺、太极拳之乡温县陈家沟、甲骨文发现地安阳殷墟、周易发源地汤阴羑里城、炎黄子孙寻根拜祖圣地新郑轩辕黄帝故里、雄伟壮丽的黄河小浪底、开封清明上河园、洛阳嵩县白云山景区、焦作市云台山风景名胜区等。郑州登封嵩山少林景区、洛阳龙门石窟景区、焦作（云台山—神农山—青天河）风景区、洛阳嵩县白云山景区、开封清明上河园、安阳殷墟景区、平顶山（尧山—中原大佛）景区、洛阳（老君山—鸡冠洞）旅游区、洛阳市龙潭大峡谷景区、南阳市西峡伏牛山老界岭—恐龙遗址园旅游区、新乡市辉县市八里沟景区等为我国5A级景区。

（一）郑州市

郑州市位于河南省中部偏北。郑州是河南省省会，为国家历史文化名城，是全国重要的枢纽城市。郑州绿化覆盖率达35.5%，被誉为“中原绿城”。郑州市是中国重要的内陆开放城市，是新崛起的现代化商贸城市。

郑州市旅游景点主要有河南省博物院、人民公园、商城遗址、大河村遗址、黄河游览区和花园口等。

（二）洛阳市

洛阳市位于河南省西部，横跨黄河中游两岸，“居天下之中”，素有“九州腹地”之称，是华夏文明的重要发祥地之一，因地处洛河之阳而得名。

洛阳市有近 5000 年历史，是中国首批公布的历史文化名城和七大古都之一，素称“九朝古都”，建都历史长达 900 余年。自古以来，这里文人墨客云集，有“诗都”之称。洛阳牡丹培植历史悠久，品种繁多，素有“洛阳牡丹甲天下”之誉。现今牡丹已成为洛阳市市花，每年 4 月 15 日至 25 日举行“洛阳牡丹花会”，因此，洛阳又有“花都”的美誉。

洛阳市的主要名胜有龙门石窟、白马寺、关林等。

1. 白马寺

白马寺（见图 5-10）位于洛阳城东 10 千米处，它是佛教传入中国后由朝廷斥资兴建的第一座寺院，距今已有 1900 多年的历史。东汉永平七年（公元 64 年），明帝遣使赴西域拜求佛法。永平十年（公元 67 年），天竺高僧迦叶摩腾、竺法兰应汉使之请，以白马驮载佛经、佛像同返国都洛阳。翌年，明帝昭命于雍门外兴建寺院，为铭记白马驮经之功，命名为白马寺。白马寺建成后，迦叶摩腾、竺法兰两高僧在其内译出我国第一部汉文佛经《四十二章经》。白马寺逐渐成为中国佛教活动中心，并吸引日本、朝鲜、越南等地僧人来拜佛求法。北魏时，有 3000 多名西域僧人来洛阳进行佛学交流。由于白马寺的兴建，使佛教文化广为传播，对中国人民道德观念、思想文化以及国际文化的交流产生了重大影响。因此，千百年来，白马寺一直被东亚文化区域奉之为“释源”“祖庭”。

图 5-10　白马寺

白马寺坐北面南，总面积 200 余亩，主体建筑分布在由南向北的中轴线。进入山门依次为天王殿、大佛殿、大雄殿、接引殿、毗卢阁五层殿堂。其中，大雄殿是全寺规模最为宏伟、景象最为富丽的大殿。殿内所存的三世佛、二天将、十八罗汉像都是元代作品，造型逼真，形态各异，是佛教艺术的珍品。山门东西两侧有迦叶摩腾、竺法兰两高僧墓。从前到后依自然地势，渐次升高。中轴线两侧左右对称，整体建筑结构严谨，具有典型的中国佛寺特色。

白马寺中还保存着自唐以来的历代碑碣 40 余座，以元代书法家赵孟頫手书的《洛京白马寺祖庭记》最为珍贵。白马寺是一处保存完整、古色古香的古建筑群。1961 年，被国务院公布为第一批重点文物保护单位。1983 年，被国务院确定为汉族地区佛教全国重点寺院。2001 年 1 月，被国家旅游局评为首批 4A 景区（点）。

2. 关林

关林位于洛阳南郊 7 千米处，相传为埋葬三国蜀汉名将关羽首级的地方。关林自明万历二十四年（公元1596年）开始建庙植柏，清乾隆时加以扩建，如今已占地百亩，拥有殿宇廊庑150余间，古碑刻70余方，石坊4座，大小石狮110多个，古柏800余株。其主体建筑上的龙首之多，为中原之最。关林是一处保存完整的古建筑群，其中最具特色的是舞楼，前台的歇山式和后台的硬山式组合在一起，再加上歇山顶，重檐楼阁，构筑之妙全国罕见。关林中的碑亭构筑奇巧，是典型的清代亭式建筑。

洛阳关林是海内外三大关庙之一，是我国唯一的“冢、庙、林”三祀合一的古代经典建筑群，也是国家4A级旅游景区。

3. 龙门石窟

龙门石窟（见图5–11、图5–12）位于河南省洛阳市南郊13千米处的伊河两岸，这里东、西两山对峙，伊水中流，形似天然门阙，故古称“伊阙”。

图5–11　龙门石窟

图5–12　龙门石窟卢舍那佛

龙门石窟始开凿于北魏孝文帝迁都洛阳（公元494年）前后，后来，历经东西魏、北齐、北周，到隋唐至宋等朝代又连续大规模营造达400余年之久。龙门石窟密布于伊水东西两山的峭壁上，全长1000多米，现共存佛洞、佛龛2345个，佛塔40多座，佛像10万多尊。其中最大的佛像高达17.14米，最小的仅有2厘米。另有历代造像题记和碑刻3600多品，是我国古代佛教石窟艺术的四大宝库之一。

龙门石窟多数为北魏和盛唐两个时期的雕刻作品。北魏造像约占1/3，最有代表性的有宾阳洞、古阳洞、莲花洞等。唐代造像约占2/3，最有代表性的是奉先寺、万佛洞。奉先寺，是龙门唐代石窟中最大的一个石窟，也是龙门石窟群中最大的一个佛洞，长宽各30余米。石窟正中卢舍那佛坐像为龙门石窟最大佛像，身高17.14米，头高4米，耳长1.9米，造型丰满，仪表堂皇，衣纹流畅，具有高度的艺术感染力，是一件精美绝伦的艺术杰作。

龙门石窟保留着大量的宗教、美术、书法、音乐、服饰、医药、建筑和中外交通等方面的实物史料。因此，它堪称一座大型石刻艺术博物馆。它与甘肃敦煌莫高窟、山西大同云冈石窟并称为中国三大石刻艺术宝库。

1961 年，龙门石窟（含白居易墓）被国务院公布为全国第一批重点文物保护单位，1982 年，被国务院公布为全国第一批国家风景名胜区。2000 年 11 月，联合国教科文组织将龙门石窟列入《世界文化遗产名录》。2007 年 5 月，被评为国家首批 5A 级旅游景区。

视野拓展

洛阳水席

洛阳水席，是河南洛阳一带的特色传统名宴，属于豫菜系。洛阳水席始于唐代，至今已有 1000 多年的历史，是中国迄今保留下来的历史久远的名宴之一。

洛阳水席有两层含义：一是全部热菜皆有汤——汤汤水水；二是洛阳水席的热菜吃完一道，撤后再上一道，像流水一样不断地更新。洛阳水席的特点是有荤有素、选料广泛、可简可繁、味道多样，酸、辣、甜、咸俱全，舒适可口。

2018 年 9 月 10 日，“中国菜”正式发布，“洛阳水席”被评为“中国菜”河南十大主题名宴。

（三）中岳嵩山

嵩山位于河南省西部，地处登封市西北面，因雄踞中原，居中国五岳正中，故称“中岳”。嵩山自然景观优美，全山东西绵延约 60 千米，山岭崇峻，像个横卧的巨人，因而有“嵩山如卧”之说。嵩山属伏牛山脉，由太室山和少室山两群山峰组成，太室山和少室山各有 36 峰，共计 72 峰，峰峰有景。主峰峻极峰海拔 1440 米，峻峭挺拔，气势雄浑，古称“嵩高峻极”。

嵩山山势挺拔，层峦叠嶂，自古以来就是帝王将相、文人学士、高僧名道及文人墨客等游历、著书讲学或悟禅、隐居之地，山上名胜古迹众多，素有“文物之乡”的美称。嵩山名胜古迹遍布，著名的有中国“六最”，即最早的禅宗寺院——少林寺，现存规模最大的塔林——少林寺塔林，现存最古老的密檐式砖塔——嵩岳寺塔，现存最古老的石阙——汉三阙（太室阙、少室阙、启母阙），树龄最高的柏树——汉封“将军柏”，现存最古老的观星台——元代观星台。

1. 少林寺

少林寺位于少室山阴五乳峰下，因为此地环境清幽，周围俱是密密匝匝的树林，所以得名“少林寺”。少林寺始建于北魏太和十九年（公元 495 年）。公元 527 年，印度僧人菩提达摩在此首创禅宗，故史称少林寺为中国佛教禅宗“祖庭”，以佛教禅宗祖庭和少林武术的发源地而著称。少林寺占地约 3 万平方米，隋唐时期达到极盛时，寺内建筑 5000 余间，聚集僧徒千余人，主体建筑由山门、天王殿、大雄宝殿、藏经阁、方丈室、达摩亭和千佛殿组成，至清末仍保存有六进院落规模。号称“天下第一名刹”的少林寺，以拳术驰名海内外，享有“武林之尊”的盛誉。2007 年 5 月 8 日，嵩山少林景区被国家旅游局正式批准为国家首批 5A 级旅游景区。

2. 塔林

塔林（见图 5-13）位于少林寺西 400 米处的山脚下，是少林寺历代高僧的坟墓，塔内一般安葬死者的灵骨或生前衣钵。因塔数目很多，散布如林，故名塔林。少林寺塔林是我国现存数量最多、规模最大的古塔群，有唐以来历代古塔 230 余座，是国内最大的塔林，有砖、石和砖石混合结构的各类墓塔。塔的层次一般为一至七级，最高可达 15 米，造型有正方形、长方形、六角形、圆形、柱形、锥体、瓶体、喇叭体等。塔的形制层级、高低大小、砖石建筑和雕刻艺术的不同，都体现着逝者生前在佛教中的地位、成就和威望高低。

图 5-13 塔林

3. 嵩岳寺塔

嵩岳寺塔位于嵩山南麓太室山下的嵩岳寺内，始建于北魏正光元年（公元 520 年），至今已有 1480 多年，是我国现存最古老的砖砌佛塔。嵩岳寺塔为密檐式砖塔，共 15 层，高 40 多米，雄伟挺拔，造型别致。塔平面呈 12 角形，塔身呈抛物线状，塔内结构为空筒式，塔的东、南、西、北四面设入口，可自下而上直达顶部。它的第一层为 12 角形，而从第二层开始则改为 8 角形。这座砖塔建筑奇特，由青砖黄泥垒砌而成，虽历经千年而不倒，现已被列为河南省重点文物保护单位。

4. 汉三阙

汉三阙即太室阙、少室阙、启母阙，是一种特殊的石雕艺术，都是汉代雕造的庙道门阙。太室阙是汉代太室山庙前的神道阙，建于东汉时期，阙身四面雕有人物、动物、建筑物等 50 余幅画，形态生动，线条流畅。另有隶篆铭文，是研究我国历史的宝贵资料，也是书法雕刻艺术中的珍品。

5. 嵩阳书院

嵩阳书院位于嵩山的南麓，这里原是北魏嵩阳寺旧址，宋代改为嵩阳书院，宋代理学家程颢、程颐曾在这里讲过学。嵩阳书院和商丘应天书院、湖南岳麓书院和江西白鹿洞书院合称我国古代四大书院。书院内现存两棵古老的柏树，它们是西汉元封元年（公元前 110 年），汉武帝所封的“大将军”柏和“二将军”柏。其中，“二将军”柏是我国树龄最高的柏树，据说已有 4000 年的历史，但仍苍劲茂盛，生机勃勃。

6. 观星台

观星台坐落在嵩山东南角，位于登封城东南 12 千米的告城镇周公庙内，建于元朝初年，它是由我国古代著名天文学家郭守敬设计创建的，是当时全国 27 个天象观测站的中心，是我国现存最古老的天文台，也是世界上著名的天文科学建筑物。观星台的建立，代表了当时我国天文科学的巨大成就。

1982 年，嵩山被国务院批准列入第一批国家级风景名胜区名单。2004 年 2 月 13 日，被联合国教科文组织地学部评选为“世界地质公园”。

知识链接

少林武术

少林是中华武术中体系最庞大的门派，武功套路高达七百种以上，又因以禅入武，习武修禅，又有“武术禅”之称。

少林武术发源于嵩山少室山下丛林中的“少林寺”。唐初，少林寺十三僧人因助秦王李世民讨伐王世充有功，受到唐朝封赏，而被特别认可设立常备僧兵，因而成就少林武术的发展。

少林寺因武艺高超，享誉海内外，少林一词也成为汉族传统武术的象征之一，如古龙小说中的“七大门派”即为“少林、武当、昆仑、峨眉、点苍、华山、海南”等派别，其中少林位居第一门派。

少林武术作为一种人文文化现象，作为一种人体形态文化或是作为健身、御敌等在中国早已家喻户晓、妇孺皆知，已成为中华文化的宝贵遗产。

少林功夫是一项综合的武术体系，其中“禅”字是提高功夫的重要依据，因为禅是“外不着想，内不动心”。所以少林功夫和其他派别不同，讲究的是“禅武合一”。

少林武功又是汉族武术最具代表性，最具文化内涵，最具宗教文化底蕴，最具完整的体系，最具权威性，又最具神秘感的中国武功流派，它无疑已成为汉族武术的主流学派。

相传著名的达摩祖师在“少林寺”面壁修炼十年的漫长岁月中，言传身教创造了少林武功流派，而且使少林武功一开始就具备了深厚的人文文化内涵，具有修身养性，善化人性，清净无为的武德。

（四）登封“天地之中”古建筑群

登封“天地之中”古建筑群，位于河南省的嵩山脚下。登封“天地之中”历史建筑群包括周公测景台和登封观星台、嵩岳寺塔、太室阙和中岳庙（中国最古老的道教建筑遗址）、少室阙、启母阙、嵩阳书院、会善寺、少林寺建筑群 8 处 11 项优秀历史建筑。这些建筑物历经汉、魏、唐、宋、元、明、清等 9 个朝代修建而成。它们不仅以不同的方式展示了“天地之中”的概念，还体现了嵩山作为虔诚的宗教中心的力量，构成了一部中国中原地区上下两千年形象直观的建筑史，是中国时代跨度最长、建筑种类最多、文化内涵最丰富的古代建筑群，是中国先民独特宇宙观和审美观的真实体现。

在中国传统的宇宙观中，中国是位居天地中央之国，而天地中心则在中原，中原的核心则在郑州登封，因而这里成为中国早期王朝建都之地和文化荟萃的中心。中国几大主流文明——儒、佛、道都在这里建立了弘扬传播本流派文化的核心基地。这里也成为人们测天量地的中心。这一历史背景使得这里会聚和留存了大量珍贵的文化纪念建筑，其精华，即登封“天地之中”历史建筑群，它们都与中国“天地之中”传统宇宙观发生着直接的、必然的联系。“天地之中”这个概念就是古代中国人的一种朴素的宇宙观，影响着整个中国人包括政治、经济、文化及哲学等诸多方面，同时更重要的是嵩山历史建筑群在这样的一个体制下诞生了诸多的古代建筑，这 8 处 11 项可以说是中国礼制建筑、宗教建筑、科技建筑和书院建筑的杰出代表和范例。2010 年 8 月 1 日，登封“天地之中”古建筑群被列入《世界遗产名录》，成为河南省继龙门石窟、安阳殷墟之后的第三处世界遗产。

（五）安阳殷墟

图 5-14　安阳殷墟

安阳殷墟（见图 5-14）是我国奴隶社会商朝后期（约公元前 1300—公元前 1046 年）的都城遗址，位于河南省安阳市区西北小屯村一带，距今已有 3300 多年历史，因出土大量的甲骨文和青铜器而驰名中外。

殷墟占地面积约 24 平方千米，大致分为宫殿区、王陵区、一般墓葬区、手工业作坊区、平民居住区和奴隶居住区。殷墟博物苑不仅展现了殷代王宫殿堂的布局与建筑，而且还具有园林特色。同时，它也是集考古、园林、古建、旅游为一体的胜地。2006 年 7 月 13 日，安阳殷墟被列入《世界文化遗产名录》。

（六）焦作市云台山风景名胜区

云台山位于河南省焦作市修武县境内，景区面积约 190 平方千米，有大小名峰 36 座，峰峦叠翠，雄奇险秀。云台山是全球首批世界地质公园之一，同时又是河南省唯一一个集国家重点风景名胜区、国家 5A 级景区、国家地质公园、国家森林公园、国家水利风景名胜区、国家猕猴自然保护区六个国家级于一体的风景名胜区。

云台山以山称奇，整个景区奇峰秀岭连绵不断，主峰茱萸峰海拔 1304 米。云台山以水叫绝，素以“三步一泉，五步一瀑，十步一潭”而著称。云台山的瀑布最令人叫绝。大小瀑布数不胜数，又各具其妙。落差 314 米的全国最高大瀑布——云台天瀑，犹如擎天玉柱，蔚为壮观。

汉献帝的避暑台和陵基，魏晋“竹林七贤”的隐居故里，唐代药王孙思邈的采药炼丹遗迹，唐代大诗人王维写出“每逢佳节倍思亲”千古绝唱的茱萸峰，以及众多名人墨客的碑刻、文物，形成了云台山丰富深蕴的文化内涵。

2007 年 5 月 8 日，云台山风景名胜区被正式批准为国家首批 5A 级旅游景区。

五、陕西省

陕西省地处我国中部偏北，黄河中游、汉水上游，跨黄土高原中部，因在陕原以西而得名。全省面积约 21 万平方千米，人口 3952 万余人，省会西安市。

陕西历史悠久，文物众多。旅游名胜有西岳华山、西安碑林、大雁塔、西安城墙、半坡村遗址、秦始皇陵、秦兵马俑博物馆、临潼骊山风景区、黄帝陵、昭陵、乾陵、法门寺、革命圣地延安等。西安秦始皇兵马俑博物馆、西安华清池景区、延安黄帝陵景区、西安（大雁塔—大唐芙蓉园）景区、渭南华山景区、宝鸡法门寺佛文化景区、商洛市金丝峡景区、西安市新城区大明宫旅游景区等为我国 5A 级景区。

（一）西安市

西安市位于关中平原中部，是陕西省省会，中国重要的科研、教育、工业基地。同时，西安也是中国西部大开发战略中的中心城市之一，是中国西部航空、铁路和公路的交通枢纽。西安是中国最早打开城门、对外开放的城市，是世界四大历史文化古都之一和国际旅游城市，有 3100 多年的城建史和 1160 多年的国都史，先后有周、秦、汉、唐等 13 个王朝在此建都。西安有丰富的文化遗存，堪称中国古代社会的天然历史博物馆。主要的名胜有秦始皇陵及兵马俑博物馆、明城墙、华清池、曲江大雁塔・大唐芙蓉园景区、小雁塔、西安碑林、半坡博物馆等。

1. 曲江大雁塔・大唐芙蓉园景区

曲江大雁塔・大唐芙蓉园景区位于西安曲江新区核心区域。景区总面积 3.8 平方千米，汇聚了“六园、一城、一塔”的产品格局。六园，即大唐芙蓉园、曲江池遗址公园、唐城墙遗址公园、唐大慈恩寺遗址公园、寒窑遗址公园、秦二世陵遗址公园；一城，即大唐不夜城；一塔，即大慈恩寺大雁塔。2011 年 1 月成为国家 5A 级旅游景区，是西安市属第一家 5A 级景区，是全国首个区域性、多景点整体打包晋级的国家 5A 级景区。

曲江位于西安市东南角，从秦汉到隋唐作为皇家禁苑历时 1300 年之久，是中国古典园林及建筑的集大成者。

大唐芙蓉园位于西安城南的曲江开发区，与大雁塔遥遥相望。它是在原唐代芙蓉园遗址以北，仿照唐代皇家园林式样建造的，是中国第一个全方位展示盛唐风貌的大型皇家园林式文化主题公园，占地面积一千亩，其中水域面积三百亩。园内建有紫云楼、仕女馆、御宴宫、杏园、芳林苑、凤鸣九天剧院、唐市等许多仿古建筑，是全国最大的仿唐皇家建筑群。大唐芙蓉园于 2005 年 4 月 11 日正式对外开放，开园之初即迎来了台湾前国民党主席连战、亲民党主席宋楚瑜等一批重要人物。

大雁塔位于西安市南郊慈恩寺内，是全国著名的古代建筑，被视为古都西安的象征。相传是玄奘大法师从印度（古天竺）取经回来后，专门从事译经和藏经之处。因仿印度雁塔样式的修建，故名雁塔。由于后来又在长安荐福寺内修建了一座较小的雁塔，为了区别，人们就把慈恩寺塔叫大雁塔，荐福寺塔叫小雁塔，一直流传至今。

大雁塔平面呈方形，建在一座方约45米，高约5米的台基上。塔七层，底层边长25米，由地面至塔顶高64米。塔身用砖砌成，磨砖对缝坚固异常。塔内有楼梯，可以盘旋而上。每层四面各有一个拱券门洞，可以凭栏远眺，长安风貌尽收眼底。塔的底层四面皆有石门，门楣上均有精美的线刻佛像，传为唐代大画家阎立本的手笔。塔南门两侧的砖龛内，嵌有唐初四大书法家之一褚遂良所书的《大唐三藏圣教序》和《述三藏圣教序记》两块石碑。唐末以后，寺院屡遭兵火，殿宇焚毁，只有大雁塔巍然独存。

大雁塔在唐代就是著名的游览胜地，因而留有大量文人雅士的题记，仅明清时期题的名碑就有二百余通。至今，大雁塔仍是古城西安的标志性建筑，也是闻名中外的胜迹。被国务院于1961年颁布为第一批全国重点文物保护单位。

2. 华清池景区

华清池又名华清宫，位于西安东约30千米的临潼骊山脚下，是中国著名的温泉胜地。

华清池分为九龙湖风景区、唐御汤遗址区、西安事变旧址区（环园）、唐梨园文化区、温泉沐浴区、配套服务区六部分，昔日的皇宫禁苑，天子御汤已成为融风景园林、文物遗址、温泉沐浴于一体，食、住、购、娱、浴配套服务齐备的著名风景旅游胜地。

1982年，华清池被列入全国第一批重点风景名胜区，同年2月，西安事变旧址五间厅被列为全国第二批重点文物保护单位。1996年，国务院公布唐华清宫遗址为全国第四批重点文物保护单位。1998年，被建设部授予“中国名园”。2000年，被评为全国首批4A级旅游景区。2007年5月8日，西安市华清池景区被国家旅游局正式批准为国家5A级旅游景区。

3. 秦始皇陵及兵马俑坑

秦始皇陵　秦始皇陵位于西安市临潼区骊山北麓，是中国历史上第一个皇帝嬴政（公元前259—公元前210年）的陵墓，其巨大的规模、丰富的陪葬物居历代帝王陵之首，是最大的皇帝陵。秦始皇陵建于公元前247年至公元前208年，历时39年，是中国历史上第一个规模庞大、设计完善的帝王陵寝。

秦始皇陵陵区分陵园区和从葬区两部分。陵园占地近8平方千米，建外、内城两重，封土呈四方锥形。秦始皇陵的特别之处是它筑有内外两重夯土城垣，象征着都城的皇城和宫城。陵冢位于内城南部，呈覆斗形，现高51米，底边周长1700余米。据史料记载，秦陵中还建有各式宫殿，陈列着许多奇异珍宝。秦陵四周分布着大量形制不同、内涵各异的陪葬坑和墓葬，现已探明的有400多个。

兵马俑坑　兵马俑坑是秦始皇陵的陪葬坑，位于秦陵陵园东侧1500米处。目前已发现三座，坐西向东呈品字形排列，并出土仿真人真马大小的陶制兵马俑8000件。陶俑神情生动，形象准确、轩昂；陶马造型逼真，刻画精致自然。兵马俑是秦国强大军队的缩影，气势凛然。兵马俑陪葬坑均为土木混合结构的地穴式坑道建筑，像是一组模拟军事队列、旨在拱卫地下皇城的“御林军”。从各坑的形制结构及其兵马俑装备情况判断，一号坑（见图5-15）象征由步兵和战车组成的主体部队，二号坑为步兵、骑兵和车兵穿插组成的混合部队，三号坑则是统领一号坑和二号坑的军事指挥所。

1980 年 12 月，在秦始皇陵封土西侧出土了两组形体较大的彩绘铜质车马，这是迄今为止，我国所发现的年代最早、形体最大、结构最复杂、制作最精美的铜铸马车。它与兵马俑交相辉映，为秦始皇陵增添了新的光彩，也为研究秦代历史、铜冶铸技术和古代车制提供了实物资料，被誉为中国古代的“青铜之冠”。

图 5-15 兵马俑一号坑全景

秦始皇陵兵马俑被誉为“世界第八大奇迹”，它是可以同埃及金字塔和古希腊雕塑相媲美的世界人类文化的宝贵财富，而它的发现本身就是 20 世纪中国最壮观的考古成就。它们充分表现了 2000 多年前中国人民巧夺天工的艺术才能，是中华民族的骄傲和宝贵财富。现已在一、二、三号坑成立了秦始皇陵兵马俑博物馆，对外开放。

1987 年 12 月，秦始皇陵及兵马俑坑被列入《世界文化遗产名录》。

（二）西岳华山

西岳华山（见图 5-16）位于陕西西安以东 120 千米的华阴市境内，雄踞关中平原，北瞰黄河，南连秦岭，古称太华山，海拔 2200 米。华山的东、南、西、北、中五峰环峙，雄奇险峻，高擎天空，远而望之状若一朵盛开的莲花，故名华山。

在五岳之中，华山以险著称，登山之路蜿蜒曲折，到处都是悬崖绝壁，自古攀登华山仅南北一条约 15 千米的山道，所以有“自古华山一条路”之说。华山以奇险峻秀而驰名天下，自山麓至绝顶，名胜古迹极多，庙宇道观，亭台楼阁，雕塑石刻随处可见，险径奇石，鬼斧神工，引人入胜。

图 5-16 西岳华山

华山山路奇险，景色秀丽，沿山路从登山的起点玉泉院到苍龙岭可以看到许多胜景，从华山脚下到青柯坪，一路上风光幽静，山谷青翠，鸟语花香，流泉垂挂，令人心旷神怡。青柯坪以东才是真正爬山的开始，这里有一块巨大的“回心石”，站在石上，往上看到的是危崖峭壁、突兀凌空的华山第一道险境“千尺幢”，胆小的人就在此停住，准备往回走了，只有不畏艰险，勇于攀登的人才有机会领略到华山险峰上更美的风光。千尺幢窄陡的石梯只能容纳一人上下，370多个石级，非铁索牵挽，难以攀登。出千尺幢不远，便是百尺峡，这里是登山的第二道险关，两壁高耸，中间夹有一块崩落下来的巨石，人从石下过，惊心动魄，抬头望去，石上题有“惊心石”三个大字。“老君犁沟”是登山第三道险关，这是夹于陡绝石壁之间的一条沟状道路，有570多个石级，壁狭路陡，攀登艰难。沟尽头是“猢狲愁”，顾名思义，连猴子都发愁，充分表明崖壁是多么陡峭了。

过了猢狲愁就到了华山北峰。北峰又名云台峰，是总辖四峰的冲要处所，山势孤耸，三面悬绝，只有一道山岭通往南面山岭，地势十分险要。影片《智取华山》的故事，就发生在这里。峰顶有真武宫，依山为屋，叠起层楼，掩映于苍松翠柏之间，周围山色如画，绚丽多姿。从北峰继续前进，就到了登华山的第四道险关——擦耳崖，因路窄且依壁临渊，游人无不贴壁擦耳而行（现临崖已筑护栏）。再经上天梯、日月崖等险道便是著名的苍龙岭。它是通往华山东、南、中、西诸峰的必经险道，其长不足1千米，宽仅1米左右，两边是万丈深渊，游人走到如此奇险无比的岭脊，每每令人望而却步。传说唐朝诗人韩愈，来到此地，遇此险境吓得号啕大哭，把随身带的诗稿和与家人诀别的遗书一起丢下崖去，至今崖上还刻有“韩愈投书处”诸字。

越过苍龙岭，便来到了金锁关。这里可清晰地看到东峰、南峰和西峰，三峰之间有一山间小盆地——莲花坪，三峰之水汇于坪中，小洼地积水而成玉井。金锁关是通往东峰、南峰和西峰的咽喉，这里有两条登山的路：一条路往南，经中峰、东峰、南峰而达西峰；另一条路则是直上西峰。

中峰又称玉女峰，传说春秋时萧史善吹洞箫，箫声引动秦穆公女儿弄玉的爱慕，弄玉毅然放弃宫廷生活跟萧史到此隐居，因而峰名玉女。峰上建有玉女祠，并有玉女洗头盆。

东峰又称朝阳峰，峰顶有朝阳台，是观日出的好地方。峰东北有仙掌崖，为关中八景之一的“华岳仙掌”。峰上还有甘露池、下棋亭等胜迹和鹞子翻身险径。鹞子翻身是一块三面凌空上凸下凹的巨石，上垂一条铁链，人们必须双手紧握铁链，脚踏石窝，面壁挪步。到石崖尽头，两处互不相连的石头断了去路，一根横木插在石缝中，游人要像鹞子翻一个身才能迈上对面的峭壁，下达博台。博台又叫“下棋亭”，传说是陈抟与宋太祖赵匡胤下棋的地方。

南峰又称落雁峰，是华山最高峰，海拔2200米。峰顶有老君洞，洞北有太上泉，峰上还有炼丹炉、八卦池、金天宫、贺老洞等胜迹。“长空栈道”是华山最险之处，此道开凿在南峰腰间，上下皆是悬崖绝壁，铁索横悬，由条石搭成尺许路面，下由石柱固定，宽不盈尺，长3米~4米，下临深渊，惊险异常。

西峰又名莲花峰，因峰顶翠云宫前有莲花石，形状如莲花。西峰是华山最秀奇的山峰。峰顶翠云宫旁有一巨石中裂，犹如斧劈而成，传说是《宝莲灯》中沉香劈山救母处。峰的西北面，笔立如削，空绝万丈，人称舍身崖。此外，还有西元洞和莲花洞等古迹。

华山登山道路蜿蜒曲折，处处是悬崖绝壁，峭峰陡立，奇险异常。1985年，修筑了

12 千米长的华山登山道，对其他险要处也设有铁链护栏，保护游人的安全，使登山者感到有惊无险。1994 年，沿当年人民解放军智取华山道路又修筑了一条登山台阶路。1996 年，华山索道建成营运。“自古华山一条路”已成为历史。山上山下，风景区内，新建了旅游饭店、餐馆、商店等旅游服务设施，可以满足旅游者食、住、行、游、购、娱等方面的需要。2011 年 1 月，成为国家 5A 级景区。

知识链接

劈山救母莲花峰

劈山救母是我国流传最广的神话故事之一。说的是扬州秀才刘彦昌去长安赶考，路过华阴，便登上华山游览。当时华山有座圣母殿，刘彦昌在此遇见年轻貌美而不愿过冷清的神仙生活的三圣母，两人一见钟情，因而结为良缘，生下儿子沉香。

这事传到二郎神杨戬耳中，性情暴躁的二郎神认为妹妹私通凡人，破坏天规，便带领天兵天将前来捉拿三圣母。三圣母听说哥哥前来捉拿她，赶快将沉香交给丈夫带下山去，自己则率领婢女出阵迎战。她凭借手中的一盏宝莲神灯，几次打退了天兵天将。后来二郎神施展诡计，派哮天犬盗走宝莲神灯，才把三圣母擒获，压在莲花峰的一块巨石之下。

沉香长大成人后，刘彦昌诉说其事。沉香决心救出母亲。他拜霹雳大仙为师，练就一身功夫，战胜了二郎神，然后一声恸哭，用天赐月牙斧将巨石劈开，救出母亲，一家人终于团聚。这个神话故事在古老的秦剧中有《劈山救母》一戏，在京剧和电影中都有《宝莲灯》的剧目，可谓家喻户晓。

（三）延安市黄帝陵景区

黄帝陵是中华民族始祖轩辕黄帝的陵寝，位于陕西省延安市黄陵县城北 1 千米的桥山之巅。

黄帝是我国原始社会末期一位伟大的部落首领。黄帝姓公孙，因长于姬水，又姓姬。曾居于轩辕之丘（今河南新郑市轩辕丘），取名轩辕。祖籍有熊氏，乃号有熊。又因崇尚土德，而土又呈黄色，故称黄帝。黄帝生于山东寿丘，逝于河南荆山，葬于陕西桥山。黄帝以他首先统一中华民族的伟绩而载入史册。他播百谷草木，大力发展生产，创造文字，始制衣冠，建造舟车，发明指南车，定算数，制音律，等等，是开创中华民族古代文明的先祖，尊称为“人文初祖”。

黄帝陵区景色迷人，景区面积 3.3 平方千米，分为陵墓区和轩辕庙两部分。黄帝陵前设有祭亭，内立郭沫若亲书“黄帝陵”碑。陵冢高 3.6 米，陵园周长 48 米。园内古柏参天，一派庄严肃穆的气氛。陵园入口处有“汉武仙台”，高数十米，拾级而上，县城、东湾尽收眼底。轩辕庙内沿南北轴线依次排列有山门、诚心亭、碑亭、“人文初祖”大殿。大殿神龛内有用墨玉刻制的黄帝浮雕像。

黄帝陵被称为中国第一陵，是中华文明的象征，已成为举办盛大文化活动的中心之一。千百年来，每逢清明，来此拜谒祭陵的人络绎不绝。中华人民共和国成立后，人民政府对保护黄帝陵十分重视，多次进行整修，并扩展道路，增建文物陈列室及服务设施。1961 年，国务院公布其为第一批全国重点文物保护单位。2007 年 5 月 8 日，黄帝陵景区被国家旅游局正式批准为国家 5A 级旅游景区。

视野拓展

西安羊肉泡馍

羊肉泡馍简称羊肉泡、泡馍，古称“羊羹”，羊肉泡馍是陕西的风味美食，尤在西安最享盛名。北宋著名诗人苏轼留有“陇馔有熊腊，秦烹唯羊羹”的诗句。它烹制精细，料重味醇，肉烂汤浓，肥而不腻，营养丰富，香气四溢，诱人食欲，食后回味无穷。因它暖胃耐饥，素为西安和西北地区各族人民所喜爱，外宾来陕也争先品尝，以饱口福。新中国成立以来，特别是近年来用以招待国际友人，也深受好评。羊肉泡馍已成为陕西名食的“总代表”。

羊肉泡馍的制作方法：先将优质的羊肉洗切干净，煮时加葱、姜、花椒、八角、茴香、桂皮等作料煮烂，汤汁备用。馍，是一种白面烤饼，吃时将其掰碎成黄豆般大小放入碗内，然后在碗里放一定量的熟肉、原汤，并配以葱末、白菜丝、料酒、粉丝、盐、味精等调料，做出来味道十分鲜美。

六、山西省

山西省地处黄河以东，太行山之西，简称晋，省会太原市。总面积约 16 万平方千米，人口为 3491 万余人。

山西的旅游资源丰富，宋代以前的地上古建筑约占全国总数的 70%，被誉为古代建筑的博物馆。其主要的旅游景点有五台山、北岳恒山、黄河壶口瀑布、云冈石窟、悬空寺、应县木塔、晋祠、宁武天池、洪洞大槐树、乔家大院、晋城皇城相府生态文化旅游区等，都吸引着省内外的旅游者。大同云冈石窟、忻州五台山风景名胜区、晋城皇城相府生态文化旅游区、晋中市介休绵山风景名胜区、晋中市乔家大院文化园区和晋中市平遥古城景区、临汾市乡宁县云丘山等为我国 5A 级景区。

（一）太原晋祠

晋祠位于太原市西南郊 25 千米处的悬瓮山麓，始建于北魏前，是为了纪念周武王的次子叔虞而建，初名唐叔虞祠，又因位于晋水的源头，故名晋祠。北齐天宝年以后，历代予以多次的修建和扩建，逐渐形成了一处自然山水与历史文物相结合的园林式建筑群。

晋祠景区内殿宇、亭台、楼阁、桥树互相映衬，山环水绕，文物荟萃，古木参天，是一处我国少有的风景十分优美的大型祠堂式古典园林，被誉为山西的“小江南”。

晋祠内建筑布局由中、北、南三部分组成。中部建筑为全祠之核心，从大门入，自水镜台起，经会仙桥、金人台、对越坊、献殿、钟鼓楼、鱼沼飞梁到圣母殿，建筑结构严谨，具有极高的艺术价值。北部建筑以崇楼高阁取胜，从文昌宫起，有东岳祠、关帝庙、三清祠、唐叔祠、朝阳洞、待风轩、三台阁、读书台和吕祖阁，这一组建筑物大部分随地势自然错综排列。南部建筑楼阁林立，小桥流水，亭榭环绕，一片江南园林风光。从胜瀛楼起，有白鹤亭、三圣祠、真趣亭、难老泉亭、水母楼和公输子祠。整个建筑群布局紧凑、严密，既像庙观院落，又好似皇室的宫苑。

晋祠的圣母殿（见图 5–17）、“鱼沼飞梁”被称为国宝，周柏唐槐、难老泉、宋塑侍女像被誉为“晋祠三绝”，具有很高的历史价值、科学价值和艺术价值。

图 5–17 晋祠圣母殿

圣母殿是晋祠的主体建筑，始建于北宋天圣年间，是为纪念叔虞之母邑姜而建的，它是晋祠最古老、规模最宏大、建筑艺术最精美的建筑。殿高 19 米，重檐歇山顶，面阔七间，进深六间，黄绿琉璃瓦剪边，雕花脊兽，四周围廊，殿前廊柱上木雕盘龙八条。殿的内部采用减柱法，扩大了空间，是我国现存宋代重檐建筑的代表作。殿内有宋代的彩塑 43 尊，主像圣母端坐木制的神龛里，其余 42 尊侍从分列龛外两侧，圣母凤冠蟒袍，神态端庄，侍从手中各有所奉，或侍饮食起居，或梳洗洒扫等，是宫廷生活的具体写照。塑像十分生动，充分地表现出人的神情，各个塑像神态自然，神情各异，塑工高超，是中国宋代彩塑中的精品。

“鱼沼飞梁”是圣母殿前的池沼和桥梁，即在方形水池上架十字形石板桥，建于宋代，如大鹏展翅，形状典雅大方，造型独特，是国内现存古桥梁中仅有的一例。

晋水主要的源头难老泉水从难老泉亭下石洞中汩汩流出，常年不息，泉水晶莹透明，常年水温保持在 17℃。故以《诗经》中“永锡难老”句为名。源头上有明嘉靖四十二年（公元 1563 年）建造的水母楼，二层五开间，内塑水母坐像及侍女，体态优美，造型别致，也是宋代彩塑中难得的艺术佳品。

晋祠内古木参天，最著名的有分布在水镜台前和圣母殿北侧等处距今 3000 多年的周柏及 1000 多年的唐槐，其中又以周柏最引人注目，树高 10 多米，老枝纵横，虽已历数千年之风雨，但仍生机勃勃、郁郁葱葱。

晋祠为国家重点文物保护单位，是华夏文化的一颗璀璨明珠。

（二）大同云冈石窟

云冈石窟位于大同市西郊武周山北崖，石窟依山开凿，东西绵延 1000 米，现存主要洞窟53个，大小窟龛252个，石雕造像5.1万余尊，大佛最高者17米，最小者仅几厘米。它是我国规模最大的四大石窟群之一，也是世界闻名的艺术宝库。

据文献记载，云冈石窟开凿于北魏年间，距今已有1500多年的历史。整个石窟分为东、中、西三部分，石窟内的佛龛，似蜂窝密布，大、中、小窟疏密有致地嵌贴在云冈半腰。

云冈石窟雕刻以石雕造像气魄雄伟、内容丰富多彩、雕刻精细著称于世。其雕刻艺术继承并发展了秦汉雕刻艺术传统，吸收和融合了佛教艺术的精华，具有独特的艺术风格。对后来隋唐艺术的发展产生了深远的影响，在我国艺术史上占有重要地位，也是中国与亚洲国家友好往来、文化交流的历史见证。

云冈石窟1961年被国务院公布为第一批全国重点文物保护单位。2001年被联合国教科文组织批准列入《世界文化遗产名录》；同年，被评为4A级旅游景区；2006年10月被评为“中国最令人向往的旅游胜地”。2007年5月8日，被国家旅游局正式批准为国家5A级旅游景区。

（三）北岳恒山

恒山山脉位于山西省北部，绵延250余千米，主峰天峰岭在山西省浑源县城南，海拔2017米，气势雄伟，被称为“人天北柱”“绝塞名山”和“天下第二山”。

相传在4000多年前，舜帝北巡时，遥望恒山奇峰耸立，山势巍峨，遂叩封为北岳，为北国万山之宗主。恒山山脉东西绵延500里，天峰岭与翠屏山，两峰东西对峙，断崖绿带，层次分明，蔚为壮观。两峰之间的金龙峡，峡谷幽深，峭壁侧立，形成绝塞天险，自古为兵家必争的南北要道。

恒山自古为道教圣地，早在汉代就有道教活动。佛教也在恒山建寺院。据说，恒山在西汉初年即建有祠庙，到明、清时期，恒山已拥有规模宏大的古建筑群。仅主峰就有大小祠庙60余处，称为“三寺四祠七亭阁，七宫八洞十五庙”。恒山古有十八景，今尚存朝殿、会仙府、九天宫、悬空寺等10多处建筑，其中悬空寺为恒山第一胜景之首。

悬空寺位于恒山金龙峡的悬崖峭壁间，始建于北魏后期的太和十五年（公元491年），为北岳恒山精华景点之一，被誉为“世界一绝”，现为全国重点文物保护单位，在海内外享有很高的知名度。悬空寺整个建筑面对北岳恒山，背倚翠屏山，上载危岩，下临深谷，楼阁悬空，结构巧奇。共有大小殿阁四十间，皆为木质结构，充分利用力学原理，半插飞梁为基，巧借岩石暗托；梁柱上下一体，廊栏左右相连，曲折出奇，虚实相生。悬空寺是我国古建筑艺术中罕见的经典杰作，是我国现存最早的高空摩崖木构古建筑。唐代诗仙李白为其醉书“壮观”二字，明代旅行家徐霞客叹其为“天下巨观”。

恒山半山以上松柏参天，人烟稀少，十分幽静，以“幽”著称。1982年，北岳恒山被国务院公布为“国家级重点风景名胜区”，是我国重要的文物古迹荟萃处和道教发祥地。

（四）忻州市五台山风景名胜区

五台山（见图5-18）位于忻州市东北部五台县境内，平均海拔1000米以上，最高点北台叶门峰海拔 3058 米，被称为“华北屋脊”。五台山方圆约 300 千米，因五峰如五根擎天大柱拔地崛起、巍然矗立，峰顶平坦如台，故名五台。又因山上气候多寒，盛夏仍不知炎暑，故又别称清凉山。

图 5–18　五台山

五台山是中国四大佛教圣地之一。五座台顶合围的地区，称为台内，其外围则称台外。山中众多的佛寺都聚集在台内台怀镇。这里寺庙林立，殿宇鳞次栉比。其中显通寺、塔院寺、殊像寺、罗侯寺和菩萨顶被称为五台山五大禅处。台外的寺庙比较分散，其中以南禅寺、佛光寺最为著名。南禅寺，是世界上现存最古老的木结构建筑，被誉为中华瑰宝。佛光寺被世人誉为东方古建明珠、亚洲佛光。五台山的标志性建筑塔院寺大白塔，为我国现存元代覆钵式塔最高建筑。

相传，这里最早的佛教寺庙始建于东汉，唐代因“文殊信仰”的繁盛，寺院多达 360 多处。清代，随着喇嘛教传入五台山，出现了各具特色的青、黄二庙，青庙住和尚，黄庙（藏传佛教寺院）住喇嘛。五台山迄今仍保存着北魏、唐、宋、元、明、清等 7 个朝代的寺庙建筑 47 处，僧尼数百人，荟萃了 7 个朝代的彩塑、5 个朝代的壁画及堪称典范的古建艺术。五台山是我国唯一汉地佛教和藏传佛教寺庙并存的道场，又以其建寺历史之悠久和规模之宏大，而位居四大佛教名山之首，故有“金五台”之称，在日本、印度、斯里兰卡、缅甸、尼泊尔等国享有盛名。

五台山是文殊菩萨的道场，所以这里众多寺庙的正殿都以供奉文殊菩萨为主。文殊菩萨有“大智文殊”的尊号。文殊的坐骑为一青狮，表示智慧威猛。他手持宝剑，表示智慧锐利。文殊菩萨因智慧第一而被推为众菩萨之首，后因对观音信仰流传，逐渐被取而代之。

五台山是一个融自然风光、历史文物、古建艺术、佛教文化、民俗风情、避暑休养为一体的旅游区。1982 年，五台山以山西五台山风景名胜区的名义，被国务院批准列入第一批国家级风景名胜区名单。2007 年 5 月 8 日，经国家旅游局正式批准为国家 5A 级旅游景区。2009 年 6 月 26 日，被正式列入《世界文化景观遗产名录》。

（五）山西平遥古城

平遥古城位于山西省的中部，太原盆地南端。平遥古城始建于西周宣王时期（公元前 827—公元前 782 年），距今已有 2700 多年的历史，明代洪武三年（公元 1370 年）扩建。迄今为止，它还较为完好地保留着明、清时期县城的基本风貌，堪称中国汉民族地区现存最为完整的古城，是我国现存较好的四座古城中最完整的一座古城。

平遥古城的特色，在于古城内基本以古建和民居为主。民居多为四合院形制，沿中轴线有几套院组成，中间多为矮墙、垂花门楼分隔，形成二进和三进的“日”和“目”字形基本布局形式。平遥古城内的街道、商店和民居都保持着传统的布局与风貌。街道呈十字形，商店铺面沿街而建。铺面结实高大，檐下绘有彩画，房梁上刻有彩雕，古色古香。铺面后的居民宅全是青砖灰瓦的四合院，轴线明确，左右对称。整座古城呈现出一派古朴的风貌。

平遥是中国古代商业中著名的“晋商”的发源地之一。清代道光四年（公元 1824 年），中国第一家现代银行的雏形“日升昌”票号在平遥诞生。三年之后，“日升昌”在中国很多省份先后设立分支机构。19 世纪 40 年代，它的业务更进一步扩展到日本、新加坡、俄罗斯等国家。当时，在“日升昌”票号的带动下，平遥的票号业发展迅猛，鼎盛时期这里的票号竟多达 22 家，一度成为中国金融业的中心。

平遥古城是我国境内保存最为完整的一座古代县城，是我国汉民族城市在明清时期的杰出范例，在中国历史的发展中，为人们展示了一幅非同寻常的文化、社会、经济及宗教发展的完整画卷。1986年，被国务院批准为国家历史文化名城。1997年12月，被列入《世界文化遗产名录》。

视野拓展

晋商简介

晋商是指山西商人，晋商首创了中国历史上票号。“票号”是当时商人通商的一种方式，商路遥远，汇通天下，曾在中国历史上显赫一时。直至如今还传颂着“山西人善于经商、善于理财”的说法。

晋商文明，可以从其商业遗址上得以实证。在山西省内有晋商大院，在山西省外则有山西会馆。了解晋商文化，家族文化看晋商大院，商帮文化则要去看山西会馆等。

山西商人的活跃，古代文献多有记载，到明代（1368 年—1644 年）已在全国享有盛誉。清代（1644 年—1840 年）初期，山西商人的货币经营资本逐步形成，不仅垄断了中国北方贸易和资金调度，而且插足于整个亚洲地区，甚至把触角伸向欧洲市场，从南自中国香港、加尔各答，北到伊尔库茨克、西伯利亚、莫斯科、彼得堡，东起大阪、神户、长崎、仁川，西到塔尔巴哈台、伊犁、喀什噶尔，都留下了山西商人的足迹。

当时，中国从陆路对俄贸易最早最多的是山西人，在莫斯科、彼得堡等十多个俄国城市，都有过山西人开办的商号或分号。在朝鲜、日本，山西商人的贸易也很活跃。

旧时曾有人说：“凡是有麻雀的地方，就有山西商人。”他们的足迹遍布大江南北，他们在商界以群体的形式活跃五个多世纪，经营范围十分广泛，上至绸缎，下至葱蒜，他们在清初即创建中国最早的银行——票号，执中国金融界之牛耳。今天，我们将他们统称为“晋商”。

山西晋商有着官商的特点，而皇商盛行也是在那一时期、那一地区得以发展起来的。

山西离北京地理位置很近，当时进关出关都很方便，茶、丝、盐、粮有着得天独厚的交易便利。也就是当时在山西得以实现便利的“物流”。山西商人也很有特点，就算再有钱、再惊天动地，他们也是这块泥土地上的人，他们诚信待人，很纯朴。

晋商文化有许多值得表现的地方。晋商成功的根本在于儒商精神。当时受儒家文化影响很深的晋商，有着很进步的经商理念。儒商精神的根本在“诚信”二字，这可能也是社会上比较缺失的一种价值观念。

七、山东省

山东省位于中国东部沿海，黄河下游。简称鲁，省会济南市。全省总面积约 16 万平方千米，人口共 10 152 万余人，是仅次于广东省的人口第二大省。

山东人文旅游资源众多而奇特，历史源远流长，文化积淀深厚，自古以来就是全国的文化发达地区。文物古迹众多，山川风光秀丽，构成了独特的旅游风景线。主要的旅游景点有东岳泰山，曲阜孔庙，孔府和孔林，青岛的崂山景区，烟台龙口南山景区，威海刘公岛景区，胶东半岛海滨，等等。泰安泰山景区、烟台蓬莱阁景区—三仙山风景区—八仙过海景区、曲阜明故城（三孔）旅游区、烟台龙口南山景区、青岛崂山景区、威海刘公岛景区、枣庄台儿庄古城景区、济南市天下第一泉风景区、沂蒙山景区、东营市垦利区黄河口生态旅游区等为我国 5A 级景区。

视野拓展

山东民俗特色

山东素称“齐鲁之邦，礼仪之乡”，鲁中平原以农耕文化为特色，潍坊风筝、杨家埠年画散发着浓郁的泥土气息；胶东沿海渔家风情浓郁，粗犷奔放；鲁西地区传统深重，是孔孟之乡。在特有的地域文化熏陶下，山东的民俗风情风格多样，生生不息。在这片土地上，山东民俗艺术叫响全国。

齐鲁两俗并存，山东民俗自成系列。古时山东分为齐、鲁两国，两个不同的地区形成不同风格的民俗并且一直相对存在，互相影响却又自成风格。山东东部是齐国，西部是鲁国。由于两个古国对后人影响至深，至今山东还是被称为“齐鲁”。齐、鲁的不同民俗，形成后来山东民俗的地区差异。齐俗继承东夷文化传统，较少受宗周礼制的束缚，带有商品经济的色彩；鲁俗则试图用周礼来替代原有的文化传统，更带有自然经济的色彩。

（一）济南市

济南市位于山东省中部偏西，是山东省的省会，副省级城市。济南市历史悠久，是国务院公布的历史文化名城。

济南风景秀丽，泉水众多，被誉为“泉城”。城内72名泉争涌，尤以趵突泉、黑虎泉、珍珠泉、五龙潭四大名泉群久负盛名，自古享有“家家泉水、户户垂柳”之誉。“四面荷花三面柳，一城山色半城湖”是济南的独特风光。

济南市的主要游览景点有四门塔、灵岩寺、大明湖、千佛山、趵突泉等。

（二）东岳泰山

泰山古称岱山、岱宗，位于山东省中部泰安市境内。泰山总面积426平方千米，主景区面积195平方千米。主峰玉皇顶，海拔1545米，以山势雄伟著称，高度居五岳第三位，排名却为第一，享有“五岳之首”“五岳独尊”“天下第一山”的盛誉。由于泰山崛起于平原之上，山体形象高大，巍峨壮丽，气势磅礴，有拔地通天之势，自古便被人们认为是崇高伟大的象征。

泰山是中华民族的象征，是灿烂东方文化的缩影，是“天人合一”思想的寄托之地。泰山自古便被视为是社稷稳定、政权巩固、国家昌盛、民族团结的象征，故历代帝王争相尊崇之。

历朝历代，无论谁当上皇帝，第一件大事就是朝拜泰山，泰山也因此成为中国唯一受过皇帝封禅的名山。从先秦（远古时）的无怀氏、伏羲氏、黄帝、炎帝到周成王等72位君主；到秦皇、汉武、唐宗、宋祖至明朝历代帝王，先后有12位皇帝，都亲临泰山封禅祭祀，其中汉武帝曾八至泰山。尤其自秦始皇东巡“登临泰山，周览东极”，大举封禅活动后，历代帝王更是或亲赴或派使臣纷纷登泰山祭祀封禅。泰山脚下的岱庙就是举行封禅大典和祭祀泰山神的地方。泰山封禅祭祀，是中国诸多名山中特有的文化现象。

泰山也是各朝文人墨客、名家学者争相瞻仰、顶礼膜拜的心灵圣地。历代文人名士纷至沓来，留下了不朽之作。孔子“登泰山而小天下”，传为佳话；杜甫“会当凌绝顶，一览众山小”，成千古绝唱。历代赞颂泰山的诗词、歌赋多达1000余首。

古人的活动，为泰山留下了众多的历史遗迹，山间遍布诗文碑刻、古寺亭桥。现保存较好的古建筑群有26处、楼台亭坊等单体建筑近百处、历代石刻1800余处。其中，规模宏大的宫廷式古建筑群岱庙，我国唯一保存的秦刻石“李斯碑”以及堪称“大字鼻祖”“榜书之宗”的北齐金刚经摩崖石刻和唐摩崖等，都已成为中华文化遗产中的瑰宝。

泰山形成于28亿年前的太古代，地质结构复杂，自然景观雄奇峻秀。景区内植被覆盖率达到了80%以上。满山的茂林，参天的古木，烘托出泰山雄伟壮丽的气势和深邃优美的自然景色。

泰山的名胜古迹与大自然的美景和谐地融成一体，别具一格。泰山山势壮丽，自然景观巍峨、雄奇、沉浑、峻秀，苍松翠柏、奇峰幽谷与古迹融为一体，展现了泰山有别于其他名山的特点。

登泰山有东西两路，一般从东路上山至极顶，再回到中天门，循西路的公路下山。东路从岱宗坊开始，至极顶共有9千米，上山磴道计6293级石阶。

1. 岱庙

岱庙位于泰安市区北，泰山南，是历代帝王举行封禅大典和祭祀泰山神的地方，其创建年代久远，从秦、汉起历经修建，留有很多珍稀文物，总面积 9.6 万平方米，它是泰山最大、最完整的古建筑群，为道教神府。

岱庙是中国现存形制规格最高的庙宇建筑，以帝王宫城形制的传统礼制模式来营造泰山神宫。天贶殿是岱庙的主体建筑，为东岳大帝的神宫。殿面阔九间，进深四间，通高 22 米，面积近 970 平方米，为重檐庑殿式，上覆黄琉璃瓦。天贶殿采用了只有中国宫殿的正殿才能使用的“九五之制”及“重檐庑殿顶”。因此，岱庙被誉为“华夏名山第一庙”。

岱庙碑刻林立，古木众多。泰山最早的刻石——泰山秦刻石就陈列于庙内。而树木以汉柏、唐槐知名，还有诸多的奇石盆景、四季鲜花，也独具特色。1988 年，岱庙被国务院公布为全国重点文物保护单位。

2. 岱宗坊

岱宗坊位于岱庙正北，建于明代，为泰山之门户。四柱三间式，以泰山花岗岩建造，其北有“一天门”坊。岱宗坊往上，经富丽堂皇的红门宫、斗母宫、经石峪、回马岭等到中天门。

3. 中天门

中天门是东西两路会合处，这里地势开阔平坦，北望南天门，云梯高悬；南瞰众群山，逶迤足下。这里现建有很多旅游服务设施，可在此小憩和食宿，有索道可直上岱顶月观峰。图 5-19 为岱顶风光。

图 5-19　岱顶风光

4. 十八盘

十八盘是泰山最为陡峻的一段，这里两侧山壁陡峭，中间磴道盘旋，十八盘岩层陡立，倾角 70°~80°，在不足 1 千米的距离内升高 400 米，行人几乎直上直下。泰山有三个十八盘之说。自开山至龙门为“慢十八”，再至升仙坊为“不紧不慢又十八”，又至南天门为“紧十八”，共计 1630 余阶。

5. 南天门、碧霞元君祠

攀上南天门，便是依悬崖、临深谷的平坦“天街”，走过天街就是碧霞元君祠。碧霞元君祠，是岱顶上最大的建筑群。祠内建筑皆铜铁之瓦，正殿内供泰山女神碧霞元君铜像。道教认为元君乃东岳大帝之女，是受玉帝之命照察人间善恶之神。大殿前有明代铜碑两座，祠内有铜铸千斤鼎和万岁楼，南神门上有歌舞楼。在碧霞元君祠东北大观峰石崖上，摩崖碑刻遍布，其中《纪泰山铭》为唐玄宗封泰山时所书。

6. 玉皇顶

玉皇顶乃泰山极顶，顶上有玉皇殿，顶东有观日亭，顶西有望江亭，顶东南还有拱北石，这些为观岱顶四大奇观之处。

7. 岱顶奇观

泰山岱顶海拔1545米，有日观峰、月观峰、丈人峰、象鼻峰簇拥着，也有碧霞元君祠、玉皇殿、瞻鲁台、仙人桥衬托着，站在此处放眼远望，群山、河流、原野、城市尽收眼底。自古最为人们称道的有四大奇观："旭日东升""晚霞夕照""黄河金带""云海玉盘"。

1982年，泰山被国务院列为第一批国家重点风景名胜区；1987年12月，被联合国教科文组织列入《世界文化与自然遗产名录》，是世界首例集文化与自然为一体的双重遗产。2002年，被评为"中华十大文化名山"之首。2007年5月8日，泰山景区被国家旅游局正式批准为国家5A级旅游景区。

（三）济宁市曲阜明故城（三孔）旅游区

在山东省的西南部，有一个孔姓人口占1/5的县级市，它就是有着5000多年悠久历史的"东方圣城"——曲阜。曲阜是与孔子的名字紧密相连的。孔子是世界上最伟大的哲学家之一，中国儒家学派的创始人。在2000多年漫长的历史长河中，儒家文化逐渐成为中国的正统文化，并影响到东亚和东南亚各国，成为整个东方文化的基石。曲阜的孔庙、孔府、孔林，统称"三孔"，是中国历代纪念孔子、推崇儒学的表征，以丰厚的文化积淀、悠久的历史、宏大的规模、丰富的文物珍藏，以及科学艺术价值而著称。因其在中国历史和世界东方文化中的显著地位，而被联合国教科文组织列为世界文化遗产，于1994年12月被收入《世界遗产名录》。2007年5月8日，济宁市曲阜明故城（三孔）旅游区经国家旅游局正式批准为国家5A级旅游景区。曲阜明故城（三孔）旅游区位于山东省济宁市曲阜，是结合孔庙、孔府、孔林三大景点的旅游区。

1. 曲阜明故城

曲阜明故城指曲阜明朝的原来的城墙或故址。曲阜明故城始建于明朝，为护卫孔庙而建。明故城内分布着孔庙、孔府、颜庙以及历代孔宅府第、古泮池乾隆行宫等文物古迹，集中体现了鲁国古都曲阜古老的城市风貌和深厚的文化古韵。20世纪70年代末，曲阜明故城城墙大部分被拆除。2002年对曲阜明故城进行修缮和扩建，现全城长5300米，墙高6米。

2. 曲阜三孔

孔庙。孔庙位于曲阜城的中央，其建筑规模宏大、雄伟壮丽、金碧辉煌，为我国最大的祭孔要地。据史料记载，在孔子死后的第二年（公元前478年），鲁哀公就下令将孔子旧居改建为祭祀孔子的庙宇。经历代重建扩修，明代形成了现有规模，占地面积20万平方米，前后九进院落，以南北为中轴，分左、中、右三路，庙内共有殿阁亭堂门坊100余座。

孔庙的主要建筑都集中在南北中轴线上，气势雄伟，布局严谨，从南到北，依次为石坊、棂星门、圣时门、璧水桥、弘道门、大中门、同文门、奎文阁、十三碑亭、大成门、杏坛、大成殿、寝殿、圣迹殿等。

图5-20 孔庙大成殿

大成殿（见图5-20）是孔庙的主殿，也是祭祀孔子的正殿，高32米，宽54米，九脊重檐，黄瓦覆顶，规模仅次于北京故宫太和殿，是我国三大宫殿建筑之一。

整个孔庙就像一座大型历史博物馆，与北京故宫、承德避暑山庄、泰山岱庙等同为我国最大的古建筑群，在世界建筑史上占有重要地位，是我国珍贵的文化遗产。

孔府。孔府旧称衍圣公府，位于孔庙东邻，是孔子世袭“衍圣公”的世代嫡裔子孙居住的地方，是我国仅次于明、清皇帝宫室的最大府第。府内有九进院落，总面积240多亩，房屋463间。从孔宗愿起至72代孙孔德成止，孔子后裔有30多代都居于此，历时900多年。

孔府布局分东、西、中三路。中路为主体部分，前部为官衙，设三堂六厅；后部为内宅，是眷属居住和活动的地方；最后面是孔府花园。西路为客厅院，东路为家庙。

孔府经历代帝王的扩建，可称为我国最大、最豪华的古代贵族府第，是我国历史上历时最久、规模最大的地主庄园，同时又是一个官衙、家庙、住宅三位一体的古典建筑群。孔府收藏有大量文物，是研究东方儒学以及历史文化的最佳场所。

图5-21 孔子墓

孔林。孔林又称至圣林，位于曲阜城北门外，是孔子及其后代的家族墓地，面积大约2平方千米，周围林墙5.6千米，墙高3米多，厚1米。孔林内有坟冢10余万座，古树万余株，碑刻4000余通，以及各类华表、石人、石兽（孔子墓见图5-21）。

孔林对于研究中国历代政治、经济、文化的发展以及丧葬风俗的演变，有着不可替代的作用。

知识链接

中国（曲阜）国际孔子文化节

中国曲阜国际孔子文化节是中华人民共和国确定的国家级、国际性“中国旅游节庆精选”之一。由国家旅游局和山东省人民政府联合主办，济宁市人民政府、曲阜市人民政府联合承办，增强中华民族的文化认同感和凝聚力。于每年孔子诞辰（公历9月28日）期间，即公历9月26日至9月28日，在中华民族始祖轩辕诞生地、孔孟之乡、运河之都、著名历史文化名城曲阜市举行。

中国曲阜国际孔子文化节始创于1989年9月，其前身是孔子诞辰故里游，该活动主要是以纪念孔子，弘扬民族优秀文化为主题，达到纪念先哲，交流文化，发展旅游，促进开放，繁荣经济，增进友谊的目的。融经济、文化、旅游、艺术、学术、经贸、科技活动于一体，文化特色显著，乡土气息浓郁。

（四）青岛市

图5-22　青岛栈桥

青岛市位于山东半岛南端、黄海之滨。青岛依山傍海，是一座独具特色的海滨城市，是中国重要的经济中心城市和港口城市，国家历史文化名城和风景旅游胜地。青岛是2008年第29届奥运会帆船比赛举办城市，是中国的“帆船之都”。青岛是中国14个沿海开放城市和8个国际会议城市之一，也是中国重要的海洋科研基地。

青岛市的主要景点有栈桥（见图5-22）、中山公园、湛山寺、鲁迅公园、第二海水浴场、小青岛、汇泉湾、海产博物馆、五四广场等胜景。

1. 青岛海滨风景区

青岛海滨风景区位于青岛市市区南部沿海一线，西起团岛，东至大麦岛，全长25千米，陆地面积8.5平方千米，海域面积5平方千米，环抱团岛湾、青岛湾、汇泉湾、太平湾、浮山湾等5个海湾，是中国唯一享有“世界最美海湾”美誉的景区。著名景点有栈桥、小青岛、鲁迅公园、八大关景区、汇泉广场、“五四”广场、音乐广场等。

青岛海滨风景区是国务院1982年首批公布的国家级风景区，也是首批4A级国家旅游区。

2. 崂山风景名胜区

崂山位于青岛市崂山区境内，绕山海岸线长87千米。崂山是我国东部沿海地区著名高山之一，它耸立于黄海之滨，气势雄伟，是闻名遐迩的海上名山，国务院确定的第一批国家重点风景名胜区之一。最高峰称“巨峰”，又名崂顶，海拔1133米，是山东省境内仅次于东岳泰山的第二高峰。

崂山在历史上是一座道教名山，宋初建造的太清宫（下清宫）坐落在崂山海湾，依山傍海，景色之美居崂山各寺殿之冠，是崂山成为道教名山的标志，也是崂山的主要风景区。

崂山地处中纬度暖温带滨海地区，气候终年温和湿润，山南坡接受南方暖湿气流较多，更为温润，有“小江南”之誉；因此，山上古木奇树郁郁葱葱，名花异草漫山遍野。

春季繁花似锦，夏季绿树成荫，秋季红叶如丹，冬季松柏青翠。一年四季，整座崂山犹如一幅色彩鲜艳的天然画卷。2011 年 1 月，被评为国家 5A 级旅游景区。

（五）烟台市蓬莱阁旅游区

蓬莱阁（见图 5-23）位于烟台市西北部，坐落在蓬莱城北面的丹崖山上，是中国四大名楼之一。秦始皇访仙求药的历史故事和八仙过海的神话传说，给蓬莱阁抹上了一层神秘的色彩，因而古来即有“仙境”之称。

图 5-23　烟台蓬莱阁

蓬莱阁始建于宋，是由三清殿、吕祖殿、苏公祠、天后宫、蓬莱阁等组成的古建筑群。主体建筑蓬莱阁是一座双层木结构建筑，阁楼高 15 米，上悬清代著名书法家铁保手书“蓬莱阁”横匾。阁上的四周环以明廊，可供游人登临远眺，是观赏“海市蜃楼”奇异景观的景佳处所。蓬莱阁重檐翘甍，雕梁画栋，素有“人间第一楼”称号。其中，“海市蜃楼”是闻名古今中外的海上奇观。阁内文人墨宝、楹联石刻，不胜枚举。

蓬莱阁现已是国家重点文物保护单位。2007 年 5 月 8 日，烟台市蓬莱阁旅游区被国家旅游局正式批准为国家 5A 级旅游景区。

第三节　主要旅游线路

一、北京市——京城名胜游

（一）行程

天安门—毛主席纪念堂—人民英雄纪念碑—故宫博物院—颐和园—天坛公园—八达岭长城

（二）特点

本线路可游览我国首都风貌，游览京城的主要名胜古迹。

北京是中华人民共和国的首都、直辖市和国家中心城市，是中国的政治、文化、科教和国际交往中心。北京也是中国“四大古都”之一，拥有 6 项世界级遗产，是世界上拥有文化遗产项目数最多的城市，拥有众多历史名胜古迹和人文景观，皇家建筑类型多样。其中天安门城楼、故宫、颐和园、天坛等是我国著名的皇家建筑。

二、天津市——天津都市游

（一）行程

天津广播电视塔—古文化街—南市食品街—五大道—滨江道—海河外滩公园—意式风情街

（二）特点

天津是中央四大直辖市之一，海河之畔的一颗渤海明珠。看看天津电视塔、逛逛古文化街、南市品天津美食，漫步在滨江道步行街，感受绚烂的海河夜景，别有一番韵味。天津还有很多异域风情的欧式建筑，意式风情街和五大道都值得游览。

三、河北省——承德皇家风情游

（一）行程

承德金山岭长城—避暑山庄—普宁寺—木兰围场

（二）特点

本条线路主要涉及以承德金山岭长城、避暑山庄、普宁寺、木兰围场等皇家风情的景区，金山岭长城是万里长城的精华地段，堪称万里长城的巅峰之作，素有“万里长城，金山独秀”之美誉。

避暑山庄以朴素山野气息为格调，取自然原景本色，吸收江南水秀风光，而建成山中有园，园中有山的独特园林，有众多群体的历史文化遗产。避暑山庄不同于其他的皇家园林，它继承和发展了中国古典园林“以人为之美入自然，符合自然而又超越自然”的传统造园思想，按照地形地貌特征进行选址和总体设计，完全借助于自然地势，因山就水，顺其自然，同时融南北造园艺术的精华于一身。

普宁寺是避暑山庄外八庙之一，俗称大佛寺，是中国北方最大藏传佛教寺庙，普宁寺的主尊佛像千手千眼观世音菩萨，是世界上最大木雕佛像，已被列入吉尼斯世界纪录。

木兰围场是清代皇家猎苑，是清政府的主要政治、军事活动场所。这里自古以来就是一处水草丰美、禽兽繁衍的草原。如今的围场上，广袤草原一望无垠，河流湖泊星罗棋布，万顷林海松涛澎湃。

四、河南省——中原文化游

（一）行程

开封（相国寺、开封铁塔）—嵩山（少林寺、塔林、嵩阳书院）—洛阳（龙门石窟、关林、白马寺）

（二）特点

河南历史悠久，是中华民族和华夏文明的重要发祥地，文化灿烂，有“中原”“中州”之称。本线路可探访中原悠久的历史文化，感受中原文化的源远流长。

开封是首批中国历史文化名城，中国七大古都之一。开封亦是清明上河图的原创地，有“东京梦华”之美誉。开封有众多的文物古迹，闻名遐迩的铁塔、相国寺、包公祠、禹王台等，具有较高的历史文化价值。

嵩山坐落在河南省登封市西北，被誉为我国历史发展的博物馆，儒、释、道三教荟萃，拥有众多的历史遗迹。著名的有北魏嵩岳寺塔、少林寺、中岳庙、初祖庵、嵩阳书院、刘碑寺题刻等。少林寺以禅宗和少林寺名扬天下，号称“天下第一名刹”。塔林在少林寺西，是少林寺历代高僧的墓，层数与高矮是根据在世时候的功德搭建的。嵩阳书院是古代高等学府，是中国四大书院之一。

洛阳是国务院首批公布的历史文化名城，其名胜众多。龙门石窟是中国三大石窟之一，佛教艺术的瑰宝。关林是国内众多关羽的纪念地之一，它因埋葬关羽的首级而著称于世。白马寺号称“中国第一古刹”，是佛教传入中国后第一所官办寺院。

五、陕西省——关中历史古迹游

（一）行程

西安（古城墙、钟鼓楼、西安碑林、大雁塔、半坡遗址）—华清池—骊山—秦始皇兵马俑博物馆—华山

（二）特点

本线路以西安为中心，可观赏关中主要的历史名胜古迹，登临华山，感受“自古华山一条道”的惊险。

西安是陕西省省会，世界历史文化名城，是中华文明的重要发源地之一，与开罗、雅典、罗马并称的“世界四大文明古都”。她有 3100 多年的建城史和 1100 多年的建都史。沿线可让你更加深刻地体验到千年的文化积淀赋予西安独有的地上、地下文物遗存，犹如一本活的历史教科书。

华清池是以温泉汤池著称的中国古代离宫，骊山是华清宫景区的重要组成部分。2015 年 1 月，华清池与骊山两大景区合并升级为“华清宫”。

秦始皇兵马俑博物馆是以秦始皇兵马俑为基础的遗址类博物馆，也是中国最大的古代军事博物馆。秦兵马俑被誉为世界八大奇迹之一，世界文化遗产名录。

华山为五岳之一，自古以险峻著称，有“华山天下险”“奇险天下第一山”的说法，正因为如此，华山多少年以来吸引了无数勇敢者。

六、山西省——晋北佛教古建筑文化游

（一）行程

大同云冈石窟—恒山悬空寺—应县木塔—五台山

（二）特点

本线路集晋北古建筑精华于一体。山西是我国古建筑最多的一个省，古建筑年代久

远，保存完好的多为宗教建筑。走进晋北，沿着大同、恒山、五台山一线，可赏鉴宗教古建筑，那些精雕细琢的木构部件，精描细绘的寺观壁画，展现给世人的不仅是庄严神圣的祭祀场所，更是栩栩如生的天上圣境，令观瞻者心驰神往，尽享视觉盛宴。

云冈石窟开凿于5世纪中叶，佛教文化艺术贯穿始终，是北魏王朝盛衰的史书。石窟雕刻的题材内容，基本上是佛像和佛教故事。

恒山作为道教的活动场所由来已久。恒山悬空寺建筑十分奇特，是采用凿洞插木的方法构筑而成，背倚陡峭的绝壁，下临深谷，高超的建筑技艺和不朽的艺术价值，充分体现了古代劳动人民的智慧和力量，是中国古代建筑精华的体现。

应县木塔是中国现存最高最古的一座木构塔式建筑，与国内其他名塔相比，应县木塔少了些雕饰，多了些质朴，虽然没有雕梁画栋，但其古朴端庄的外表、交错严谨的结构，同样令观赏者动容。

五台山以佛教圣地而名扬天下，是中国四大佛教名山之首，被汉藏佛教徒共同确认是文殊菩萨的道场。五台山古建筑众多，唐建南禅寺大佛殿是中国现存最早的木构建筑，佛光寺东大殿是现存唐代建筑中规模最大的建筑，在中国与世界建筑史上皆居重要地位。

七、山东省——“一山一水一圣人”游

（一）行程

泰山—济南趵突泉—曲阜三孔

（二）特点

本线路可游览众多天下第一名迹，也是齐鲁之胜景。“一山一水一圣人”是山东的旅游口号，山是指泰山，水指天下第一泉趵突泉，圣人指孔夫子。山东自然风光秀丽，文物古迹众多，旅游资源非常丰富。

“五岳独尊”的泰山既是一幅美丽的山水画卷，又是一座蕴藏丰富的历史博物馆，1987年被联合国教科文组织列为“世界自然和文化双重遗产”。历史文化名城曲阜，是中国古代著名的思想家、教育家孔子的故乡，有蜚声中外的“三孔”——孔庙、孔府、孔林。趵突泉被誉为济南72名泉之首，是泉城济南的象征与标志。这一山一水一圣人，吸引着众多旅游者踏上这片美丽、富饶而神奇的土地。

本章关键词

黄河中下游旅游区　旅游环境　旅游资源特征　旅游胜地　旅游线路

本章小结

黄河中下游旅游区包括7个省级行政区，是我国旅游业发达的地区。本区地貌类型多样，海陆兼备；气候以温带大陆性气候为主，四季分明；区内交通发达，物产丰富。

本区人文旅游资源极其丰富，历史古迹以古都城、历史文化名城、皇陵和宗教遗迹为

主；自然景观以名山和海滨风光尤为突出。

本章彩图

思考与练习

一、填空题

1. 我国著名的七大古都，本区有（　　）、（　　）、（　　）、（　　）和（　　）。

2. 黄河中下游旅游区的黄金旅游季节是（　　）。

3.（　　）是我国第一大旅游城市。

4. 当今世界上最大的城市中心广场是（　　）。

5.（　　）是我国现存最大的一处坛庙建筑。

6. 明长城中现存最好的一段是北京的（　　）。

7. 当今世界上保存完整、埋葬皇帝最多的墓葬群是（　　）。

8. 中国现存最大的皇家园林是（　　）。

9. 中国古代被称为“中原”“中州”的是（　　）省。

10. 曲阜三孔是指（　　）、（　　）和（　　）。

二、单项选择题

1. 素有“九朝古都”之称的是（　　）。

A. 郑州市　　B. 西安市　　C. 洛阳市　　D. 北京市

2. 五岳中素以“峻”著称，也有“文物之乡”美称的是（　　）。

A. 嵩山　　B. 泰山　　C. 华山　　D. 恒山

3. 中国北方最大的沿海开放城市是（　　）。

A. 大连　　B. 天津　　C. 烟台　　D. 秦皇岛

4. 中国最早打开城门、对外开放的城市是（　　）。

A. 广州市　　B. 西安市　　C. 上海市　　D. 北京市

5. 被称为中国第一陵的是（　　）。

A. 唐乾陵　　B. 秦始皇陵　　C. 黄帝陵　　D. 宋陵

6. 我国唯一汉地佛教和藏传佛教寺庙并存的道场是（　　）。

A. 五台山　　B. 峨眉山　　C. 九华山　　D. 普陀山

7. 风景秀丽，泉水众多，被誉为“泉城”的是山东省的（　　）。

A. 曲阜市　　B. 济南市　　C. 青岛市　　D. 烟台市

8. 中华民族的象征，是东方文化的缩影，也是“天人合一”理想的寄托之地的是（　　）。

A. 泰山　　B. 黄山　　C. 五台山　　D. 嵩山

9. 中国的“帆船之都”是指（　　）。

A. 曲阜市　　B. 济南市　　C. 青岛市　　D. 烟台市

三、判断题

1. 黄河中下游旅游区组成了以天津市为中心的全国陆、空交通总枢纽。（　　）
2. 西岳华山是以险著称的。（　　）
3. 陕西省的煤炭储量居全国之首。（　　）
4. 山西的平遥古城是中国汉族地区现存最为完整的古城。（　　）
5. 十八盘是泰山最为陡峻的一段。（　　）
6. 曲阜是儒家学派的创始人孔子的故乡。（　　）
7. 中国首例集文化与自然为一体的世界双重遗产是山西五台山。（　　）

四、简答题

1. 黄河中下游旅游区的行政区包括哪些？分别写出其简称和行政中心。
2. 黄河中下游旅游区的旅游资源主要有哪些？
3. 黄河中下游旅游区共有几个旅游胜地被联合国教科文组织列入《世界遗产名录》？说出其具体名称。
4. 北京是一座怎样的城市？
5. 北京故宫为什么闻名于世？试简介其布局。
6. 为什么说北京颐和园是国内外享有盛誉的古典园林？其布局分为哪几个区？试简介其景观的精华。
7. 中岳嵩山的“中国六最”是指哪些？其表现在哪些方面？
8. 西安是一座怎样的城市？
9. 西岳华山以“险”著称，其“险”在哪些地方？
10. 太原晋祠被誉为国宝建筑的是哪些？为什么？其有哪“三绝”？绝在哪里？
11. 东岳泰山为什么被联合国教科文组织列入《世界自然和文化遗产名录》？说出其主要的游览景点。
12. 设计一条“京津冀游”的精品旅游线路。

第6章 长江中下游旅游区

本章概览

长江中下游旅游区包括长江中下游的六省一市，即湖北省、湖南省、江西省、安徽省、江苏省、浙江省和上海市。本区以平原、丘陵为主，河流、湖泊众多，气候温和，雨量充沛，植被茂密，山明水秀，旅游景点众多，四季风景皆可游赏。

学习目标

了解长江中下游旅游区的旅游环境

掌握本区的旅游资源特征

熟悉本区的主要旅游胜地

了解区内的主要旅游线路

第一节 旅游环境

一、概况

长江中下游旅游区总面积约91.634万平方千米，人口约4.0456亿。民族以汉族为主，少数民族以回、满、土家族为主。

本区地形以平原、丘陵为主，根据不同的地貌结构，分为长江中游平原、长江下游及三角洲平原、江南丘陵和浙皖丘陵、黄淮平原和淮南山地等几个自然单元。本区河流、湖泊众多，地势低平。

本区旅游气候比较舒适。除淮河以北属于暖温带外，其余都属于亚热带季风性湿润气候。冬温夏热，四季分明，降水丰沛且较均匀。四季皆可游赏，每年3月—11月为旅游旺季。武汉、南昌、九江、南京等城市夏季炎热，有“江南火炉”之称。

本区交通发达，以上海为中心向外辐射的京沪—沪杭—浙赣和京广等铁路线骨干，与各省的主要旅游城市及风景名胜区直线联系，为区内和区际旅游提供了有利条件。水运以上海为中心，通往连云港、宁波、温州和区外沿海港口。长江横贯东西，是我国的一条黄金水道。大运河连贯南北，沿线风景优美，是一条极受国内外游客欢迎的旅游线路。本区航空交通也很发达，区内主要城市上海、武汉、长沙、合肥、南昌、杭州和南京等都有航班相通。本区公路密度较大，省际公路线和公路旅游专线为本区旅游业的开展提供了极为便利的条件。

本区经济发达，物产丰富。本区是我国重要的工业基地，钢铁、机电、轻纺、化工工业在全国居首要地位。受气候和地势等多种地理环境的影响，江南平原地带号称“鱼米之乡”。本区的土特产品以丝绸和茶叶最为著名，太湖流域是我国三大桑蚕基地之一，江浙号称“丝绸之府”，主要的丝织品有杭州织锦、南京云锦、苏州宋锦和苏绣、湘绣等。本区的主要茶叶有安徽的“祁门红茶”“六安瓜片”“黄山毛峰”，江苏的太湖“碧螺春”，苏州的“茉莉花茶”，浙江的“西湖龙井”，江西的“庐山云雾茶”“宁红”“婺绿”，湖南洞庭湖的“君山银针茶”，湖北“宜红”等。本区陶瓷业堪称全国之最，江西景德镇史称“瓷都”，江苏宜兴“陶都”的紫砂陶器名扬中外。此外，无锡惠山泥人、上海玉雕、扬州漆器、湖州湖笔、嘉定草编、安徽文房四宝等都很有名。桃、李、梅、橘等亚热带水果是本区的主要特产。

知识链接

宜兴紫砂壶

宜兴紫砂器（壶）是汉族特有的手工制造陶土工艺品。制作原料为紫砂泥，原产地在江苏宜兴丁蜀镇，故得名。在拍卖市场行情看涨，是具有收藏的“古董”，名家大师的作品往往一壶难求，正所谓“人间珠宝何足取，宜兴紫砂最要得”。

据说紫砂壶的创始人是中国明朝的供春，从明武宗正德年间以来紫砂开始制成壶，名家辈出，500年间不断有精品传世。古来名壶，从明正德嘉靖年间供春的树瘿壶、六瓣圆囊壶，到季汉生创意设计、曹安祥制作的同时能泡两种茶水的紫砂鸳鸯茶器——中华龙壶，每一把壶都独具匠心，在壶的欣赏性上下功夫。因为有了艺术性和实用性的完美结合，紫砂壶才这样珍贵，令人回味无穷。加上紫砂壶泡茶的好处和茶禅一味的文化，这就又增加了紫砂高贵不俗的雅韵。

二、旅游资源特征

长江中下游旅游区是我国名山荟萃之地。本区风景名山主要有武当山、武陵源、衡山、庐山、井冈山、黄山、九华山、天柱山、齐云山、南京钟山、普陀山、莫干山、天台山、雁荡山等。这些风景名山融自然景观和文物古迹于一体，是我国著名的避暑和游览胜地。

本区为河网密布、湖泊众多的“水乡泽国”，水景资源极其丰富。我国的五大淡水湖泊：鄱阳湖、洞庭湖、太湖、洪泽湖和巢湖都在本区。另外，杭州西湖、武汉东湖、扬州瘦西湖、嘉兴南湖、南京玄武湖等均为我国著名的风景名胜区。长江、京杭大运河、富春江、楠溪江、湘江、汉水等是我国重要的江河旅游线。海滨、江河、湖泊、泉水和瀑布等水体风光绚丽多姿。

本区气候温和，河流湖泊众多，有各种地貌，再加上植被繁茂，为造园提供了较好的自然条件。另外，悠久的开发历史和发达的经济，使本区成为江南园林的集中之地，古典园林享誉世界。古典园林之多，居全国之冠，大多集中在南京、无锡、苏州、扬州、杭州、绍兴等地。其中，苏州的园林集中了江南园林的精华。因此，素有“江南园林甲天下，苏州园林甲江南”的美称。

本区自古经济发达，交通便利，人口稠密，形成了众多的城市。本区的旅游城市之多居全国首位，其中国家历史文化名城就有 43 座。即上海，江苏的南京、苏州、扬州、镇江、常熟、徐州、淮安、无锡、南通、宜兴、泰州、常州、高邮，浙江的杭州、绍兴、宁波、衢州、临海、金华、嘉兴、湖州、温州、龙泉，江西的景德镇、南昌、赣州、瑞金，安徽的歙县、寿县、亳州、安庆、绩溪、黟县，湖北的荆州、武汉、襄阳、随州、钟祥，湖南的长沙、岳阳、凤凰、永州。

至 2021 年 7 月，本区已有安徽黄山、皖南古村落，湖南武陵源、中国丹霞之湖南崀山、中国土司遗址之湖南永顺老司城遗址，江西庐山、三清山、中国丹霞之龙虎山（包括龟峰），湖北武当山古建筑群、明清皇家陵寝之明显陵、中国土司遗址之湖北恩施唐崖土司城遗址、湖北神农架，江苏苏州古典园林、明清皇家陵寝之明孝陵、中国黄（渤）海候鸟栖息地（第一期），中国丹霞之浙江江郎山、杭州西湖文化景观、良渚古城遗址，中国大运河（在本区的分布：安徽、江苏、浙江）等名胜，被联合国教科文组织列入《世界遗产名录》。

知识链接

中国土司遗址

13 世纪至 20 世纪初，中国元、明、清朝中央政权在西南少数民族地区推行“土司制度”，中央委任当地首领担任“土司”，世袭统治当地人民。留存至今的土司城寨及官署建筑遗存曾是“土司”的行政和生活中心。

中国土司遗产分布于南方多民族聚居的湘鄂黔三省交界的武陵山区，现存的主要遗址类型包括土司城遗址、土司军事城址、土司官寨、土司衙署建筑群、土司庄园、土司家族墓葬群等。2015 年 7 月申遗的“中国土司遗产”包括湖南永顺老司城遗址、湖北唐崖土司城遗址和贵州播州海龙屯遗址，这三处遗址为中国规模较大、格局完整、遗存丰富且最具价值特征代表性的土司城遗址。至今，这些遗产所在地的居民仍传承着各自典型的民族习俗与文化传统。

土司遗址不仅给人们带来艺术美感，也让人们更加了解当时中国少数民族地区的生活状况、生产力水平和管理体系，从而了解中国国家和民族的历史发展脉络。此外，土司遗址也是中国文化多样性的体现，入选世界遗产能够让世界更加了解多彩的中华民族文化。

第二节　主要旅游胜地

一、湖北省

湖北省位于中国的中部，长江中游的洞庭湖以北，故称湖北，简称鄂。全省面积约19万平方千米，人口5 775万余人。其省会城市是武汉市。

湖北省是旅游资源大省。其旅游资源的特色可以概括为九大旅游文化：神龙旅游文化、荆楚旅游文化、三峡旅游文化、三国旅游文化、武当旅游文化、山水旅游文化、名人旅游文化、红色旅游文化（大别山、辛亥革命武昌起义）和土家族旅游文化。主要的旅游名胜有道教名山武当山、神农架、武汉黄鹤楼、东湖、钟祥明显陵、宜昌三峡大坝旅游区等。武汉黄鹤楼公园、宜昌三峡大坝—屈原故里旅游区、宜昌三峡人家风景区、十堰武当山风景区、恩施巴东神龙溪纤夫文化旅游区、神农架生态旅游区、宜昌市长阳清江画廊景区、武汉市东湖景区、宜昌市秭归县屈原故里文化旅游区、武汉市黄陂木兰文化生态旅游区、恩施州恩施大峡谷景区、恩施州利川市腾龙洞景区等为我国5A级景区。

（一）武汉市

武汉市位于湖北省的中部，江汉平原东部，长江与汉水把武汉分为汉口、汉阳和武昌三镇。由于水、陆、空交通十分发达，古称“九省通衢”。

武汉市历史悠久，是国家历史文化名城，位于北郊黄陂的盘龙城遗址是长江流域发现的第一座距今约3500年的商代万国宫城；明末清初，汉口商贾云集，与朱仙镇、景德镇、佛山镇并称为“天下四大名镇”。

武汉市内的主要景点有黄鹤楼、归元寺、步行街、江滩、东湖、古琴台、辛亥革命武昌起义纪念馆等。

视野拓展

武汉人的早餐文化

武汉的小吃远近闻名，声名远播。多样的种类，精妙的搭配，绝妙的做法加上廉价，使得武汉小吃声名大噪。武汉美食当推早点，小巧精雅，造型别致，一律米面为体，兼容别样，蒸煮煎炸，艺巧味多。举凡平民达官、学人商贾、南北过客皆为食者，故食不在繁巨，小吃小喝，有味则名。在武汉，一日之美在于晨，那是一种古典主义的美。

武汉的早点有热干面、豆皮、汤包、面窝、油条……数不胜数，间或也有外来的兰州拉面、西安酿皮和美国麦当劳。武汉是一个小麦和水稻复合地带上的城市，它的早点也是中国小麦文化圈与水稻文化圈两个食文化圈的大融合，麦子和水稻，代表旱地与水泽，一个制造味道的中庸地带。

武汉人管吃早点叫“过早”，不忌讳自己的街头巷尾即食性品饮，且引以为荣之际，炫耀在武汉“过早”一个月不重样。武汉早点的长期繁盛源于它的开放性，拿来主义是武汉人的好性格，好东西都可以接纳，有人吃就会有人做，又有精糙两吃的宽容精神。在“过早”的名义下，武汉人展示出荆扬相会、九省通衢、江汉大都气吞山河的食量。武汉的“过早”习俗确实有很长的时间积淀，“过早”一词最早见于清朝道光年间的《汉口竹枝词》，实际的“过早”自然比形成文字要早。

武汉的早点摊遍布街头巷尾，便宜方便，很难想象武汉人没有地方“过早”会怎么样。由于受武汉“过早”的影响，荆楚大地各城市都流行“过早”，这是武汉文化影响力最广泛与持久的一例。另外，武汉的早点都有它的名店与源流，蔡林记的热干面、老通城的豆皮、四季美的汤包，这是武汉人的口上丰碑，外人来汉未曾寻芳品饮，武汉人会认为你没有真正到过武汉。

武汉人永吃不厌的是热干面。对于武汉人，热干面不是粮食，是精神寄托，或曰味觉依赖，味觉上的故乡。

1. 黄鹤楼公园

黄鹤楼（见图6-1）耸立于武昌蛇山，享有“天下绝景”的盛誉，与湖南岳阳楼、江西滕王阁并称为“江南三大名楼”。黄鹤楼始建于三国时期吴黄武二年（公元223年），传说是孙权为实现“以武治国而昌”（“武昌”的名称由来于此），筑城为守，建楼以瞭望。至唐朝，其军事性质逐渐淡化，并演变为著名的名胜景点，历代文人墨客到此游览，留下不少脍炙人口的诗篇。唐代诗人崔颢的一首《黄鹤楼》，成为千古绝唱，更使黄鹤楼声名大噪。

图6-1　黄鹤楼

1700余年间，黄鹤楼屡毁屡建，不绝于世。现楼是以清代黄鹤楼为蓝本，于1981年10月破土开工，1985年6月落成的。楼高51米，共五层，层层飞檐，四望如一，金碧辉煌，古朴端庄。

2007年5月8日，武汉市黄鹤楼公园被国家旅游局评为国家首批5A级旅游景区。

知识链接

黄鹤楼的诗词

黄鹤楼诗词首推唐崔颢的《黄鹤楼》:“昔人已乘黄鹤去，此地空余黄鹤楼。黄鹤一去不复返，白云千载空悠悠。晴川历历汉阳树，芳草萋萋鹦鹉洲。日暮乡关何处是，烟波江上使人愁。”

李白写下的诗词与黄鹤楼有关的不下五首，其中有一首《与史郎中钦听黄鹤楼上吹笛》:“一为迁客去长沙，西望长安不见家。黄鹤楼中吹玉笛，江城五月落梅花。”从此，“江城”便成为武汉的美称。

黄鹤楼主楼壁画上有李白的一首《黄鹤楼送孟浩然之广陵》:“故人西辞黄鹤楼，烟花三月下扬州。孤帆远影碧空尽，唯见长江天际流。”这首诗也成为咏诵黄鹤楼的绝句。

2. 东湖

图 6-2　武汉东湖

武汉东湖生态风景旅游区（见图 6-2）位于“九省通衢”的武汉市东部，总面积 82 平方千米，其中水域面积 33 平方千米，是中国最大的城中湖。东湖 1982 年被国务院列为首批国家重点风景名胜区；2000 年，被国家旅游局评定为首批 4A 级旅游风景区，每年吸引大量中外游客。东湖山水秀美，景观别致，风光迷人。东湖风景区沿湖依次划分为听涛、白马、落雁、磨山、珞洪、吹笛 6 个各有特色的旅游区，目前已对外开放的有听涛、磨山、吹笛、落雁四大景区，景观景点 100 多处。秀丽的山水、丰富的植物、浓郁的楚风情和别致的园中园是东湖风景区的四大特色。

视野拓展

浓郁的楚文化氛围

湖北为古楚国之腹地，而武汉又位于湖北的中心。“楚水清若空”，东湖自古就与楚文化结缘。西周时期，楚王熊渠封其子熊红为鄂王。鄂王在现东湖蔡家嘴用青石筑池饮马，曰“饮马池”。他死后，便葬在东湖西北岸的凤麟嘴。东湖是最大的楚文化游览中心，楚风浓郁，楚韵精妙，行吟阁名播遐迩，离骚碑誉为“三绝”，楚天台气势磅礴，楚才园名人荟萃，楚市、屈原塑像、屈原纪念馆，内涵丰富，美名远扬。除了这些景点之外，东湖湖畔的湖北省博物馆中有大量楚地出土文物，如曾侯乙编钟等。

（二）武当山古建筑群

武当山位于湖北省西北部丹江口市西南，又名太和山、玄岳山，是我国著名的道教圣地。相传，道教信奉的“真武大帝”即在此修仙得道飞升，也是武当拳术的发源地。武当意为“非真武不足当之”。武当山，作为国家重点风景名胜区、4A 级旅游区、全国武术之乡，其古建筑群也被列入《世界文化遗产名录》。

武当山主峰天柱峰，海拔 1612 米，被誉为“一柱擎天”，四周群峰向主峰倾斜，形成“万山来朝”的奇观。天柱峰极顶的金殿是武当山的象征。该殿建于明永乐十四年（公元 1416 年），重檐庑殿，面阔进深皆为三间，高 5.54 米，长 4.4 米，宽 3.15 米，全为铜铸鎏金，虽历经 500 余年风雨，却依然辉煌如初。殿内供奉真武大帝铜铸鎏金像。图 6-3 为武当山金顶紫禁城。

图 6-3　武当山金顶紫禁城

武当山古建筑群规模宏大，气势雄伟，被称为“中国古建筑成就的展览”。现存建筑多为明代所建。明永乐年间明成祖朱棣大建武当，史有“北建故宫，南建武当”之说，共建成 9 宫、9 观、36 庵堂、72 岩庙、39 桥、12 亭等 33 座道教建筑群，面积达 160 万平方米，其规模之宏大、技艺之精湛、工程之艰巨，实为世所罕见。武当山道教建筑群具有较高的艺术价值和历史价值。整个建筑体系按照政权和神权相结合的政治意图，每一建筑单元都建在峰、峦、坡、崖、涧的合适位置上，借自然风景的雄伟高大或奇峭幽邃，构成仙山琼阁的意境。既体现了皇权的威武庄严，又体现了神权的玄妙神奇，创造了自然美与人文美高度融合的名山景观。

知识链接

朱棣在武当山建观的原因

明成祖朱棣（见图 6-4）曾在武当山大兴土木，仿北京皇宫紫禁城的模样修建道观供奉真武大帝，有人甚至说这是另一座紫禁城，这促成了武当山道教的迅速崛起。武当山道教一度与道教的另两大派，全真和正一不分伯仲。然而关于明成祖在武当山修建道观，供奉真武大帝的真正原因，却是众说纷纭。

图 6-4　明成祖朱棣画像

中央电视台播出的《世界文化遗产之武当山》纪录片中，湖北社会科学院的一位研究员回答栏目主持人“朱棣为什么要在武当山修建大规模的道观”的提问时说道，朱棣在武当山建观主要有两个目的。一个是裁兵，因为他刚从建文帝手中夺得皇权，原属于建文帝手下的士兵多多少少对他还是有些意见，而在武当山兴建大规模的宫观，费时日久费力众多（朱棣用了 12 年去营建），需要大量兵士去监督和完成这项重要的工程，这样达到裁兵的目的。第二个是借神权巩固自己的皇权，传说起初工匠建造的真武大帝塑像，朱棣总是不满意，后来一位聪明的工匠模仿朱棣浴后端坐的样子塑造真武的形象，总算是获得了皇帝大人的认可。他这样做是为了告诉世人自己就是真武大帝在人间的化身，自己的统治是上承天意的，合法的。这虽是传闻，但是结合历来皇权和神权的关系是有其事实根据的。

（三）宜昌市三峡大坝旅游区

长江三峡，西起重庆奉节的白帝城，东到湖北宜昌的南津关，是瞿塘峡、巫峡和西陵峡三段峡谷的总称，是长江上最为奇秀壮丽的山水画廊，全长 192 千米。长江三峡集瑰丽的自然风光和丰富的人文景观于一体，举世闻名的三峡大坝就位于西陵峡中段的湖北省宜昌市境内的三斗坪，距下游的葛洲坝水利枢纽 38 千米。

三峡工程全称为长江三峡水利枢纽工程，是目前世界上最大的水利枢纽工程。整个工程包括一座混凝重力式大坝、泄水闸、一座堤后式水电站、一座永久性通航船闸和一架升船机。大坝坝顶总长 3035 米，坝高 185 米，水电站左岸设 14 台，右岸 12 台，共装机 26 台，前排容量为 70 万千瓦的小轮发电机组，总装机容量为 1820 千瓦时，年发电量 847 亿千瓦时。通航建筑物位于左岸，永久通航建筑物为双线五包连续级船闸及早线一级垂直升船机。

2007 年 5 月 8 日，宜昌市三峡大坝旅游区被国家旅游局评为国家首批 5A 级旅游景区。

（四）钟祥明显陵

明显陵（见图 6-5）位于湖北钟祥市城东北 5 千米的纯德山，是明世宗嘉靖皇帝的父亲恭睿献皇帝朱祐杬、母亲章圣皇太后蒋氏的合葬墓。2000 年 11 月 30 日，被联合国教科文组织批准列入《世界遗产名录》。显陵始建于明正德十四年（公元 1519 年），讫于明嘉靖三十八年（公元 1559 年），历时四十年建成。显陵围陵面积 183.15 公顷，是我国明代帝陵中最大的单体陵墓。其“一陵两冢”的陵寝结构，为历代帝王陵墓中绝无仅有。

显陵是 18 座明陵中第 12 座帝陵，建筑时序属于中期，在明代帝陵中具有承上启下的作用与意义。其建筑形制出现了一些明陵建筑中的孤例。其一，独特的龙形神道。即显陵中轴线上修建有一条弯曲如龙形的神道，其做法是中间铺石板，两侧镶嵌鹅卵石，外边以牙子石收束，俗称龙鳞道。其二，琉璃影壁。显陵的祾恩门两侧，建有精美的琉璃影壁墙，正面为绿色琉璃的蟠枝图案，背面为双龙腾跃。其三，内外明塘。显陵新红门的右侧，根据地势建有一个圆形的池塘，因处在风水术中明堂的方位，故名外明塘。在祾恩殿前有一个圆形的池塘，名为内明塘。其四，“金瓶”罗城：显陵作为独立的陵区，其外围建有一条长达约 3.5 千米的罗城，平面成“金瓶”形状。

图 6–5　钟祥明显陵

（五）湖北神农架

神农架位于湖北省西部，横亘于长江、汉水之间，方圆 3250 平方千米，相传因上古的神农氏在此搭架上山采药而得名。景区山峰海拔均在 3010 米以上，堪称“华中屋脊”。神农架是以秀丽的亚高山自然风光，多样的动植物种，人与自然和谐共存为主题的森林生态旅游区。

神农架主要景点有神农顶、风景垭、板壁岩、瞭望塔、小龙潭、大龙潭、金猴岭等，以原始、神秘闻名于世，区内山高谷深，林木茂密，气候复杂多变，四季景色迷人。独特的自然环境、人文历史，造就了极其丰富、珍贵的自然和人文景观，也孕育了景色宜人、钟灵毓秀的旅游环境，有“神农天园”之称。

2016 年 7 月 17 日，第 40 届世界遗产大会将中国湖北神农架列入《世界遗产名录》。神农架遗产地由两部分构成：西边的神农顶 / 巴东和东边的老君山。这里有中国中部地区最大的原始森林，是中国大蝾螈、川金丝猴、云豹、金钱豹、亚洲黑熊等许多珍稀动物的栖息地。湖北神农架是中国三大生物多样性中心之一，在 19 世纪和 20 世纪期间曾是国际植物收集探险活动的目的地，在植物学研究史上占据重要地位。

神农架是中国首个获得联合国教科文组织人与生物圈自然保护区、世界地质公园、世界遗产三大保护制度共同录入的名录遗产地。

二、湖南省

湖南省位于中国中南部的长江中游，总面积约 21 万平方千米，人口 6644 万余人，少数民族主要有土家族、苗族、侗族、瑶族。因全省大部分地区在洞庭湖之南，故名“湖南”；又因省内最大河流为湘江，简称“湘”。省会城市是长沙。

湖南的旅游资源丰富多彩。武陵源风景区、崀山被联合国教科文组织列入了《世界自然遗产名录》。其主要景区有长沙世界之窗、南岳衡山风景名胜区、长沙岳麓山风景名胜区、岳阳楼旅游区、张家界黄龙洞旅游区、韶山毛泽东故居、宁乡市刘少奇纪念馆等。张家界（武陵源—天门山）旅游区、衡阳南岳衡山旅游区、湘潭市韶山旅游区、岳阳市（岳阳楼—君山岛）景区、长沙市花明楼景区、郴州市东江湖旅游区、邵阳市莨山景区、常德市桃花源旅游区等是我国的5A级景区。

（一）长沙市

长沙市是湖南省省会，是国务院首批公布的历史文化名城和第一批对外开放的旅游城市，素有"屈贾之乡""楚汉名城"的美称。

长沙具悠久的文明历史，有着灿烂的古代文化。岳麓山风景区、橘子洲、岳麓书院、灰汤温泉以及马王堆西汉古墓、走马楼17万枚孙吴简牍等独具特色。青铜器人面鼎、大铜绕、四羊方尊等更是稀世之珍。

（二）衡阳市南岳衡山旅游区

图6-6　衡山冰雪

南岳衡山是中国五岳之一，位于湖南省衡阳市境内，群峰巍峨，气势磅礴，72峰逶迤800里，贯穿7个县市。主峰祝融峰海拔1290米。清人魏源在《衡岳吟》中说："恒山如行，岱（泰）山如坐，华山如立，嵩山如卧，唯有南岳独如飞。"生动地描绘出了衡山的形状。图6-6为衡山冰雪风景。

南岳衡山有许多名胜古迹和神话传说，吸引了历代各种人物，形成丰富多彩的文化沉积，宛如一个辽阔的人文与山水文化和谐统一、水乳交融的巨型公园。1982年，衡山作为我国著名的自然景观和人文景观，以湖南衡山风景名胜区的名义，被国务院批准列入第一批国家级风景名胜区名单。2007年5月8日，衡阳市南岳衡山旅游区经国家旅游局正式批准为国家5A级旅游景区。2007年8月1日，南岳衡山经国务院批准列为国家级自然保护区。

五岳之中，南岳衡山由于气候条件较其他四岳为好，处处是茂林修竹，终年翠绿；奇花异草，四时放香，自然景色十分秀丽，因而又有"南岳独秀"的美称。人们把南岳的胜景概括为"南岳八绝"，即"祝融峰之高，藏经殿之秀，方广寺之深，水帘洞之奇，磨镜台之幽，大禹碑之古，南岳庙之雄，会仙桥之险"。正因为"南岳八绝"的出类拔萃，才使它赢得"五岳独秀"的美称。

（三）岳阳楼—洞庭湖

岳阳楼—洞庭湖风景名胜区，位于湖南省岳阳市，包括岳阳楼古城区、君山、南湖、芭蕉湖、汨罗江、铁山水库、福寿山、黄盖湖等9个景区，总面积1300多平方千米。

1. 洞庭湖

洞庭湖位于湖南省北部的长江中游以南，为中国第二大淡水湖，面积约 2820 平方千米。

湖中最著名的景点是君山。君山风景秀丽，是洞庭湖上的一个孤岛，岛上有 72 个大小山峰，君山原名洞庭山，是神仙洞府的意思。相传 4000 年前，舜帝南巡，他的两个妃子娥皇、女英追之不及，攀竹痛哭，眼泪滴在竹上，变成斑竹。后来两妃死于山上，后人建有二妃墓。二人也被称为湘妃、湘君，正是为了纪念她们，洞庭山更名为君山。现有古迹二妃墓、湘妃庙、柳毅井、飞来钟等。君山的竹子很有名，有斑竹、罗汉竹、方竹、实心竹、紫竹、毛竹等。这里每年都举办盛大的龙舟节、荷花节和水上运动。

2. 岳阳楼

岳阳楼（见图 6-7）位于岳阳市西门城头，背靠岳阳城，俯瞰洞庭湖，为江南三大名楼之一，自古有“洞庭天下水，岳阳天下楼”之誉。北宋文学家范仲淹的《岳阳楼记》更是让岳阳楼声名远扬。

图 6-7　岳阳楼风光

岳阳楼始建于东汉末年，三国时期为鲁肃阅军楼，中唐李白赋诗后，始称岳阳楼，至北宋庆历五年（公元 1045 年），滕子京重修岳阳楼，请范仲淹作了《岳阳楼记》，从此，岳阳楼更加闻名遐迩。现存岳阳楼为 1867 年重修，整个楼体工艺精巧，造型端庄。楼高 15 米，其建筑和风格可概括为“纯木、四柱、三层、飞檐”。

此外，在岳阳楼的北侧有辅亭“三醉亭”，相传因吕洞宾三醉岳阳楼而得名。岳阳楼东北隅有“小乔墓”。

知识链接

岳阳楼记

庆历四年春，滕子京谪守巴陵郡。越明年，政通人和，百废俱兴，乃重修岳阳楼，增其旧制，刻唐贤今人诗赋于其上。属予作文以记之。

予观夫巴陵胜状，在洞庭一湖。衔远山，吞长江，浩浩汤汤，横无际涯；朝晖夕阴，气象万千。此则岳阳楼之大观也，前人之述备矣。然则北通巫峡，南极潇湘，迁客骚人，多会于此，览物之情，得无异乎？

若夫淫雨霏霏，连月不开，阴风怒号，浊浪排空；日星隐曜，山岳潜形；商旅不行，樯倾楫摧；薄暮冥冥，虎啸猿啼。登斯楼也，则有去国怀乡，忧谗畏讥，满目萧然，感极而悲者矣。

至若春和景明，波澜不惊，上下天光，一碧万顷；沙鸥翔集，锦鳞游泳；岸芷汀兰，郁郁青青。而或长烟一空，皓月千里，浮光跃金，静影沉璧，渔歌互答，此乐何极！登斯楼也，则有心旷神怡，宠辱皆忘，把酒临风，其喜洋洋者矣。

嗟夫！予尝求古仁人之心，或异二者之为，何哉？不以物喜，不以己悲；居庙堂之高则忧其民；处江湖之远则忧其君。是进亦忧，退亦忧。然则何时而乐耶？其必曰“先天下之忧而忧，后天下之乐而乐”乎？噫！微斯人，吾谁与归？

时六年九月十五日。

（四）湘西风光

湘西土家族苗族自治州地处湖南省西北部，是湖南省的“西北门户”，全州总面积15 462平方千米，现辖吉首、泸溪、凤凰、古丈、花垣、保靖、永顺、龙山8个市县，少数民族占到总人口的70%以上，绝大多数为土家族和苗族。

州域处于云贵高原东北边缘与鄂西山地交会地带，属中亚热带山区季风湿润气候区，土地类型俱全，气候类型多样，自然资源丰富。

湘西人杰地灵，在历史发展长河中，土家族、苗族都形成了各自的民族语言、生活方式和民族风情。

视野拓展

湘西苗族芦笙舞

苗族的男女老幼都喜欢唱歌，苗族地区素有“歌的海洋”之称。苗歌的内容丰富，题材广泛，如《开天辟地歌》《婚礼歌》《和气歌》《饭歌》等。情歌是苗族歌谣中最为丰富的一种。苗家姑娘小伙，多以歌会友，唱歌传情。苗族人民不仅能歌，而且善舞。苗族逢年过节或遇喜庆的日子，都要跳芦笙舞。每年农历正月十五、三月三、九月重阳等，还是专门跳芦笙舞的芦笙节。“究给”，是苗家一种流行最广泛的芦笙舞。每逢节日，人们都涌上芦笙场，由一支庞大的芦笙队伴奏领舞，芦笙队保持“一”字队形，原地吹奏，群众则把芦笙队围在中间跳舞。另外一种被苗家人称为“跳花”和“跳月”的风俗性芦笙舞，则是反映青年男女恋爱活动的群舞。一般只有青年男女参加，男青年边舞边吹优美的芦笙曲。随着优美的芦笙曲，姑娘则边舞边把自己精心绣制的花带，拴在相爱的小伙子的芦笋上。

湘西素以美丽神奇著称，境内景观密布，异彩纷呈。有一座蜿蜒近200千米的中国南方长城；有景色融漓江之秀丽、集三峡之雄伟的猛洞河；有由212洞组成的洞的世界——龙山火岩溶洞群；有历史悠久、被称为我国南方最美的两座小城之一的凤凰古城；永顺老司城等堪称湘西旅游的风水宝地。

云蒸霞蔚的武陵群峰、河水汤汤的沅江酉水、景色迷人的森林峡谷、浓郁醉人的民族风情，构成了美丽的湘西风光。

1. 武陵源风景名胜区

武陵源位于湖南省西北部武陵源山脉中段桑植县、慈利县交界处，隶属张家界市。亿万年前，这里曾是一片波涛翻滚的海洋。石英砂岩沉积于海岸地带，经过流水的长期侵蚀和复杂的地壳运动，形成该地区最奇特的砂岩峰林地貌景观。

武陵源风景名胜区（见图 6–8）由各具特色的四大风景区组成，分别是张家界国家森林公园和国家地质公园、索溪峪自然保护区、天子山自然保护区、杨家界自然保护区。武陵源以“奇峰、怪石、幽谷、秀水、溶洞”享有盛誉，称为武陵源“五绝”。

图 6–8　武陵源风景

景区内最独特的景观是 3000 余座尖细的砂岩柱和砂岩峰，千米以上峰柱 243 座，这些峰林造型独特，高低参差，风格各异，构成蔚为壮观的奇观胜景，以骆驼峰、醉石峰和五指峰最为代表。

1992 年 12 月，武陵源风景区被联合国教科文组织列入《世界自然遗产名录》。2007 年 5 月 8 日，张家界武陵源旅游区被国家旅游局正式批准为国家 5A 级旅游景区。

2. 凤凰古城

凤凰县地处湖南省西部边缘，全县总面积 1751.1 平方千米，是一个以苗族为主的多民族聚居的山区县。凤凰县县城位于沱江中游，已有 1000 多年建城历史，至今仍较完整地保留了明清时期形成的传统格局和历史风貌，有中国“最美的小城”之美誉。

凤凰城分新旧两个城区，老城区傍沱江而建，条石铺砌的街巷，依江而建的木制吊脚楼，完好地保留着苗族、土家族的建筑风格。境内古迹众多，有建于唐代的黄丝桥石头城、明万历年间的南方长城、清康熙时的凤凰古城墙和古城楼。楚巫文化在这里张扬，多元文化交织沉淀，是一个声名远播的历史文化名城。

知识链接

凤凰古城里的沈从文

神秘秀丽的湘西凤凰古城（见图 6–9）是沈从文的出生地，也是他创作的源泉。在他的笔下，湘西是一个理想的王国，蕴含了永恒的意象和美好的追忆。他在作品中营造的那种自然与人性、风情与风俗完美结合的意境，宛如一颗晶莹剔透的珠玉，充满了令人陶醉

图 6-9 凤凰古城

的诗意，带给我们久远的感动。《边城》是沈从文的代表作，展示给读者的是湘西世界和谐的生命形态。《边城》发表于1934 年，小说描写了山城茶峒码头团总的两个儿子天保和傩送与摆渡人老艄公的外孙女翠翠的曲折爱情。青山，绿水，河边的老艄公，16 岁的翠翠，木排上的天保，龙舟中的傩送……一切都是那样的纯净自然，展现出一个诗意的自然环境与人类社会。然而，美好的一切最终只能存留在记忆里：天保与傩送一个身亡，一个出走，老艄公也在一个暴风雨的夜晚死去，只留下了翠翠一个人，一个美丽的爱情故事以悲剧告终。

沈从文留给我们的不仅仅是灿如星斗的文学著作和弥足珍贵的考古文献，他辗转曲折的人生经历更向我们展示了他“不折不从，星斗其文；亦慈亦让，赤子其人”的人格魅力，让我们永久地怀念他、追忆他吧！

（五）韶山

韶山位于湖南省中东部。韶山诞生了一代伟人毛泽东，留下了不少毛泽东青少年时期生活、求学和革命活动的足迹，因而，它与江西井冈山、贵州遵义和陕西延安，同被列为中国四大革命纪念圣地。

图 6-10 毛泽东同志故居

毛泽东同志故居（见图 6-10），位于韶山乡韶山冲上屋场，是一栋坐东南朝西北，左右对称的凹字形农舍，共有房屋 18 间，东边的第 13 间为毛泽东的家。1893 年 12 月 26 日，毛泽东就诞生在这里，直到 1910 年秋离开这里外出求学。故居大门匾额“毛泽东同志故居”系邓小平同志 1983 年 6 月 27 日所题。故居内陈设多为原物。在韶山冲广场中心有毛泽东同志的铜像。

视野拓展

舜文化

舜帝是中华民族史祖五帝之一。《汉书 · 古今人表》对舜帝的标准称谓是：“帝舜是虞乐”。舜是孝德的化身，一生“苦忧人，只为苍生不为身”，四千多年来一直为人们所景仰称颂。舜是中国道德文化的鼻祖，舜文化之魂可称为“德为先，重教化”。舜死于苍梧之野，葬于湖南九嶷山。舜帝二妃娥皇、女英，是尧的两个女儿，闻舜已死，赶至洞庭湖君山，便南望痛哭，随后投湖殉节，化为湘祀女神。

湖南是舜帝南巡的主要区域，其主要路线是围绕湘江流域进行的，并留下了很多动人故事和美丽传说。韶山是舜帝南巡的主要地区，韶山因舜在此奏《韶乐》化解一场恶战而得名。

三、安徽省

安徽省位于华东腹地，是我国东部临江近海的内陆省份，简称皖，总面积约 14 万平方千米，人口 6102 万余人，省会城市是合肥。

安徽具有浓郁的地方特色，至今仍保留了明清风格的徽派古建筑，中国传统的文房“四宝”中的宣纸、徽墨、歙砚等使本旅游区更加魅力无穷。安徽风景秀丽，文物古迹众多。国家历史文化名城有亳州市、寿县、歙县、安庆市、绩溪县。国家重点风景名胜区有黄山、九华山、天柱山、琅琊山、齐云山；有被列入《世界文化遗产名录》的安徽古村落西递、宏村；还有三国著名古战场逍遥津、包公祠等景点。黄山市黄山风景区、池州青阳县九华山风景区、安庆潜山县天柱山风景区、黄山皖南古村落——西递和宏村、六安市天堂寨、宣城市绩溪龙川景区、阜阳市颍上八里河景区、黄山市古徽州文化旅游区、马鞍山市长江采石矶文化生态旅游区等为我国 5A 级景区。

（一）合肥市

合肥市是安徽省的省会，位于安徽东部，长江和淮河之间，因东淝河和南淝河全流于此而得名。合肥是一座绿色城市、生态城市，1992 年成为国家首批命名的 3 个“全国园林城市”之一。

合肥是一座有 2000 多年历史的古城，是三国东吴名将周瑜和宋朝著名清官包拯的家乡。名胜古迹有古战场逍遥津公园、包公祠、包拯墓、教弩台等。

（二）黄山风景区

黄山风景区位于安徽省南部黄山市境内，秦称黟山，因峰岩青黑，遥望苍黛而名。后因传轩辕黄帝曾在此炼丹成仙，唐玄宗信奉道教，唐天宝六年（公元 747 年）改为黄山。黄山是世界知名的游览胜地，1985 年入选全国十大风景名胜，1990 年 12 月被联合国教科文组织列入《世界文化与自然遗产名录》，2004 年 2 月入选世界地质公园。2007 年 5 月 8 日，黄山风景区被国家旅游局正式批准为国家 5A 级旅游景区。

黄山是著名的花岗岩名山。这里峰峦奇妙，有大小山峰 72 座。最高峰莲花峰海拔 1864 米。黄山是我国特点最多的名山。它兼有泰山之雄伟、华山之峻峭、衡山之烟云、庐山之飞瀑、峨眉之清凉、雁荡山之怪石。明代徐霞客赞称“五岳归来不看山，黄山归来不看岳”。黄山以奇松、怪石、云海、温泉四绝著称于世。其雄伟秀丽的景色吸引了无数游客，被誉为“天下第一山”。

1. 奇松

奇松是指黄山松。它的特点是针叶短粗，顶平如削，干曲枝虬，苍翠奇特。历来以顽强的生命、奇异的姿态名冠于世。黄山有名松 100 多棵，其中列入世界遗产名录的有 32 棵。图 6-11 为黄山迎客松。

2. 怪石

黄山有名可数的怪石有 120 多处，其形态千奇百怪，情态各异，形象逼真。它们呈奇献巧，姿态万千。如莲花峰，其岩石多为莲花瓣形状，整个山峰酷似一朵盛开的莲花。再如耕耘峰的“松鼠跳天都”，北海的“猴子观海”“老翁钓鱼”，排云亭前的“天女绣花”“仙女打琴”，清凉台的“老虎驮羊”“关公挡曹”以及“飞来石”（见图 6-12）“笔架峰”等，都生动逼真，妙趣横生。尤其是与奇松相映成趣，分外神奇。

图 6-11　黄山迎客松

图 6-12　黄山飞来石

图 6-13　黄山云海喷涌

3. 云海

黄山年平均雾日达 200 天左右，每当雨后初晴，常常能看到变幻无穷的云海（见图 6-13）。郭沫若曾赞美其“瞬息万变万万变，忽隐忽现，或浓或淡，胜似梦境之迷离”。黄山观云海有五个区域：在玉屏楼的文殊台观前海、在狮子楼的清凉山观后海、在排云亭观西海、在东海门的白鹅岭观东海、在光明顶观天海。

4. 温泉

黄山温泉又名朱砂泉，泉水水质以含重碳酸盐为主，它每隔若干年水色要变赤，经六七日始清。水温保持在 42℃左右，色清味甘，可饮可浴。黄山温泉还有一定的医疗价值，被称为“灵泉”。有诗赞曰：“五岳若与黄山并，犹欠灵砂一道泉。”在黄山紫云峰下，桃花溪旁建有温泉浴室，是我国著名的温泉游览胜地之一。

（三）池州市九华山风景区

九华山风景区位于安徽省池州市境内，因其有 99 座山峰，古称“九子山”。因李白诗句：“昔在九江上，遥望九华峰。天河挂绿水，秀出九芙蓉”（《望九华山赠青阳韦仲堪》），后更名为“九华山”。九华山主峰十王峰海拔 1342 米。

九华山是我国四大佛教名山之一。早在东晋隆安五年（401 年），天竺（古印度）僧人杯渡来到九华山，兴建寺庙、修行布道，是九华山佛教的开山祖师；唐新罗国王子金乔觉渡海来到中国，在寻访名山以后，选择了九华山，在此苦苦修行 75 年后圆寂，肉身不腐，被后人尊为地藏菩萨“应化”，九华山遂被辟为地藏菩萨道场。1000 多年的佛教历史，给九华山留下了大量的稀世珍宝，自唐代至今，九华山自然形成的僧人肉身达 15 尊，现可供观瞻的有 5 尊，其中一尊仁义师太肉身是当今世界上唯一的比丘尼肉身。

九华山是我国重点风景名胜区，国家 5A 级旅游区，总面积达 120 平方千米。九华街是景区著名的景点，传说是地藏王菩萨传世修身成道的地方。著名的化成寺、月身宝殿、百岁宫等寺庙古建筑群都分布在这里。化成寺是九华山的开山寺庙。寺内保存一套珍贵的《华严血经》，相传是明代九华山无瑕禅师刺血配金粉，花费 28 年时间抄成的。月身宝殿又称肉身塔、金地藏殿，相传殿下藏有地藏王菩萨的肉身。百岁宫殿内所供无瑕禅师真身至今仍存，是一具涂金的完整端坐遗骨，被称为江南罕见的木乃伊。

（四）皖南古村落—西递、宏村

西递、宏村古民居，位于安徽省黟县境内，属于黄山风景区。西递和宏村是皖南民居中最具有代表性的两座古村落，它们以世外桃源般的田园风光、保存完好的村落形态、工艺精湛的徽派民居和丰富多彩的历史文化内涵而闻名天下。

1. 西递古村落（见图 6-14）

西递距黟县县城 8 千米，始建于北宋皇祐年间（1049 年—1054 年），距今已有近千年的历史。西递村是一处以宗族血缘关系为纽带、胡姓聚族而居的古村落。村落原始形态保存完好，始终保持着历史发展的真实性和完整性。现保存有完整的古民居 122 幢，古建筑多为木结构、砖墙维护，木雕、石雕、砖雕丰富多彩，巷道和建筑的设计布局协调。村落空间变化

图 6-14　西递古村落

灵活，建筑色调朴素淡雅，是中国徽派建筑艺术的典型代表。被誉为“中国传统文化的缩影”“中国明清民居博物馆”。2000 年 11 月 30 日，西递村与宏村一起被联合国教科文组织列入《世界文化遗产名录》。

2. 宏村古村落（见图 6-15）

图 6–15　宏村月沼

宏村位于黟县县城东北 10 千米处，始建于南宋绍兴元年（公元 1131 年），村落面积约 19 公顷，现存明清时期古建筑 137 幢，由于这里地势较高，因此常常被云雾笼罩，被誉为“中国画里的乡村”。在 2000 年 11 月 30 日，宏村与西递村一起被联合国教科文组织列入了《世界文化遗产名录》。

宏村的古建筑均为粉墙青瓦，分列规整。承志堂是其中最为宏大、最为精美的代表作，被誉为“民间故宫”。它堪称一所徽派木雕工艺陈列馆，各种木雕层次丰富，繁复生动，经过百余年时光的消磨，至今仍金碧辉煌。

宏村是一座“牛形村”，整个村庄从高处看，宛若一头斜卧山前溪边的青牛。村中半月形的池塘称为“牛胃”，一条 400 余米长的溪水盘绕在“牛腹”内，被称作“牛肠”。村西溪水上架起四座木桥，作为“牛脚”，这种别出心裁的村落水系设计，不仅为村民生产、生活用水和消防用水提供了方便，而且调节了气温和环境。

视野拓展

徽派建筑

徽派建筑是汉族传统建筑最重要的流派之一。作为徽文化的重要组成部分，徽派建筑历来为中外建筑大师所推崇。徽派建筑并非特指安徽建筑，而是主要流行于徽州（今黄山市、绩溪县、婺源县）及严州、金华、衢州等浙西地区。以砖、木、石为原料，以木构架为主。梁架多用料硕大，且注重装饰。还广泛采用砖、木、石雕，表现出高超的装饰艺术水平。徽派建筑最初源于东阳，是江南建筑的典型代表。历史上徽商在扬州、苏州等地经营，徽派建筑对当地建筑风格亦产生了相当大的影响。

徽派建筑坐北朝南，注重内采光；以木梁承重，以砖、石、土砌护墙；以堂屋为中心，以雕梁画栋和装饰屋顶、檐口见长。徽商力在经商而不在建筑，衣锦还乡之后，以奢华精致的豪宅园林体现身份，或整修祠堂光大祖宗门面，或以牌坊筑立褒奖徽州女人守夫的风骨。徽派建筑讲究规格礼数，官商亦有别。除了富丽堂皇的徽商巨贾之家外，小户人家的民居亦不乏雅致与讲究。

徽派建筑集徽州山川风景之灵气，融汉族风俗文化之精华，风格独特，结构严谨，雕镂精湛，不论是村镇规划构思，还是平面及空间处理、建筑雕刻艺术的综合运用都充分体现了鲜明的地方特色。尤以民居、祠堂和牌坊最为典型，被誉为徽州古建三绝，为中外建筑界所重视和叹服。

徽派建筑在总体布局上，依山就势，构思精巧，自然得体；在平面布局上规模灵活，变幻无穷；在空间结构和利用上，造型丰富，讲究韵律美，以马头墙、小青瓦最有特色；在建筑雕刻艺术的综合运用上，融石雕、木雕、砖雕为一体，显得富丽堂皇。

四、江西省

江西省简称“赣”，位于长江中下游南侧。全省面积约 17 万平方千米，人口 4518 万余人，省会南昌市。鄱阳湖为中国最大的淡水湖，同时也是世界上最大的候鸟栖息地。

江西的国家历史文化名城有南昌、赣州、景德镇、瑞金；国家重点风景名胜区有避暑胜地庐山、革命纪念地井冈山及道教名山三清山和龙虎山等。此外，还有滕王阁、青云谱、锁江楼宝塔、八一起义纪念馆、古陶瓷博物馆及陶渊明、欧阳修、朱熹、文天祥等名人故里。九江庐山风景名胜区、吉安井冈山风景旅游区、上饶三清山旅游景区、鹰潭市贵溪龙虎山旅游景区、上饶市婺源江湾景区、景德镇古窑民俗博览区、瑞金市共和国摇篮旅游区、宜春市明月山旅游区、庐山西海景区等为我国的 5A 级景区。截至 2021 年 7 月，江西省入选《世界遗产目录》的景区有庐山、三清山、龙虎山。

（一）南昌滕王阁

滕王阁（见图 6–16）位于南昌市沿江路赣江边，是江南三大名楼之一。滕王阁始建于唐永徽四年（公元 653 年），为唐高祖李渊之子李元婴任洪州都督时所创建。李元婴在贞观年间曾被封为滕王，故阁以“滕王”一名冠之。王勃作《滕王阁序》，“落霞与孤鹜齐飞，秋水共长天一色”使其名扬天下。滕王阁已历时 1300 多年，屡毁屡建，今之滕王阁乃仿宋建筑，于 1985 年重建。阁高 45 米，层次“明三暗五”。阁园内庭园式布局，配以假山绿化，给人以文雅幽静之感。

图 6–16 滕王阁

（二）庐山风景名胜区

庐山位于江西省北部，九江市南部，北依长江，濒临鄱阳湖西岸。相传，殷周年间，有匡氏七兄弟到这里结庐隐居，故名“庐山”，又称“匡山”“匡庐”。

庐山是著名的旅游、疗养和避暑胜地。1996 年 12 月，以“世界文化景观”列入《世界遗产名录》。2004 年，成为首批世界地质公园。2007 年 5 月 8 日，入选首批全国 5A 级旅游区。庐山以自然景观为载体，以人文景观为内涵，其特点如下：

1. 奇峰峻岭，飞泉泻瀑，云雾缥缈

图 6-17　庐山三叠泉

庐山有 90 多座山峰，奇峰峻岭。最高峰为大汉阳峰，可观日出日落。五老峰峰峦叠嶂，形态不一，仰视像五个不同姿态的老人并坐，因而得名。

庐山到处飞泉泻瀑。著名的三叠泉（见图 6-17）位于五老峰东侧，上下三折，落差共约 600 米。三叠泉是庐山瀑布中气魄最雄伟、姿态最诱人的奇景，号称“庐山第一奇观”，有“未到三叠泉，不算庐山客”之说。

庐山云雾缥缈，变幻莫测。因地形封闭，水蒸气在此凝结成水雾，年平均雾日达 190 多天，置身其中，犹入仙境。

2. 气候凉爽，避暑胜地

庐山地势高峻，江湖环抱，气候十分宜人，是全国著名的避暑胜地、著名的天然疗养区。自古以来，在庐山修建的别墅有 887 幢。这些别墅风格各异，欣赏价值极高，目前，庐山部分别墅开放，每年接待大批游客。

3. 历史古迹众多

庐山除“奇秀甲天下”的自然风光之外，还是我国著名的佛教圣地。这里碑刻如林，庙宇遍山。其中，位于庐山西北麓的东林寺最为有名，是我国佛教净土宗的发源地。

庐山留下了陶渊明、李白、杜甫、白居易、苏轼、陆游等赋诗填词的碑刻；有宋代“四大书院”之一的白鹿洞书院；有晋代诗人陶渊明的故里、陶渊明墓等历史古迹。

（三）井冈山风景旅游区

井冈山（见图 6-18）位于江西省西南部，湘赣边界、罗霄山脉中段，山势高大，地形复杂，主要山峰海拔多在千米以上，最南端的南风屏海拔 2120 米，是井冈山地区的最高峰。1982 年，井冈山被国务院批准为第一批国家级重点风景名胜区。2007 年 5 月 8 日，吉安市井冈山风景旅游区被国家旅游局正式批准为国家 5A 级旅游景区。

图 6-18　井冈山

1927 年 10 月，毛泽东、朱德、陈毅、彭德怀、滕代远等老一辈无产阶级革命家率领中国工农红军来到井冈山，创建了中国第一个农村革命根据地，开辟了“以农村包围城市，武装夺取政权”的具有中国特色的革命道路，中国革命从这里走向胜利。从此鲜为人知的井冈山被载入了中国革命历史的光辉史册，被誉为“中华人民共和国的奠基石”。目前，景区建有井冈山革命博物馆，革命烈士纪念馆、烈士墓等。

（四）三清山风景名胜区

三清山位于江西省上饶市东北部，因玉京、玉虚、玉华“三峰峻拔，如道教三清列坐其巅”，故名。主峰玉京峰海拔 1819.9 米。

三清山以自然山岳风光称绝，以道教人文景观为特色，现有西华台、三清宫、玉京峰、三洞口、梯云岭、玉灵观、石鼓岭七个分景区，已开发的奇峰有 48 座、怪石 52 处，景物景观 400 余处，有植物 1088 种。区内奇峰异石、泉瀑溶洞、云海佛光、名贵动植物、第四纪冰川遗迹等构成丰富的自然景观，被誉为“黄山姊妹山”，其中“巨蟒出山”“女神峰”“观音听琵琶”为三大奇景，秦牧先生曾赞之为“云雾的家乡，松石的画廊”。景区内植被垂直分布明显，其中包括珍贵稀有植物黄山松、华东黄杉、华东铁杉等。

三清山是一座具有 1600 余年历史的道教名山，素有“江南第一仙峰”之名，为历代道家修炼场所，自晋朝葛云、葛洪来山以后，便渐为信奉道学的名家所向往，现仍完好保存着三清宫道观及古建石刻 220 余处，有“露天道教博物馆”之称。

三清山是国家重点风景名胜区、国家 4A 级旅游区、国家地质公园，2005 年又被评选为中国最美的五大峰林，在 2008 年 7 月 8 日世界遗产大会上成为世界自然遗产。

五、浙江省

浙江省地处中国东南沿海长江三角洲南翼，东临东海，境内最大的河流钱塘江因江流曲折，称之江，又称浙江，省以江名，简称“浙”，省会杭州市。全省陆域面积约 10 万平方千米，人口 6456 万余人。

浙江沿海有 2000 多个岛屿，是我国岛屿最多的省份。浙江山清水秀，人杰地灵，素有“鱼米之乡”“丝茶之府”“文物之邦”“旅游胜地”之称。省内国家重点风景名胜区有 22 处，列全国第一。它们是杭州西湖、富春江—新安江、雁荡山、普陀山、天台山、嵊泗列岛、楠溪江、莫干山、雪窦山、双龙、仙都、仙华山等。杭州西湖风景区、温州雁荡山风景区、舟山普陀山风景区、杭州淳安千岛湖风景区、嘉兴桐乡乌镇古镇、嘉兴南湖旅游区、宁波奉化（溪口—滕头）旅游景区、金华东阳横店影视城景区、杭州西溪湿地旅游区、绍兴市鲁迅故里 · 沈园景区、衢州开化根宫佛国文化旅游区、湖州市南浔古镇景区、温州市刘伯温故里景区等为我国的 5A 级景区。2010 年 8 月，浙江江郎山作为“中国丹霞”的重要组成部分入选《世界遗产名录》，2011 年 6 月“杭州西湖文化景观”成功登录《世界遗产名录》。

（一）杭州西湖风景名胜区

“杭州西湖文化景观”（见图 6-19）位于浙江省杭州市，总面积为 3322.88 公顷，由西湖自然山水、“三面云山一面城”的城湖空间特征、“两堤三岛”景观格局、“西湖十景”

题名景观、西湖文化史迹和西湖特色植物6大要素组成。该景观秉承“天人合一”哲理，在10个多世纪的持续演变中日臻完善，成为景观元素特别丰富、设计手法极为独特、历史发展特别悠久、文化含量特别厚重的“东方文化名湖”。

图6–19　杭州西湖全景

杭州西湖是一处以秀丽清雅的湖光山色与璀璨丰蕴的文物古迹和文化艺术交融为一体的国家级风景名胜区。它以秀丽的西湖为中心，三面环山，中涵碧水，面积60平方千米，其中湖面为5.68平方千米。整个景区由一山（孤山）、两堤（苏堤、白堤）、三岛（阮公墩、湖心亭、小瀛洲）和西湖十景构成。

西湖十景形成于南宋时期，基本围绕西湖分布，有的就位于湖上。西湖十景，即苏堤春晓、曲苑风荷、平湖秋月、断桥残雪、柳浪闻莺、花港观鱼、雷峰夕照、双峰插云、南屏晚钟、三潭印月。

知识链接

断桥残雪的由来

断桥又名段家桥，位于白堤东端，里湖和外湖的分水线上，何时建造不详，但唐代张祜的诗中，已有“断桥荒藓涩”之句。其名由来，众说纷纭，一说起自平湖秋月的白堤至此而断，故称断桥；一说孤山之路到此而断，故名；一说古石桥上建有亭，冬日雪霁，桥阳面冰雪消融，桥阴面仍然玉砌银铺，从葛岭远眺，桥与堤有断之感，得名“断桥残雪”。还有一说法是在宋代，断桥又叫宝佑桥。元代因桥畔住着一对以酿酒为生的段姓夫妇，故又称为段家桥，段家桥简称段桥，谐音为断桥；现在的断桥为1914年改建，50年代又经修饰。桥东有“云水光中”水榭和“断桥残雪”碑亭。

（二）舟山市普陀山风景名胜区

普陀山位于杭州湾以东的舟山市，是舟山群岛中的一个小岛，面积仅为12.76平方千米，最高峰佛顶山海拔291.3米。普陀山集庙、沙、石、洞等于一山，以奇特的海滨地貌和浓郁的宗教气氛而闻名中外，素有“海天佛国”之称，是我国唯一以佛教名山为特色的海岛型国家重点风景名胜区。

普陀山是佛教四大名山之一，是观世音菩萨的道场，相传自五代开始便已供奉观音。人文景观以三大寺庙为代表，即普济寺、法雨寺、慧济寺；自然风光以“一境、二洞、三沙”来概括。一境即“梅岭仙境”；二洞即潮音洞、梵音洞；三沙指东南海滩的千步沙、百步沙和金沙，是人们游泳的好去处。图 6-20 为普陀观音。

图 6-20　普陀观音

视野拓展

普陀山是“不肯去观音”亲自“选定”

说起普陀山观音道场开基时间，很多人都会讲到慧锷与普陀山的故事，并认为普陀山的观音道场是以慧锷大师从五台山带来的那尊“不肯去”观音为标志而建造起来的。据宋代《高丽图经》《佛祖统纪》《宝庆四名志》以及日本的《元亨释书》等史籍记载，唐大中年间（一说咸通年间），日本慧锷大师入唐求法，来到五台山中台精舍，见一观音相貌端雅，便请归其国。当时，慧锷一行将这尊观音像带到（古为明州）开元寺后，准备搭乘唐人张友信的便船航海回日本，快上船的时候，突然感到那尊观音像一下子变得特别沉重起来，同行的几个新罗（韩国）友人一起帮忙，才将观音像搬上大船。船开到昌国梅岑山（今普陀山）附近时，又突然涛怒风吼，洋面出现很多铁莲花，船进退维谷，船触新罗礁，漂到普陀山潮音洞侧。观音菩萨夜梦告慧锷大师：“汝但安吾此山。”既然菩萨不肯东渡日本想在普陀山“安家落户”，只好顺其自然。于是，在同船的新罗商人协助下，慧锷把观音像安置在洞侧，礼拜祈祷而去。山上居民张氏目睹此异，将像请回自己腾出的住宅中供奉，被称为“不肯去观音”，意为观音菩萨不肯去日本，选中了普陀山作为显化道场，自此，千年香火，逐渐鼎盛。

（三）温州市雁荡山风景名胜区

雁荡山（见图 6-21）位于温州市乐清市境内，因山顶有湖，芦苇茂密，结草为荡，南归秋雁多宿于此，故名雁荡。山峰以百岗尖为最高，海拔 1150 米。雁荡山素以山水奇秀闻名，有“海上名山”“寰中绝胜”之誉，史称“东南第一山”。由于处在古火山频繁活动的地带，山体呈现出独具特色的峰、柱、墩、洞、壁等奇岩怪石，在不同的距离、不同的方向和不同的时间里，有不同的意趣，像物赋形，变幻莫测，称得上是一个“造型地

图 6-21　雁荡山

貌博物馆”。

雁荡山有 300 多个风景点，分为五个景区，其中灵峰、灵岩和大龙湫三大景区最为有名，并称为“雁荡三绝”。

1982 年，雁荡山以浙江雁荡山风景名胜区的名义，被国务院批准列入第一批国家级风景名胜区名单。2007 年 5 月 8 日，温州市雁荡山风景名胜区被国家旅游局正式批准为国家 5A 级旅游景区。

六、江苏省

江苏省简称“苏”，位于我国大陆东部沿海中心，全省面积约 10 万平方千米，人口 8474 万余人。省会为南京市。

江苏历史悠久，是山水园林、名胜古迹和旅游城市高度集中的地区，旅游资源极为丰富。江苏的文化古迹也比较丰富：南京的“石头城”、明孝陵、中山陵；徐州的汉代兵马俑、刘邦“大风歌碑”；常州的“东南第一丛林”天宁禅寺；苏州的虎丘塔、寒山寺，更有被列入《世界文化遗产名录》的苏州古典园林、明清皇家陵寝之明孝陵、中国大运河（江苏段），黄（渤）海候鸟栖息地（第一期）为江苏省首项世界自然遗产。其国家 5A 级景区有苏州园林（拙政园、虎丘、留园）、苏州周庄古镇景区、中央电视台无锡影视基地景区、南京钟山—中山陵园景区、无锡灵山大佛景区、苏州吴江同里古镇景区、南京夫子庙—秦淮河旅游区、常州恐龙城休闲旅游区、扬州瘦西湖景区、南通市濠河景区、泰州姜堰区溱湖旅游景区、苏州工业园区的金鸡湖景区、镇江金山·焦山·北固山（简称“三山”）、无锡市鼋头渚景区、苏州市吴中太湖旅游区、常熟沙家浜·虞山尚湖旅游区、常州市天目湖景区、镇江市句容茅山景区、淮安市周恩来故里景区、宿迁市洪泽湖湿地公园等。

知识链接

黄（渤）海候鸟栖息地（第一期）

中国黄（渤）海候鸟栖息地（第一期）位于江苏省盐城市，面积为 1886.43 平方千米，缓冲区面积为 800.56 平方千米，总面积为 2686.99 平方千米，大部分遗产地为海域，本次申遗成功是中国的世界自然遗产从陆地走向海洋的开始。中国黄（渤）海候鸟栖息地（第一期）主要由潮间带滩涂和其他滨海湿地组成，拥有世界上规模最大的潮间带滩涂，是东亚—澳大利亚候鸟迁徙路线上的关键枢纽，是全球数以百万迁徙候鸟的停歇地、换羽地和越冬地。

该区域为 23 种具有国际重要性的鸟类提供栖息地，支撑了 17 种世界自然保护联盟濒危物种红色名录物种的生存，包括 1 种极危物种、5 种濒危物种和 5 种易危物种。

2019 年 7 月 5 日，中国黄（渤）海候鸟栖息地（第一期）被列入《世界自然遗产名录》。遗产地第一期包含五个保护区，分别是：江苏大丰国家级自然保护区、江苏盐城国家级自然保护区、江苏盐城条子泥市级自然保护区、江苏东台高泥湿地保护地块及江苏东台条子泥湿地保护地块。

（一）南京市

南京位于长江下游的中心地带，是江苏省的省会城市。雄峙东郊的紫金山（钟山）是南京名胜集中之地，城东有著名汤山温泉，北郊江岸有燕子矶，城南有著名的秦淮河，城东北有玄武湖，城西南有莫愁湖，还有城西石头城遗址等。

南京市是我国七大古都之一，在 2400 多年前的春秋时代即已建城，从公元 3 世纪到 15 世纪初，曾先后有吴、东晋、宋、齐、梁、陈在此建都，素有“六朝古都”之称。后有南唐、明、太平天国、“中华民国”建都于此，故又有“十朝都会”之誉。

视野拓展

南京鸭血粉丝汤的来历

据说有一个很穷的人，杀鸭子的时候把鸭血用一个小碗装了起来，不料粉丝却掉进去了。无奈，他只好把粉丝和鸭血一起烹饪，却不料，居然烧出了第一碗鸭血粉丝汤。只见汤汁芳香四溢，引来无数路人竞相猜测这美味的汤是如何烹饪的。财主听闻此事，封这个穷人为职业厨师，专门给财主和他的姨太太们烹饪鸭血粉丝汤。后人遂得此佳肴。

1. 钟山风景名胜区——中山陵园风景区

钟山风景名胜区（见图 6-22）以钟山（紫金山）和玄武湖为中心，包括明代城垣，山、湖的连接地带以及环湖的富贵山、覆舟山、鸡笼山等若干低丘和城垣、城堡。其特点是山光与水色齐收，山、水、城、林融为一体，相得益彰。

钟山又名紫金山，主峰头陀岭，海拔 468 米。主要景点有中山陵、明孝陵、紫金山天文台。

中山陵位于紫金山中茅山的南坡，是孙中山先生的陵墓。墓地总面积 4.5 万多亩，全局呈“警钟形”图案，寓“使天下

图 6-22　南京中山陵

皆达道”之义。从广场地面到墓室的中轴线上，依次有牌坊、墓道、陵门、碑亭、平台、祭堂和墓室，整个陵区苍松翠柏，漫山碧绿，庄严肃穆，气势宏伟，是南京最负盛名的胜地。

2007 年 5 月 8 日，南京市钟山风景名胜区——中山陵园风景区被国家旅游局正式批准为国家 5A 级旅游景区。

2. 秦淮河风景区

图 6-23　秦淮河畔

秦淮河风景区（见图 6-23）位于南京东南郊，是流经南京最长的一条河流，全长 110 千米，分为内秦淮和外秦淮两支，内秦淮长约 5 千米，人称“十里秦淮”。

从六朝起，秦淮河两岸就是南京历史上最繁华的商业区，被称为“风华烟月之区、金粉荟萃之所”，歌楼舞榭，骈列两岸；画舫游艇，纠集其间；桨声灯影，纸醉金迷，一派奢华景象。古往今来，无数文人墨客都曾到此游历寻迹，为“十里秦淮”留下了不少动人诗篇。夫子庙是秦淮河畔的明珠，也称“文庙”或“孔庙”，是供奉和祭祀孔子的地方。庙前以秦淮河为泮池，南岸的砖墙就是当年的照壁，照壁全长 110 米，是我国现存最长的一座照壁。夫子庙广场东侧的贡院曾是科举时代的考场。

中华人民共和国成立后，秦淮河风光带经过重新整修，目前商贸发达，古建汇集，已成为庙、市、景合一，集游览、购物、品尝小吃于一体，展现古都南京特有风貌和民俗风情的重要旅游景区，是游人必到之地。

知识链接

乌衣巷

乌衣巷在夫子庙文德桥南，三国时孙吴的卫戍部队驻此，因官兵皆身穿黑色军服，所以其驻地被称为乌衣巷。乌衣巷地处秦淮河畔，是六朝有名的商业区和王公贵族的住宅区。东晋时以王导、谢安两大家族，都居住在乌衣巷，人称其子弟为“乌衣郎”。入唐后，乌衣巷沦为废墟。现为民间工艺品的汇集之地。

（二）苏州市

苏州市位于江苏省南部，太湖东侧，沪宁铁路线上，京杭大运河和京沪铁路均在此通过，水网和公路网四通八达。这里是物产丰富的“鱼米之乡”，素享“丝绸之乡”之美誉，丝织品产量、质量在全国均名列前茅，全国四大名绣之一的“苏绣”驰名中外，有“东方之珠”之誉。

苏州是我国著名的江南水乡，小桥流水遍布全市，是全国河、桥最多的城市。历史上全城共有大小桥梁 380 多座。这种“小桥、流水、人家”的水乡风貌，使苏州有“东方威尼斯”之称。

苏州是中国著名的历史文化名城之一，素来以山水秀丽、园林典雅而闻名天下，有“江南园林甲天下，苏州园林甲江南”的美称。1985 年，苏州园林被评为中国十大风景名胜之一。据记载，苏州城内有大小园林将近 200 处，是一座名副其实的“园林之城”。其中，沧浪亭、狮子林、拙政园和留园分别代表着宋、元、明、清四个朝代的艺术风格，被称为苏州“四大名园”。1997 年 12 月 4 日，联合国世界遗产委员会第 21 届全体会议批准了以拙政园、留园、网师园、环秀山庄为代表的苏州古典园林列入《世界遗产名录》；2000 年 11 月 30 日，联合国教科文组织世界遗产委员会第 24 届会议批准苏州艺圃、耦园、沧浪亭、狮子林、退思园 5 座园林作为苏州古典园林的扩展项目列入《世界遗产名录》。它们构成苏州园林的杰出代表。

1. 古典园林——拙政园

拙政园（见图 6–24）位于苏州市娄门东北街，是苏州四大古名园之一。全园面积 60 多亩，是苏州最具有代表性，也是最大的名园，堪称苏州园林之冠。它又与北京颐和园、承德避暑山庄和苏州留园合称为中国四大名园。拙政园是明代园林的代表作，由明嘉靖元年（公元 1522 年）御史王献臣所建，以江南水乡风光为特色。全园以水池为中心，水面积约占全园面积的 3/5，具有朴素开朗的自然风格。

图 6–24　拙政园

拙政园现被列为全国重点文物保护单位，2007 年 5 月 8 日，拙政园被国家旅游局正式批准为国家 5A 级旅游景区。

2. 古典园林—留园

留园位于苏州阊门外留园路 338 号，始建于明代。清代时称“寒碧山庄”，俗称“刘园”，后改为“留园”。以园内建筑布置精巧、奇石众多而知名，与苏州拙政园、北京颐和园、承德避暑山庄并称中国四大名园。

留园为中国大型古典私家园林，占地面积 23 300 平方米，代表清代风格，园以建筑艺术精湛著称，厅堂宏敞华丽，庭院富有变化，太湖石以冠云峰为最，有“不出城郭而获山林之趣”。其建筑空间处理精湛，造园家运用各种艺术手法，构成了有节奏有韵律的园林空间体系，成为世界闻名的建筑空间艺术处理的范例。全园大致分为中、东、西、北四部分，中部为原留园所在。东部以建筑为主，中部为山水花园，西部是土石相间的大假山，北部则是田园风光。

1997 年 12 月，作为苏州古典园林典型例证，经联合国教科文组织批准，留园与拙政园、网师园、环秀山庄共同列入《世界遗产名录》。2010 年 4 月留园荣膺国家 5A 级旅游景区称号。

3. 周庄古镇景区

图 6-25　水乡周庄

周庄（见图 6-25）位于苏州城东南 38 千米，古称贞丰里，北宋改称为周庄，是一个有着 900 多年历史的古镇。元代中期，传奇巨商沈万三利用河道与外商做生意，使周庄的经济迅速发展起来，成为江南的一所重镇。全镇依河成街，桥街相连，深宅大院，重脊高檐，河埠廊坊，过街骑楼，穿竹石栏，临河水阁，一派古朴幽静，是典型的江南小桥流水人家风格。目前全镇 60% 以上的民居仍为明清建筑，仅有 0.4 平方千米的古镇有近百座古典宅院、60 多个砖雕门楼及 14 座各具特色的古桥。周庄最为著名的景点有富安桥、双桥、沈厅。富安桥是江南仅存的立体形桥楼合璧建筑；双桥则由两桥相连为一体，造型独特；沈厅为清式院宅，整体结构严整，局部风格各异。全镇桥街相连，依河筑屋，小船轻摇，绿影婆娑。

2007 年 5 月 8 日，周庄古镇景区被国家旅游局正式批准为国家 5A 级旅游景区。

视野拓展

周庄特色美食

水乡周庄，珍馐水产四时不绝，其中最有名的是“蚬江三珍”：鲈鱼、白蚬子、银鱼。周庄还出产鳗鲡，“稻熟鳗鲡赛人参”，这句乡谚尽人皆知。此外还有甲鱼、河虾等。周庄美味不止于此，江南特产的腌菜苋、青团等也深受游人喜爱。数不尽的糕点熟食，如芝麻糕、花生糕、胡桃糕、椒盐糕、青糕等。青团、莼菜、撑腰糕、袜底酥、万三蹄、阿婆菜、三味圆、阿婆茶和茶点、万三糕、鲃鱼被称为周庄十大特色美食。

（三）中央电视台无锡影视基地三国、水浒景区

中央电视台无锡影视基地，坐落于无锡市美丽的太湖之滨，是我国首创的大型影视拍摄基地和文化旅游胜地，也是国家首批 5A 级旅游景区。

无锡影视基地始建于 1987 年，占地面积近 100 公顷，可使用太湖水面 200 公顷。当年中央电视台按照“以戏带建”的方针，为拍摄电视连续剧《唐明皇》《三国演义》《水浒传》，相继建成了唐城、三国城和水浒城三大景区。

唐城位于无锡市西南方大浮山麓，占地 15 万平方米，总建筑面积达 3 万平方米。整个建筑气势雄伟，金碧辉煌，显示了当年的皇城气派。城内有长 110 米、宽 34 米的“唐街”，街上茶馆、酒肆、钱庄、布号、道观等唐代民居风俗一应俱全。有占地 1 万平方米的大型皇家园林景区，由“沉香亭”“演乐台”“骊山画阁”等唐代建筑组成。

三国城景区位于烟波浩渺的太湖之滨，占地 35 公顷。城内有依山而建的“七星坛”“烽火台”“甘露寺”等建筑。有建筑面积达 8 万多平方米的汉代建筑物“吴王宫”，有“古战船群”“水寨”“辕门”“十大阵法”“刘备招亲”等几十大景点。

水浒城南面与三国城相邻，西濒太湖，占地 580 庙，可供拍摄的水上面积 1500 亩。水浒城主体景观可分为州县区、京城区、梁山区三大部分。

七、上海市

上海市别称“申”，简称“沪”。上海市位于长江入海口，处于长江三角洲冲积平原前缘，全市面积约 6340 平方千米，人口 2487 万余人。

上海作为中国最大的经济城市，是我国四个中央直辖市之一，中国国家中心城市，中国的经济、金融中心，繁荣的国际大都市，是中国首个自贸区“中国（上海）自由贸易试验区”的所在地。上海是中国最著名的工商业城市，是全国最大的综合性工业城市，也是港口城市，是贸易、航运、科技创新中心。

上海市的著名景点有外滩、南京路、人民广场、豫园、静安寺、新天地、上海迪士尼度假区、陆家嘴、崇明岛、滴水湖、淀山湖、朱家角、枫泾古镇等。东方明珠广播电视塔、野生动物园、上海科技馆、中国共产党一大·二大·四大纪念馆景区为我国 5A 级景区。

（一）外滩

外滩又名中山一路，是为了纪念中国民主革命的先驱孙中山先生而命名的。外滩是上海的标志，是最具上海特征的景观。

在近代史上，外滩曾是西方列强在上海的政治、金融、商务和文化中心，集中了世界各国各种风格的建筑，因此，外滩被人们比喻为“近代世界建筑博览会”。

外滩的江面、长堤、绿化带及万国建筑群所构成的街景，是最具有特征的上海景观。

（二）上海东方明珠广播电视塔

东方明珠广播电视塔（见图 6-26），坐落于黄浦

图 6-26　上海东方明珠广播电视塔

江畔浦东陆家嘴嘴尖上，是一座集观光、会议、博览、餐饮、购物、娱乐、住宿、广播电视发射为一体的上海标志性建筑。塔高468米，仅次于加拿大多伦多电视塔和俄罗斯莫斯科电视塔，名列世界第三、亚洲第一。电视塔巧妙地融合了宇宙空间、飞船火箭和原子结构的形象，创造了“大珠小珠落玉盘”的意境，体现了现代科技和东方文化的完美结合。

2007年5月8日，上海东方明珠广播电视塔被国家旅游局正式批准为国家5A级旅游景区。

（三）上海野生动物园

上海野生动物园位于上海浦东南汇区境内，展区占地153公顷（2300亩），是我国最大的国家级野生动物园。2007年5月8日，上海野生动物园被国家旅游局正式批准为国家5A级旅游景区。

上海野生动物园率先倡导动物健康运动，园内有四座功能各异的动物健康运动表演练习场馆。人与兽大型广场艺术表演精彩纷呈。同时，建有当今世界上最先进的哺乳动物浸入式展区多个，拉近了人与动物的距离，营造了人与动物充分和谐的环境。游客游园时，分车入和步入两大参观区。

第三节　主要旅游线路

一、湖北省——“一江两山”精品游

（一）行程

武汉—宜昌三峡大坝—神农架—武当山

（二）特点

本线路以长江三峡的三峡大坝“高峡平湖”景观和原始自然的神农架、道教名山武当山两座名山为核心，是湖北省经典、具有吸引力的旅游路线。

武汉是湖北省省会，华中地区最大都市，长江中下游特大中心城市。世界第三大河长江及其最长支流汉江横贯市区，将武汉一分为三，形成武昌、汉口、汉阳，三镇跨江鼎立的格局。武汉又称“江城”，有着优越的地理位置，历来有“九省通衢”之称。

宜昌市，位于湖北省西部，湖北省下辖的一个地级市，扼长江三峡东口，是长江葛洲坝水电站和三峡水电站的所在地。三峡大坝位于湖北省宜昌市境内，距下游葛洲坝水利枢纽工程38千米，是当今世界最大的水力发电工程。

神农架林区位于湖北省西部边陲，总面积3253平方千米，林地占85%以上。神农架是世界中纬度地区唯一一块保存完好的绿色宝地，具有比其他温带森林生态系统更为丰富的具有全球意义的生物多样性。被世人誉为“物种基因库”“天然动物园”和“绿色宝库”。神农架保存完好的自然生态为世人所瞩目。

武当山位于湖北省西北部的十堰市丹江口市境内，是联合国公布的世界文化遗产地之一，也是道教名山和武当武术的发源地，被称为“亘古无双胜境，天下第一仙山”。武当武术，是中华武术的重要流派。元末明初，道士张三丰集其大成，开创武当派，并影响至今。

二、湖南省——湘西风情游

（一）行程

长沙—武陵源—天门山—凤凰古城

（二）特点

本线路以湘西的自然山水风光和人文景观为核心。

长沙古称潭州，别称“星城”，是湖南省省会，中国中部第二大城市。长沙作为首批历史文化名城，具有三千年灿烂的古城文明史，是楚汉文明和湖湘文化的始源地。可参观中国古代四大书院之岳麓书院，中国四大名亭之爱晚亭，世界最大的内陆洲、潇湘八景之一的——橘子洲，参观巨型毛泽东塑像，感受毛泽东《沁园春·长沙》诗句的豪迈气概。

武陵源风景名胜区位于湖南省西北部的武陵山脉之中，由张家界国家森林公园、索溪峪自然保护区、天子山自然保护区和杨家界自然保护区四大景区组成。因这几个景区统属张家界市，故又以张家界统称。景区以“五绝：奇峰、怪石、幽谷、秀水、溶洞”享有盛誉。

天门山位于湖南省张家界市永定区，因自然奇观天门洞而得名，也因天门洞而蜚声世界，被誉为“湘西第一神山”“武陵之魂”“张家界之魂”。天门山国家森林公园保存着完整的原始次森林，有着很多极为珍贵和独特的植物品种，森林覆盖率达 90%。

凤凰古城位于湖南省湘西土家族苗族自治州西南部，为国家历史文化名城、中国十大古城之一。古城风景秀丽、历史悠久名胜古迹甚多。城内紫红沙石砌成的城楼、沿沱江而建的吊脚楼、古色古香的明清古院，油绿的沱江静静地流淌；城外有南华山国家森林公园、城下艺术宫殿奇梁洞、建于唐代的黄丝桥古城、举世瞩目的苗疆长城等风景区。这里不仅风景优美，有着少数民族的浓郁风情，而且人杰地灵、贤达辈出。

三、安徽省——奇山异水游

（一）行程

合肥—黄山—九华山

（二）特点

本线路中的黄山、九华山都以气势磅礴、风景秀美著称。俗话说“薄海内外之名山，无如徽之黄山”，黄山不仅以奇伟俏丽、灵秀多姿著称于世，还是一座资源丰富、生态完整，具有重要科学和生态环境价值的风景名胜区，属世界文化与自然双遗产，其中又以自然景观为特色，以奇松、怪石、云海“三奇”名扬天下，再加上温泉、冬雪又被称为“黄山五绝”。

九华山是著名的游览避暑胜地，与山西五台山、浙江普陀山、四川峨眉山并称为中国佛教四大名山，是“地狱未空誓不成佛，众生度尽方证菩提”的大愿地藏王菩萨道场。它以佛教文化习俗和奇丽的自然风光享誉海内外。

四、江西省——赣北山水游

（一）行程

南昌—庐山—婺源—三清山

（二）特点

本线路以赣北山水、婺源风光为主线。庐山是一座集风景、文化、宗教、教育、政治为一体的千古名山。有“匡庐奇秀甲天下”之美誉。婺源——中国最美的乡村，漂亮的油菜花海，古色的徽派建筑，感受小桥流水人家的静谧。三清山景区内云海、怪石、奇峰交相辉映，被誉为“江南第一仙峰，天下无双福地”。

五、浙江省——浙东水乡佛国游

（一）行程

杭州—绍兴—宁波—舟山

（二）特点

本线路以水为特色，既有秀丽的西湖，又有水乡古城，更有海港城市和“海天佛国”。浙东水乡佛国游，从杭州向东而行，途经古城绍兴、港口城市宁波、海岛城市舟山。沿途有中国最典型的江南水乡地貌，水网纵横，至今仍可见古老的水利灌溉系统。这里人民的生活方式独特，他们择水而居，采石筑桥，用脚划船，戴毡帽，品老酒，观社戏，怡然自得。浙东一带风光旖旎，历史久远。有7000年历史的河姆渡文化遗址；有中国书法圣地兰亭、中国最古老的藏书楼天一阁等历史文化古迹；有奉化溪口雪窦山风景区；有中国四大佛教名山之一的普陀山；还有嵊泗列岛风景区，其优美的海滨浴场，是夏日游人理想的度假场所。

六、江苏省——苏南水乡园林游

（一）行程

苏州—无锡—镇江—扬州

（二）特点

本线路以江南秀丽的山水风光和古典园林为特色。

苏州园林以私家园林为主，起始于春秋时期的吴国建都姑苏时（公元前514年），到清末苏州已有各色园林一百七十多处，现保存完整的有六十多处，对外开放的园林有十九处。苏州园林占地面积不大，但以意境见长，以独具匠心的艺术手法在有限的空间内点缀安排，移步换景，变化无穷。

无锡是我国著名的鱼米之乡，地处太湖之滨，风景幽雅秀丽，历史悠久，无锡以丰富而优越的自然风光和厚重而悠长的历史文化，成为全国十大旅游观光城市之一。

镇江是中国历史文化名城，又是一座集港口、工贸、旅游于一体的新兴工贸、旅游城市。长江和京杭大运河在此汇就了中国“江河立交桥”坐标，素有“天下第一江山”之美誉。镇江的旅游资源极为丰富，著名的金山、焦山、北固山，沿江屹立，风景秀丽壮观，犹如一幅壮丽的山水长卷，统称镇江三山。

扬州是中国历史文化名城之一，历来是水陆交通枢纽，南北漕运的咽喉，苏北的重要门户。素有“竹西佳处，淮左名都”之称。扬州还是驰名中外的旅游胜地，素来是人文荟萃之地，风物繁华之城，有众多的名胜古迹和雅致园林。

七、上海市——繁华都市游

（一）行程

东方明珠—陆家嘴—南京路步行街—外滩

（二）特点

本线路可以一览国际大都会的现代与繁荣。上海有“东方巴黎”之美称，是中国的经济、金融中心，繁荣的国际大都市，拥有中国大陆首个自贸区“中国（上海）自由贸易试验区”。同时也是中国的历史文化名城，拥有深厚的近代城市文化底蕴和众多历史古迹，江南的吴越传统文化与各地移民带入的多样文化相融合，形成了特有的海派文化。上海也是中国主要旅游城市之一，来到上海，沉浸其中，感受繁华。

本章关键词

长江中下游旅游区　旅游环境　旅游资源特征　旅游胜地　旅游线路

本章小结

长江中下游旅游区是我国自然条件最优越，经济最发达，交通便利，人口最稠密的地区之一。全区旅游资源以名山胜水、古典园林和旅游城市众多著称。特别是古典园林居全国之冠，以苏州最为典型，素有“江南园林甲天下，苏州园林甲江南”的称誉；本区河网密布，湖泊众多，水景旅游资源极其丰富。

本章彩图

思考与练习

一、填空题

1. 四大佛教名山中以奇特的海滨地貌和浓郁的宗教气氛而闻名中外的是（　　）。
2. “飞流直下三千尺，疑是银河落九天”描绘的是（　　）的瀑布。
3. 天柱峰顶端上的（　　）是武当山的象征。
4. 黄山最有名的松树是（　　）。
5. 庐山四大奇观是指（　　）、（　　）、（　　）和（　　）。
6. 在我国的四大佛教名山中，以“秀甲天下”的是（　　）。

二、单项选择题

1. 中国革命的摇篮是（　　）省，其简称是（　　）。
A. 江苏；浙　　B. 湖南；湘　　C. 江西；皖　　D. 江西；赣
2. 我国特点最多的名山是（　　）。
A. 庐山　　B. 黄山　　C. 衡山　　D. 雁荡山
3. （　　）被称为是东方的威尼斯。
A. 苏州　　B. 无锡　　C. 杭州　　D. 南京
4. 下列不属于江南三大名楼的是（　　）。
A. 蓬莱阁　　B. 黄鹤楼　　C. 岳阳楼　　D. 滕王阁
5. 上海是中国最大的（　　）中心。
A. 经济　　B. 政治　　C. 文化　　D. 交通
6. 中国道教第一名山是（　　）。
A. 三清山　　B. 武当山　　C. 九华山　　D. 普陀山
7. 有“九省通衢”之称的城市是（　　）。
A. 长沙　　B. 南昌　　C. 武汉　　D. 合肥
8. 游览（　　）能体验到大都市中西合璧、商儒交融、八方来风的海派文化氛围。
A. 苏州　　B. 杭州　　C. 南京　　D. 上海

三、判断题

1. 西递和宏村是皖南民居中最有代表性的两座村落。（　　）
2. 毛泽东、朱德在江西庐山建立了第一个农村革命根据地。（　　）
3. 杭州是全国河、桥最多的城市。（　　）
4. 上海外滩是上海的标志，是最具上海特征的景观。（　　）

四、简答题

1. 长江中下游旅游区包括哪些行政区？其相应的简称和行政中心分别是指哪些？

2. 长江中下游旅游区的旅游资源特征主要有哪些？

3. 长江中下游旅游区共有几个旅游胜地被联合国教科文组织列入《世界遗产名录》？请说出具体名称。

4. 湖北省的九大旅游文化是什么？钟祥明显陵的独特之处是什么？简述武当山道教古建筑群的特点。

5. 湖南省有哪些著名的景区景点？“南岳八绝”是指哪些？

6. 简述庐山风景区的特点。

7. 黄山“四绝”是什么？

8. 杭州西湖风景名胜区中的一山、两堤、三岛和西湖十景分别指的是什么？

9. 为什么说苏州是一座著名的“园林之城”？苏州的四大名园是什么？

10. 上海市是一座怎样的城市？其主要游览点有哪些？

11. 设计一条江南水乡游的精品旅游线路。

第7章

南部沿海旅游区

本章概览

南部沿海旅游区位于我国南部沿海地区，包括福建省、台湾省、广东省、海南省、广西壮族自治区、香港特别行政区和澳门特别行政区。本区自然地理环境复杂，侨乡众多，经济发展迅速，是我国最早对外开放的地区，自然和人文旅游资源独特，也是我国旅游业发展最好的地区之一。

学习目标

了解南部沿海旅游区的旅游环境
掌握本区的旅游资源特征
熟悉本区的主要旅游胜地
了解区内的主要旅游线路

第一节　旅游环境

一、概况

南部沿海旅游区靠近东南亚，地理位置优越，总面积约 61.113 32 万平方千米，人口约 2.5946 亿。民族以汉族为主，少数民族有壮族、高山族、黎族、回族、苗族、畲族等。

南部沿海旅游区地形以低山丘陵为主，主要有南岭、武夷山、五指山等山脉，其他地区多为海拔 500 米以下的丘陵。本区没有大面积的平原，平原多分布在河流两侧和河口三角洲。面积相对较大的平原有珠江三角洲、台湾西部平原、韩江平原和泉州平原等。

本区海岸线曲折漫长，有许多优良的港湾，如福州、厦门、高雄、基隆、汕头、深圳、湛江、香港、北海、三亚等著名的港口，为本区的进出口提供了优越的海运条件。本区岛屿众多，且类型多样。大小岛屿 2 万多个，其中台湾岛属于大陆岛，面积 3.5 万多平方千米，是我国第一大岛，海南岛是我国第二大岛。南海诸岛由东沙、西沙、中沙和南沙四组群岛组成，多属珊瑚礁岛。蓝天、大海、椰林和礁岛组成南海独特的热带海洋风光。

本区水系众多，河网密布，汛期长，水量丰富，含沙量小。主要有珠江、韩江和闽江三大水系，其中以珠江水系最大，河流上游峡谷众多，景色壮观。本区地下水资源丰富，闽粤两省温泉众多，大部分温泉都建立了供休闲疗养的度假村。广州从化温泉、清新温矿泉、恩平金山温泉和珠海御温泉等都很著名。

本区属于典型的热带、亚热带季风气候，长夏无冬，降水丰沛，年均降水量为 1000 毫米 ~2000 毫米，台湾北部的火烧寮最多年降水量达 8507 毫米，是我国降水最多的地方。台风每年 5 月至 11 月多在本区沿海地区登陆，对台湾、福建、广东、海南的降水影响很大，多带来狂风暴雨等灾害，同时可缓解当地的旱情。本区几乎一年四季都可旅游，冬季温暖，是全国的避寒疗养和旅游中心。

南部沿海旅游区物产丰富而独特。本区以水稻种植为主，兼种多种热带、亚热带经济作物和水果。甘蔗是本区最重要的经济作物，荔枝、香蕉、柑橘和菠萝号称广东四大名果。海南省盛产热带水果，有“百果园”之誉。台湾是富饶的宝岛，享有“米仓”“糖库”“水果之乡”的美誉，是亚洲著名的天然动植物园，盛产樟树、蝴蝶和兰花等，有“蝴蝶王国”之称。本区又是我国热带经济作物生产基地，橡胶、咖啡、可可、黄麻和油棕等颇为著名。台湾的乌龙茶，福建乌龙茶、铁观音、武夷岩茶，广西的八角、罗汉果、沙田柚等也很有名。主要的工艺品有台湾的竹藤制品，海南的椰雕、珊瑚盆景，广东的粤绣、石湾陶瓷，福建的脱胎漆器，广西的三雕等，深受游客的喜爱。

本区经济发达，是我国对外开放最早的地区，有深圳、珠海、汕头、厦门和海南五大经济特区。经过 40 多年的发展，经济已处于全国领先地位，粤港澳大湾区已成为最发达的工业区之一。台湾、香港、澳门地区经济发达，其中台湾地区和香港地区曾被列入“亚洲四小龙”。本区矿产资源相对缺乏，工业以轻工业为主，服装、电子电器、玩具制造等工业在全国举足轻重。

本区的旅游交通相当便捷。铁路运输以京广线、京九线、鹰厦线、来福线为主干，京广、厦深、贵广、南广、海南环岛等高铁已在运营；海上运输有福州、厦门、广州、海口、高雄、香港等重要港口；珠江三角洲的内河航运也占相当重要的地位。航空以广州、深圳、厦门、南宁、海口、香港、台北等为本区主要的空港城市，联系区内外的交通。公路运输四通八达，方便了旅游。2018 年 10 月 24 日，港珠澳大桥的建成通车，大大方便了香港、澳门、珠海三地的交通往来，为粤港澳大湾区建设提供了更加便利的交通条件。

知识链接

港珠澳大桥

港珠澳大桥是“一国两制”框架下、粤港澳三地首次合作共建的超大型跨海通道，全长55千米，是目前世界上最长的跨海大桥，设计使用寿命120年，总投资1200多亿元人民币。2009年12月开工建设，于2018年10月开通运营。主体工程实行桥、岛、隧组合，总长约29.6千米，穿越伶仃航道和铜鼓西航道段约6.7千米的隧道，东、西两端各设置一个海中人工岛（蓝海豚岛和白海豚岛），犹如“伶仃双贝”熠熠生辉；其余路段约22.9千米为桥梁，分别设有寓意三地同心的“中国结”青州桥、人与自然和谐相处的“海豚塔”江海桥、扬帆起航的“风帆塔”九洲桥三座通航斜拉桥。桥面为双向六车道高速公路，设计速度为100千米/小时。

视野拓展

粤港澳大湾区

粤港澳大湾区（Guangdong–Hong Kong–Macao Greater Bay Area，GBA）由香港、澳门两个特别行政区和广东省广州、深圳、珠海、佛山、惠州、东莞、中山、江门、肇庆9个珠三角城市组成，总面积5.6万平方千米，2019年年底总人口达7000万人，是中国开放程度最高、经济活力最强的区域之一，在国家发展大局中具有重要战略地位。2019年2月18日，中共中央、国务院印发《粤港澳大湾区发展规划纲要》。按照规划纲要，粤港澳大湾区不仅要建成充满活力的世界级城市群、国际科技创新中心、“一带一路”建设的重要支撑、内地与港澳深度合作示范区，还要打造成宜居宜业宜游的优质生活圈，成为高质量发展的典范。以香港、澳门、广州、深圳四大中心城市作为区域发展的核心引擎。粤港澳大湾区与美国纽约湾区、旧金山湾区、日本东京湾区并称为世界四大湾区。

二、旅游资源特征

本区位于我国纬度最低的地区，北回归线穿过台湾、广东、广西，台湾岛南部、广东的雷州半岛和海南的全部属于热带，其他地区属于南亚热带，呈现出热带、亚热带自然景观。本区的自然植被为终年常绿的热带雨林——季雨林和南亚热带绿阔叶林，它们和地带性的砖红壤和赤红壤构成本区自然景观的基本特征。这里的植被终年青绿，种类多，成分繁杂，森林中林冠参差不齐，椰子树、榕树、木棉花等是其主要的树种。福建武夷山自然保护区、广东肇庆鼎湖山、广西花坪、广州的华南植物园等，是本区生物集中之地。参天的热带林木和明媚的海景，构成典型的南国风光。

本区地貌类型独特，地貌旅游资源丰富，有典型的海岸、丹霞、花岗岩、岩溶地貌。本区濒临东海和南海，海岸线漫长，又有众多的岛屿，为开展海滨和海上各项旅游提供了优越的条件。这里多属基岩海岸，长期的海水侵蚀，形成独特的海蚀崖、海蚀平台、海蚀柱、海蚀天桥等，如台湾北部的野柳岬、福建的海坛岛、海南三亚的“鹿回头”等。在相对平坦的海湾地区，形成了“洁白如玉”的沙滩，如海南三亚的亚龙湾和大东海、广西的北海银滩、深圳的大小梅沙等，都已开放成著名的海滨浴场。本区的生物海岸地貌独具特色，红树林主要分布在福建福鼎以南的海岸地区，深圳的红树林公园、海南东寨港的红树林自然保护区等都吸引大量游客驻足观赏。珊瑚礁海岸主要分布在海南岛和南海诸岛，是观赏热带海底世界绚丽风光的好去处。侏罗纪至第三纪内陆盆地沉积的红色沙砾岩层，后经地壳抬升，流水切割侵蚀，形成“色如渥丹、灿若明霞”的丹霞地貌在本区发育良好，主要有广东仁化县的丹霞山、乐昌市的金鸡岭和福建武夷山等。花岗岩地貌在本区也分布广泛，在长期湿热的气候下花岗岩球状风化突出，岩体硕大，形态古朴淳厚，景观别具一格，如厦门的日光岩和万石岩、泉州的清源山、海南三亚的天涯海角等。广西是我国石灰岩分布面积大、岩溶发育最典型的区域。桂林山水和肇庆的七星岩，是本区主要的岩溶风景区。

南部沿海旅游区历史悠久，有众多的文物古迹，加之古代海上丝绸之路发端于泉州、广州，海上贸易发达。鸦片战争以来，各地人民为了反抗清政府的腐败统治、外敌入侵和争取民族独立，浴血奋战，留下众多的革命遗迹、遗址，建立了相应的陈列馆，是进行爱国主义教育和革命思想教育的好课堂。主要遗址有东莞虎门销烟池遗址、中山翠亨村孙中山故居、广州花都洪秀全故居、广州三元里抗英遗址、黄花岗七十二烈士墓、中山纪念堂、农民运动讲习所、福建的古田会议旧址、厦门集美的陈嘉庚故居、海南琼崖纵队纪念馆、广西百色起义旧址等。

本区是我国历史上旅外华侨最多的地区。我国现有华侨、华人 3000 多万，97% 分布在东南亚各国，其祖籍以粤、闽最多。广东的潮汕地区、梅州、江门、中山等地，福建的厦门、晋江、福清、南安等地，一向以侨乡著称。此外，港、澳、台地区同胞的投资观光、寻根问祖，使其已成为本区重要的旅游客源之一。

本区是我国经济高速发展的地区，随着城市化进程的不断加速，城市建设日新月异，现代化建筑成为城市风景的重要组成部分。广州、深圳、香港、澳门、台北、福州、厦门等都是现代化国际性大都市，市内高楼大厦林立，街道繁华，人流如潮。本区的游乐活动场所较多，如深圳的华侨城、广州长隆、珠海长隆和海泉湾，还有港澳的游乐活动场所等，吸引了大量的游客。

截至 2021 年 7 月，本区已有福建武夷山、福建土楼、中国丹霞之福建泰宁、厦门鼓浪屿历史国际社区、“泉州：宋元中国的世界海洋商贸中心”，澳门历史城区，广东开平碉楼与村落、中国丹霞之广东丹霞山，南方喀斯特之广西桂林和环江、左江花山岩画艺术文化景观等名胜被联合国教科文组织列入《世界遗产名录》。

第二节　主要旅游胜地

一、福建省

福建省简称闽，省会福州，位于我国东南沿海，东隔台湾海峡与台湾地区相望，西北隔武夷山脉与江西省相邻。面积约 12 万平方千米，人口 4154 万余人。工业主要集中在沿海的福州、厦门、泉州、漳州等城市。主要的旅游景点有武夷山、厦门鼓浪屿、泉州清源山等。厦门鼓浪屿风景名胜区、南平武夷山风景名胜区、三明泰宁风景旅游区、福建土楼（永定・南靖）旅游景区、宁德屏南白水洋・鸳鸯溪旅游景区、泉州市清源山风景名胜区、宁德市福鼎太姥山旅游区、福州市三坊七巷景区、龙岩市古田旅游区、莆田市湄洲岛妈祖文化旅游区为我国 5A 级景区。

（一）福州市

福州地处福建省东部的闽江口，与台湾地区隔海相望，是福建省的政治、经济、文化中心，又是国家历史文化名城、著名的港口商贸城市和沿海开放城市。唐开元十三年（公元 725 年），因西北有福山，设福州都督府，福州之名自此始。唐末因城中榕树独盛，故号“榕城”。宋代开始，还因城内有于山、乌山、屏山鼎足而立，故又别称“三山”。

福州依山面海，群山环抱，城内三山鼎峙，两塔（白塔、乌塔）耸立，构成“城在山之中，山在城之内”的特殊景观。主要的景点有鼓山涌泉寺、西禅寺、林则徐墓和故居、西湖公园等。福州东南的海坛岛以“海滨沙滩冠全国，海蚀地貌甲天下”著称。

（二）武夷山

武夷山风景名胜区（见图 7–1），位于福建省北部武夷山市区西南约 15 千米，属典型的丹霞地貌，有“碧水丹山”“奇秀甲东南”之誉。

图 7–1　武夷山

武夷山风景名胜区分为武夷宫、九曲溪、桃源洞、云窝天游、一线天—虎啸岩、天心岩、水帘洞七大景区，自然风景奇秀幽深。“三三秀水清如玉、六六奇峰翠插天”是其自然风景的写照，“三三”指九曲溪，“六六”指三十六座山峰。九曲溪是武夷山景点集中的地方，全长 7.5 千米，依山而流、山溪相环，构成“曲曲山回转、峰峰水抱流”的奇异风景，游人凭借一张竹筏顺流而下，即可阅尽武夷秀色。

武夷山气候温暖湿润，动植物资源十分丰富，它保存着大量古老且珍稀的植物物种，其中很多是中国独有的；还生存着大量爬行类、两栖类和昆虫类动物，被国内外学者称为研究亚洲两栖和爬行动物的钥匙。色艳、香浓、味醇的武夷岩茶以其“药饮兼具”的功效，名扬四海，其中的“大红袍”为茶中珍品。

武夷山也是一座历史悠久、人文旅游资源景观丰富的文化名山，拥有千古之谜架壑船棺、朱子理学的摇篮紫阳书院和大量的寺庙宫观。古人称：“东周孔丘，南宋朱熹，北有泰岳，南有武夷。”南宋理学家朱熹在此居住 40 多年，设帐授徒，著书立说，使这里成为我国东南文化的中心，被誉为“道南理窟”。道家也把这里称为“第十六洞天”。

1999 年 12 月，武夷山被纳入《世界自然和文化遗产名录》；2007 年 5 月 8 日，武夷山风景名胜区被国家旅游局评为国家首批 5A 级旅游景区。

知识链接

朱熹与理学

朱熹（1130 年—1200 年）是南宋著名的思想家，字元晦，号晦庵，别号紫阳。祖籍徽州婺源（今属江西），出生于福建尤溪。14 岁丧父，随母定居崇安（今福建武夷山市）。自幼聪明过人，勤于思考。他认为在超现实、超社会之上存在一种标准，即“天理”。只有去发现和遵循天理，才是真、善、美。提出“存天理，灭人欲”的客观唯心主义思想。朱熹是理学的集大成者，是继孔子之后又一位儒家思想的主要代表。他的学术思想，在元、明、清三个朝代，一直是封建统治阶级的官方哲学。

（三）厦门市鼓浪屿风景名胜区

鼓浪屿（见图 7-2）位于厦门岛西南，隔 600 米的鹭江与厦门岛相望，景观秀丽多姿，素有“海上花园”“万国建筑博览”“音乐家摇篮”“钢琴之岛”之誉，是国家级重点风景名胜区，2007 年 5 月 8 日被列入国家首批 5A 级旅游景区。2017 年 7 月 8 日，鼓浪屿·历史国际社区被联合国教科文组织列入《世界遗产名录》。

碧海环抱中的鼓浪屿，面积 1.87 平方千米，常住人口 2 万多。岛上四季如春，树木繁茂，鸟语花香，海礁嶙峋，峰峦叠翠，峰岩跌宕，加之鳞次栉比的欧陆风格建筑，自然造化和人工雕凿相映成趣。主要景点有日光岩、菽庄花园、港仔后海滨浴场、郑成功纪念馆、皓月园、毓园等。

图 7-2　鼓浪屿

图 7-3　鼓浪屿郑成功雕像

日光岩又名“晃岩”，位于鼓浪屿中部，海拔 92.68 米，为鼓浪屿最高峰，山顶有一直径 40 多米的巨石凌空耸立，成为厦门的象征，且有“未上日光岩等于没到厦门”之说。民族英雄郑成功收复台湾时，曾屯兵于此，留下许多动人的传说，如今尚保留有“山寨门”和郑成功水操台等遗址，山下建有郑成功纪念馆。登上山顶，凭栏远眺，轻风拂面，海天一色，四周尽收眼底，天气晴朗时可眺见大、小金门岛，可抒祖国统一的热切心情。图 7-3 为郑成功雕像。

视野拓展

陈嘉庚与集美

陈嘉庚（1874 年—1961 年），著名爱国华侨领袖、教育事业家。1874 年 10 月 21 日，出生于福建同安县集美村（现属厦门市集美区）。17 岁，赴新加坡协助其父经营米店。不久，其父破产，陈嘉庚独立经营后首先替父亲偿还全部债务，获得良好信誉。此后，事业顺利。1925 年，他已成为东南亚的“橡胶大王”，著名的大企业家、百万富翁。陈嘉庚致富后，首先想到的是兴学报国，先后创办幼稚园、小学、中学、师范、水产、商科、农林、国学专科等学校，后称“集美学村”。1921 年，他创办了厦门大学。在抗日战争期间，他积极捐款捐物支援抗战。陈嘉庚的名字，永远铭刻在千百万华侨心中，受到祖国人民的尊敬和怀念。毛泽东称赞陈嘉庚为“华侨旗帜，民族光辉”。现在厦门市集美区保留有鳌园（陈嘉庚墓园）、归来堂（陈嘉庚先生故居）、集美大学和嘉庚公园等。

（四）湄洲岛妈祖庙

湄洲岛位于莆田市东南方 40 多千米处的湄洲湾内，1992 年 10 月被辟为国家级旅游度假区。2020 年 12 月湄洲岛妈祖文化旅游区被评为国家 5A 级旅游景区。

图 7-4　湄洲岛妈祖庙

湄洲岛因形似娥眉而得名，岛长 9.6 千米，东西宽约 1.3 千米，面积约 16 平方千米，这里四季如春，绿树成荫，天蓝水净，景色秀丽。岛上的妈祖庙（见图 7-4）是全世界 2000 多座妈祖庙（宫）的祖庙，闻名中外。始建于北宋雍熙四年（公元 987 年），后经历代扩建，日益雄伟。现在妈祖庙金碧辉煌，雕梁画栋，有殿、堂、楼、阁等 10 多座建筑，是海内外华人顶礼膜拜和向往的圣地。已经建成的妈祖文化园区规模更为宏大壮观。农历三月廿三和九月初九，庙宇内外人山人海，香火鼎盛。山顶屹立着一尊 14 米高的巨型石雕妈祖像，形象高大慈祥。2009 年 9 月 30 日，妈祖信俗被联合国教科文组织列入《世界非物质文化遗产名录》。

知识链接

妈祖的传说

妈祖原名林默，宋太祖建隆元年（公元 960 年）农历三月廿三，出生在湄洲岛。自幼聪颖灵悟，成人后识天文，懂医理，相传可“乘席渡海，预知人休咎事”，又急公好义，助人为乐，做了很多好事，深受人们的爱戴和崇敬。北宋雍熙四年（公元 987 年）农历九月初九，年仅 28 岁的妈祖在一次抢救海难中不幸遇难，相传羽化升天。从此以后，妈祖多次显灵救助苦难。在人们遇到困难时只要求声“妈祖保佑”，妈祖就会闻声而至，使人们逢凶化吉，遇难呈祥。据历史资料记载，北宋宣和五年（公元 1123 年）路允迪出使高丽途中，遇大风巨浪，“八舟七溺”，唯有路允迪“祈求妈祖保佑”。忽而一道红光出现，只见有一朱衣女子端坐桅间，瞬间风平浪静，终于平安脱险。路允迪返朝后奏明圣上，宋徽宗下诏赐“顺济”匾额。此后，历史上有众多人士受到妈祖的庇佑，留下了许多动人的故事。历代皇帝对妈祖进行了 30 多次的褒封，封号有“天妃”“天后”“海上女神”“天上圣母”等，“妈祖”是百姓对她的尊称。妈祖遇难后，人们为了缅怀她，就在湄洲岛建庙祭祀，这就是最早的妈祖祖庙。郑和下西洋前向妈祖进香朝拜，平安归来后向皇上奏称：“神显圣于海上”，于是在第七次下西洋前奉旨来到湄洲岛主持御祭，将庙宇修缮一新。

（五）福建土楼

福建土楼主要分布在福建西部和南部崇山峻岭中的永定、南靖、华安等县，尤以永定土楼（见图 7-5）著名。它以其独特的建筑风格和悠久的历史文化著称于世。福建土楼产生于宋元时期，经过明代早、中期的发展，明末、清代、民国时期逐渐成熟，并一直延续至今。福建土楼是世界上独一无二的山区大型夯土民居建筑，创造性的生土建筑艺术杰作。福建土楼依山就势，布局合理，吸收了中国传统建筑规划的“风水”理念，适应聚族而居的生活和防御的要求，巧妙地利用了山间狭小的平

图 7-5　永定土楼

地和当地的生土、木材、鹅卵石等建筑材料，是一种自成体系，具有节约、坚固、防御性强的特点，又极富美感的生土高层建筑类型。

土楼主要分圆楼、方楼、五凤楼三种。圆形土楼是客家民居的典范，堪称天下第一楼。它像地下冒出来的“蘑菇”，又像自天而降的“飞碟”。这种圆楼都由两三圈组成，由内到外，环环相套，外圈高十余米，四层，有一二百个房间，一层是厨房和餐厅，二层是仓库，三四层是卧室；二圈两层有三五十个房间，一般是客房，中一间是祖堂，是居住在楼内的几百人婚、丧、喜、庆的公共场所。楼内还有水井、浴室、磨房等设施。土楼采用当地生土夯筑，不需钢筋水泥，墙的基础宽达 3 米，底层墙厚 1.5 米，向上依次缩小，顶层墙厚也不小于 0.9 米。然后沿圆形外墙用木板分隔成众多的房间，其内侧为走廊。五凤楼主要分布在永定区一带，历史最悠久，是一种中原四合院式民居在福建特定环境下衍变的产物。方楼是从五凤楼演变出来的一种，加强了防卫性，建筑构造趋于简单，因而成了客家人广泛采用的住宅。现存方楼数量最多，仅永定一县就有方楼 4000 余座。

土楼除具有防卫御敌的奇特作用外，还具有防震、防火、防盗以及通风采光等特点。由于土墙厚度大，土楼隔热保温，冬暖夏凉。

图 7–6　南靖怀远楼

中国“福建土楼”在 2008 年 7 月 6 日被正式列入《世界遗产名录》。申遗成功的“福建土楼”由“六群四楼”组成，即：永定区初溪土楼群、洪坑土楼群、高北土楼群、衍香楼、振福楼，南靖县田螺坑土楼群、河坑土楼群、怀远楼（见图 7–6）、和贵楼，华安县大地土楼群。

与入选《世界遗产名录》的许多遗址、古迹、皇宫相比，中国“福建土楼”的奇特之处，恰恰蕴含在一种平实的、平民的生活之中。这里至今人丁兴旺，文化繁荣，相处和谐，是客家人族聚生活形态的“活”标本。

（六）泰宁大金湖

泰宁大金湖位于福建省西北的三明市泰宁县，大金湖地质公园以丹霞地貌景观为主体，同时还有花岗岩地貌景观和人文景观等点缀其中。大金湖是福建省最大的人工湖。泰宁作为青年时期丹霞景观的典型代表，是中国东南诸省中丹霞地貌面积最大的地区之一，拥有举世罕见的“水上丹霞”“峡谷大观园”“洞穴博物馆”三大奇观；地质遗迹十分丰富，是研究中生代西太平洋活动大陆边缘地质历史构造演化的理想场所。泰宁素有“汉唐古镇，两宋名城”之美誉，人文历史积淀深厚。主要景点有猫儿山、状元岩、九龙潭、泰宁古城、寨下大峡谷、上清溪、金湖等。2010 年 8 月福建泰宁作为“中国丹霞”的代表被列入世界自然遗产。

（七）泉州：宋元中国的世界海洋商贸中心

泉州古称“刺桐”，位于中国东南沿海，至今已有 1300 多年历史。宋元时期，泉州在繁荣的国际海洋贸易中蓬勃发展，呈现“涨海声中万国商”的繁荣景象，成为东亚和东南亚贸易网络的海上枢纽。泉州见证了古代中国与世界各国文明交流互鉴的辉煌历史，承载了中华民族自强不息、开拓进取、合作共赢的精神，是中国历史上对外开放取得的辉煌成就的缩影。

“泉州：宋元中国的世界海洋商贸中心”反映了特定历史时期独特而杰出的港口城市空间结构，是公元 10 世纪到 14 世纪产生并留存至今的一系列文化遗产，分布于以今天泉州城区为核心的泉州湾地区，其所包含的 22 个遗产点涵盖了社会结构、行政制度、交通、生产和商贸诸多重要文化元素，共同促成泉州在公元 10—14 世纪逐渐崛起并蓬勃发展，成为东亚和东南亚贸易网络的海上枢纽，对东亚和东南亚经济文化发展做出巨大贡献。

22 处古迹遗址包括：九日山祈风石刻、市舶司遗址、德济门遗址、天后宫、真武庙、南外宗正司遗址、泉州文庙及学宫、开元寺、老君岩造像、清净寺、伊斯兰教圣墓、草庵摩尼光佛造像、磁灶窑址（金交椅山窑址）、德化窑址（尾林—内坂窑址、屈斗宫窑址）、安溪青阳下草埔冶铁遗址、洛阳桥、安平桥、顺济桥遗址、江口码头、石湖码头、六胜塔、万寿塔。

2021 年 7 月 25 日，中国世界遗产提名项目“泉州：宋元中国的世界海洋商贸中心”顺利通过联合国教科文组织在福州举行的第 44 届世界遗产委员会会议审议，成功列入《世界遗产名录》，中国世界遗产总数升至 56 项。

视野拓展

惠安女

惠安女是福建泉州惠安县惠东半岛海边的一个特殊的族群，她们以奇特的服饰，勤劳的精神闻名海内外。惠安女，从狭义上来说其实是惠东女，主要分布在福建惠安东部崇武、山霞、净峰和小岞四个镇，是地地道道的汉族。她们的服饰，也深深地影响着周边的乡镇，如东岭、东桥和辋川等。据当地人说，几百年前，她们由中原移居于此，为防海风而佩戴花色头巾和橙黄色的斗笠；上身穿着紧窄短小的衣服，露出肚脐；下身穿着特别宽松肥大的裤子，腰带是扎在肚脐下面。花头巾、短上衣、银腰带、大筒裤是惠安女的典型特征。

2006 年 5 月 20 日，国务院将惠安女服饰列入第一批国家级非物质文化遗产名录。

二、台湾省

台湾省简称台，位于我国东南海面，西隔台湾海峡与福建省相望，东临太平洋，由台湾岛、澎湖列岛、兰屿、绿岛、彭佳屿、钓鱼岛、赤尾屿等 86 座海岛组成，总面积为 3.6

万平方千米，人口2356万余人。台湾岛山地丘陵占全岛面积的2/3，平原主要分布在台湾西部沿海，是全省农业、工业、城市和人口的主要集中分布区。气候主要为亚热带海洋性季风气候，高温多雨。台湾经济发达，为亚洲四小龙之一。台湾地区的旅游名胜有阿里山、日月潭、阳明山、北投温泉等。

知识链接

郑成功收复台湾

郑成功（1624年—1662年），明清之际民族英雄，汉族，本名森，又名福松，字明俨，号大木，福建省南安市石井镇人。明朝灭亡后，郑成功组织人马在福建继续抗清。荷兰殖民者于明天启四年（1624年）侵占了台湾，对台湾人民进行残酷的剥削和压迫，并不断骚扰福建、广东沿海地区，激起中国人民的无比愤慨。1661年3月23日，郑成功亲率将士2.5万、战船数百艘，自金门料罗湾出发，经澎湖，出其不意地在鹿耳门及禾寮港登陆。先以优势兵力夺取荷军防守薄弱的赤嵌城（今台南市内），继又对防御坚固的首府台湾城（今台南市安平区）长期围困。经过九个月的苦战，1662年2月1日，荷兰侵略军被迫投降，被侵占达38年之久的台湾终于重归祖国怀抱。现在台湾和福建各地还保留许多与郑成功有关的遗迹、遗址。

（一）台北市

台北市位于台湾岛北部、台北盆地的中央，四周与台北县相邻，是全台的政治、经济、文化中心，为台湾第一大城市。

图7-7　台北101大厦

清光绪元年（1875年），钦差大臣沈葆桢在此建立了台北府，统管台湾行政，从此有“台北”之名。1885年，清朝政府在台湾建省，首任巡抚刘铭传将台北定为省会。1949年后，这里仍然是最高行政机构所在地。

台北市是台湾北部的游览中心，除阳明山、北投风景区外，还有省内最大、建成最早占地8.9万平方米的台北公园和规模最大的木栅动物园。外双溪的台北故宫博物院是岛内外首屈一指的艺术宝库，外观仿北京故宫博物院，采用中国宫廷式设计，气势宏伟，共收藏包括原北京故宫在内的文物70万余件，其中以陶瓷、书画、青铜器、玉器、漆器、雕刻、织绣、满蒙档案文献最为丰富。台北101大厦（见图7-7）楼高508米，地上101层，地下5层，曾是世界第一高的摩天大楼。

知识链接

台北故宫博物院

图 7–8　台北故宫博物院

台北故宫博物院（见图 7–8）坐落在台北市基隆河北岸士林区外双溪，始建于 1962 年，1965 年夏落成。占地总面积约 16 公顷，依山傍水，外观仿北京故宫博物院，碧瓦黄墙，采用中国宫殿式建筑设计，共 4 层，正院呈梅花形。院前广场耸立由 6 根石柱组成的牌坊，气势宏伟，整座建筑庄重典雅，富有民族特色。院内设有 20 余间展览室，文化瑰宝不胜枚举。院内收藏有自北京故宫博物院、南京博物院、沈阳故宫、热河行宫、中国青铜器之乡——宝鸡运到台湾的二十四万余件文物，商周青铜器、历代的玉器、陶瓷、古籍文献、名画碑帖等皆为稀世之珍，展馆每三个月更换一次展品。文物中极品甚多，主要有：铜器中的西周毛公鼎、散氏盘；玉器中的翠玉白菜、辟邪雕刻（六朝古墓出土）；书法中的王羲之《快雪时晴帖》；颜真卿、宋徽宗（赵佶）书法手迹；画卷中的张宏《华子冈图》；以及中唐至清历代名家的代表作；瓷器中的宋、明、清名窑名家亲制品，官窑制御用艺瓷等。

（二）阿里山

阿里山在台湾岛中部的嘉义县东北，是大武峦山、尖山、祝山、塔山等 18 座山的总称，主峰塔山海拔 2663 米，有森林铁路盘山而上。山区气候温和，盛夏时依然清爽宜人，加上林木葱翠，是全台湾最理想的避暑胜地。从阿里山麓到山顶的空间距离仅 15 千米，但由山下一层一层盘旋绕上山顶的铁路，竟长达 72 千米，连通各森林区的支线，总长度有 1000 多千米。沿途有 82 条隧道，最长的达 1300 米。火车穿过热、亚热、温、寒四带迥异的森林区。通往阿里山的铁路与“阿里四景”（日出、云海、晚霞、森林）合称“五奇”。

（三）日月潭

图 7–9　台湾日月潭

日月潭（见图 7–9）位于台湾岛中部，是台湾最著名的风景区，也是台湾岛上最大的天然湖泊，其天然风姿可与杭州西湖媲美。湖面海拔 740 米，面积 7.73 平方千米，湖周长 35 千米，平均水深 40 米。潭中有一小岛名珠仔屿，亦名珠仔山，海拔 745 米。以此岛为界，北半湖形状如圆日，南半湖形状如一弯新月，日月潭因此而得名。旧台湾八景之一的“双潭秋月”就是由此而来。

日月潭之美在于环湖重峦叠嶂，湖面辽阔，潭水澄澈；一年四季，晨昏景色各有不同。7 月平均气温不高于 22℃，1 月不低于 15℃，夏季清爽宜人，为避暑胜地。

（四）野柳岬

野柳风景区（见图 7-10）位于台湾岛基隆市西北方约 15 千米处的基金公路，是一突出海面的岬角，长约 1700 米，宽约 250 米，远望如一只海龟蹒跚离岸，昂首拱背而游，因此也有人称之为野柳龟，受造山运动的影响，深埋海底的沉积岩上升至海面，产生了附近海岸的单面山、海蚀崖、海蚀洞等地形，海蚀、风蚀等在不同硬度的岩层上作用，形成蜂窝岩、豆腐岩、蕈状岩、姜状岩，风化窗等世界级的岩层景观。风景区分三大区：第一区女王头（见图 7-11）、仙女鞋、乳石等；第二区豆腐岩、龙头石等；第三区海蚀壶穴、海狗石等。岩石因风化、海蚀作用显得鬼斧神工，其中又以“女王头”“仙女鞋”“烛台石”等最为有名，具有很高的观光旅游和学术研究价值。

图 7-10　台湾野柳风景区

图 7-11　女王头

（五）垦丁

垦丁位于台湾本岛最南端的恒春半岛，被誉为台湾的天涯海角，三面临海，东临太平洋，西靠台湾海峡，南望巴士海峡，是台湾唯一拥有海域和陆地的公园。据说清朝时，从大陆来了一批壮丁到这里开垦，便被后人称为“垦丁”。

垦丁是台湾本岛唯一的热带地区，终年气候温暖，年平均气温 25℃，有热带雨林稀有植物、种类繁多的昆虫蝴蝶以及长达半年的候鸟迁徙落脚地。这里四周海域清澈，珊瑚生长繁盛。最南端突出的两个岬角鹅銮鼻公园和猫鼻头公园是两大热门景点。

三、广东省

广东省简称粤，省会广州，位于祖国大陆南部，与香港、澳门接壤，南临南海，面积约 18 万平方千米，人口 12 601 万余人，是目前中国人口第一大省。改革开放以来，广东成为我国对外开放最早的地区之一，经济发展迅速，自 1989 年起，广东国内生产总值连续居全国第一位，成为中国第一经济大省。工业、人口和城市主要集中在珠江三角洲地区。沿海岸线曲折分布，港湾众多，大陆海岸线长 4114 千米，居全国各省区第一位。

粤北聚集了广东省最多的奇特景观，粤北包括韶关和清远，那些山地的自然景观非常美丽，有以丹霞山和金鸡岭为代表的丹霞地貌，有喀斯特地貌的连南、阳山、英德山群及溶洞；粤西则有着漫长而曲折的海岸线，拥有为数众多的优质海滩；粤东的梅州、河源、潮汕和惠州地区一向以其独特的客家文化而在广东自成体系，民风古雅，古文化遗存丰富，近年来也成为旅游热点。广州长隆旅游度假区、深圳华侨城旅游度假区、广州白云山风景区、梅州雁南飞茶田景区、深圳市观澜湖休闲旅游区、清远市连州地下河旅游景区、韶关仁化丹霞山景区、佛山市西樵山景区、惠州市罗浮山景区、佛山市长鹿旅游休博园、阳江海陵岛大角湾海上丝路旅游区、中山孙中山故里旅游区、惠州西湖旅游景区、肇庆星湖旅游景区、江门市开平碉楼文化旅游区为我国 5A 级景区。

视野拓展

客家文化

客家文化是指客家人共同创造的文化，包括客家语、戏剧、音乐、舞蹈、工艺、民俗、建筑、人文、饮食等方面。客家文化是中国南方文化的重要组成部分，也是华夏汉族文化中独特而又不可多得的瑰宝。

客家文化既继承了古代正统汉族文化，又融合了南方土著文化，加上长期居住在丘陵地环境的影响，因而客家人也被称为是“丘陵上的民族”。千百年以来，客家人极力地保留着自己独具魅力的文化，使客家文化既传承了中华民族优秀的汉族文化，又与时俱进地创造出了丰富多彩的文化。尽管客家文化遍布中国的广东、福建、江西、广西、四川、台湾等省份，海外的印度尼西亚、新加坡、泰国等，对分布如此宽广的客家历史源流的研究，却直到 20 世纪才引起人们的广泛注意。此前的客家源流也有一些零星的记载，最早可以追溯到清代中叶。

（一）广州市

广州位于珠江三角洲的北端，是广东省政治、经济、文化中心，素有中国“南大门”之称，又名“羊城”“穗城”，又因气候温暖，四季繁花似锦，又称“花城”。广州名胜古迹众多，风景优美，主要的景点有白云山、越秀公园、广州塔（见图 7-12）、中山纪念堂、三元里抗英遗址、黄埔军校旧址、黄花岗七十二烈士墓、陈家祠、光孝寺等。

图 7–12 广州塔

1. 白云山风景区

白云山风景区位于广州市的东北部，国家 4A 级风景区和国家重点风景名胜区，自古就有“羊城第一秀”之称，主峰摩星岭海拔 382 米，峰峦重叠，溪涧纵横，常有白云在山顶盘绕，故名。白云山山体不太高，森林茂密，小溪潺潺，花团锦簇，是市民周末登山的好去处。

2. 越秀公园

越秀公园位于广州市区越秀山，海拔 70 余米，是市内最大的综合性公园。占地 92.8 万平方米，绿化覆盖率达 92%。园内不仅保存了镇海楼、明古城墙、四方炮台、中山纪念碑等各个历史时期的遗迹和古树名木，还建设了五羊仙庭、成语寓言园、竹林幽闲区、植物观赏区、花卉馆、博物馆、美术馆、游乐场、游泳场、体育场等景区和设施。

镇海楼又名望海楼，雄踞越秀山之巅，建于明洪武十三年（公元1380年），楼分5层，高 28 米，内设广州博物馆，登楼远眺，珠江风光尽收眼底。山上五羊花岗岩雕塑高约 11 米，造型含蓄，富有诗意，是广州市的象征。

知识链接

五羊的传说

图 7–13 广州五羊雕塑

公元前 9 世纪，周朝的楚国在如今的广州建造了一个城邑，名叫楚庭。有一年，楚庭因连年灾害，田地荒芜，农业失收，百姓饥荒。有一天，南海的天空出现五朵祥云，上有五位仙人，身穿红橙黄绿紫五色彩衣，分别骑着五只仙羊，仙羊口衔一棵一茎六穗的稻子，徐徐降落在这座城市。仙人把稻穗赠予百姓，把五只羊留下，祝愿这里永无饥荒，然后腾空而去。从此，广州成了岭南最富庶的地方，也因此有了“羊城”“五羊城”“穗城”之称。

3. 长隆旅游度假区

长隆旅游度假区位于广州市番禺区，是一处集旅游景点、酒店餐饮、娱乐休闲于一体的大型旅游度假区，拥有长隆野生动物世界、长隆欢乐世界、长隆水上乐园、长隆国际大马戏、长隆飞鸟乐园等旅游景点。

长隆野生动物世界占地 2000 多亩，以大规模野生动物种群放养和自驾车观赏为特色，是亚洲最大的野生动物主题公园。园内拥有华南地区亚热带雨林大面积原始生态；拥有 10 只澳大利亚树熊（考拉）、5 只中国大熊猫、洪都拉斯食蚁兽等世界各国国宝在内的 460 余种，20 000 余只珍稀动物；拥有全国首创的自驾车看动物模式；拥有全世界表演阵容最强大的白虎表演等五大动物表演秀。

长隆欢乐世界占地面积 1500 余亩，是集乘骑游乐、特技剧场、巡游表演、生态休闲、特色餐饮、主题商店、综合服务于一体的超大型主题游乐园。拥有垂直过山车、国际特技剧场、四维影院、摩托过山车、超级大摆锤、超级水战、U 形滑板等八大世界或亚洲之最，同时还拥有国内最大的室内儿童恒温游乐城——开心乐园。2007 年 5 月 8 日，广州市长隆旅游度假区被国家旅游局评为国家首批 5A 级旅游景区。

（二）深圳市

深圳，简称“深”，别称鹏城，地处广东省南部沿海地区，毗邻港澳，是粤港澳大湾区的核心引擎，与香港一河之隔，是中国内地与香港唯一接壤的城市。深圳 1979 年建市，1980 年设立经济特区。

深圳是全国经济中心城市、科技创新中心、区域金融中心、商贸物流中心，国际化城市，是我国最早实施改革开放、影响最大、建设最好的经济特区。在中国高新技术产业、金融服务、外贸出口、海洋运输、创意文化等多方面占有重要地位。

1. 华侨城旅游度假区

华侨城旅游度假区，位于风光旖旎的深圳湾畔，面积 4.8 平方千米，已形成以文化旅游景区为主体，其他旅游设施配套完善的旅游度假区。主要包括锦绣中华、中国民俗文化村、世界之窗、欢乐谷等四个大型文化主题公园，每年接待 600 多万游客。每年还要举办“狂欢节”“泼水节”“国际啤酒节”“玛雅狂欢节”“城市现代雕塑艺术展”等十多个文化节庆活动。

锦绣中华内近百处景点大致按照中国区域版图分布，是中国自然风光与人文历史精粹的缩影。这里既有名列世界八大奇迹的万里长城、秦陵兵马俑；金碧辉煌的北京故宫、天坛、孔庙；肃穆庄严的黄帝陵、成吉思汗陵、明十三陵；玲珑精巧的苏州园林等文化景观，也有雄伟壮观的黄山、泰山；险峻挺拔的长江三峡；如诗似画的杭州西湖、漓江山水等自然风光；还可以欣赏到皇帝祭天、孔庙祭典与民间的婚丧嫁娶风俗。在一天之内可领略中华五千年历史风云，畅游大江南北锦绣河山。

世界之窗将世界奇观、历史遗迹、古今名胜、自然风光、民居、雕塑、绘画以及民俗风情、民间歌舞表演汇集一园。景区按世界地域结构和游览活动内容分为世界广场、亚洲区、大洋洲区、欧洲区、非洲区、美洲区、现代科技娱乐区、世界雕塑园、国际街九大景区，内建有 118 个景点，包括埃及金字塔、柬埔寨吴哥窟（见图 7-14）、美国大峡谷、夏威夷火山、尼亚加拉大瀑布、巴黎凯旋门和埃菲尔铁塔、梵蒂冈圣彼得大教堂、印度泰姬陵、澳大利亚悉尼歌剧院、罗马斗兽场（见图 7-15）和比萨斜塔等。不出国门，便可游览世界各地奇景，感受迷人的异国风情。

2007 年 5 月 8 日，深圳华侨城旅游度假区被国家旅游局评为国家首批 5A 级旅游景区。

图 7-14　世界之窗吴哥窟

图 7-15　世界之窗罗马斗兽场

知识链接

东部华侨城

东部华侨城坐落在深圳市大梅沙，占地近 9 平方千米，由华侨城集团斥资 35 亿元精心打造，是国内首个集休闲度假、观光旅游、户外运动、科普教育、生态探险等主题于一体的大型综合性国家生态旅游示范区，主要包括大峡谷生态公园、茶溪谷休闲公园、云海谷体育公园、大华兴寺、主题酒店群落、天麓大宅等六大板块，体现了人与自然的和谐共处。一期工程 2004 年 12 月 30 日动工建设，2007 年 7 月 28 日正式开放。

2. 大、小梅沙

大梅沙海滨公园位于深圳东部大鹏湾，背倚青翠挺拔的梧桐山脉，面向浩瀚无边的南海，该海滨公园由政府投资兴建，免费向游客开放，夏季每逢周末，休闲的市民和游客蜂拥而至，欢声笑语充满了整个海滩。

小梅沙位于深圳东部大鹏湾，三面青山环抱，一面海水蔚蓝，一弯新月似的沙滩镶嵌在蓝天碧波之间。它无闹市的繁华与喧嚣，却有美丽的阳光、沙滩与海浪。这里，环海沙滩延绵千里，海滨浴场洁净开阔，蓝色的大海碧波万顷，茂盛的椰树婆娑起舞。

（三）开平碉楼与村落

开平碉楼（见图 7-16）与村落位于广东省江门市下辖的开平市赤坎、蚬冈、塘口、百合、赤水等镇，规模宏大、品类繁多、造型别致，被誉为“华侨文化的典范之作”“令人震撼的建筑文艺长廊”。2007 年 6 月，被列入《世界文化遗产名录》。

图 7–16 开平碉楼

广东省江门市下辖的开平市是我国著名的侨乡，也是建筑之乡、碉楼之乡。现存最早的开平村落建于 14 世纪；开平碉楼建于 16 世纪，是一种集防卫、居住和中西建筑艺术于一体的多层塔楼式建筑，到 20 世纪二三十年代，随着大量华侨回乡置业，开平碉楼出现了一个前所未有的鼎盛时期，最多时有 3000 多座，至今仍完好保存了 1833 座。

开平碉楼与村落数量之多，建筑之精美，风格之多样，及其中西文化交融的人文景观、自然生态、乡风民俗等，都保持得相当完整和真实，在国内乃至国际的乡土建筑中实属罕见，是 20 世纪开平华侨与村民主动把外国建筑文化与当地建筑文化相结合的结晶。开平碉楼主要用于防匪、防涝和居住。碉楼最具特色的是顶部的装饰艺术，由分布于世界各地的华侨吸取各自侨居国的建筑风格，结合中国建筑传统而设计建造，风格迥异，有中国古代建筑的硬山顶式，中西合璧的园林式、别墅式、古罗马式、中东式、美国式、英国式、德国堡垒式、教堂式等十余种。开平现存碉楼大致可分为泥楼、青砖楼、钢筋水泥楼。它以世界各国建筑艺术总汇而著称，反映了侨乡文化的超前性和创新性，在中国乡村建筑史上堪称奇迹，开平也因而被称为近代建筑博物馆。

知识链接

广东四大名山——丹霞山、鼎湖山、西樵山和罗浮山

丹霞山（见图 7–17），国家 5A 级旅游景区，位于韶关市的仁化县境内，因“色如渥丹、灿若明霞”而得名，是丹霞地貌的命名地，被誉为“中国红石公园”。丹霞山海拔 408 米，景区内有大小石峰、石墙、石柱、天生桥 680 多座，景色奇丽。锦江秀水纵贯南北，沿途丹山碧水，一脉柔情。丹霞山的阳元石和阴元石形象酷似，堪称一绝。2010 年 8 月作为“中国丹霞”的代表被列入世界自然遗产。

图 7–17 广东丹霞山风光

鼎湖山，国家 5A 级旅游景区，位于肇庆城区东北 18 千米，是我国第一个自然保护区，被中外学者誉为“北回归线上的绿宝石”“北回归线上的绿洲”。

西樵山，国家 5A 级旅游景区，位于佛山南海区西樵镇，风光清幽秀丽，峰峰皆奇，洞洞皆幽，更有湖、瀑、泉、涧、岩点缀其间，古人赞之为“谁信匡庐千嶂瀑，移

来一半在西樵”。一代武林宗师黄飞鸿，就诞生于此。

罗浮山，国家5A级旅游景区，位于惠州博罗县，是著名的道教名山，被道教称为“第七洞天、第三十四福地”，与南海西樵山是姐妹山，此地盛产荔枝，宋代文豪苏东坡有诗云：“罗浮山下四时春，卢橘杨梅次第新。日啖荔枝三百颗，不辞长作岭南人。”

视野拓展

粤菜

粤菜即广东菜，中国四大菜系之一，由广州、潮州、东江三部分特色菜发展而成，起步较晚但影响极大，不仅在香港、澳门，世界各地的中菜馆也多以粤菜为主。主要特点是取料广博奇杂而重“生猛”，调料重清脆爽嫩滑而突出原味。代表菜有：三蛇龙虎会、油泡鲜虾仁、白云猪手、脆皮乳猪、东江盐焗鸡、护国菜、大良炒牛奶、糖醋咕噜肉、广式月饼、沙河粉、艇仔粥等。

四、香港特别行政区

香港特别行政区（见图7-18），地处珠江口东侧，南海之滨，三面环海，北连深圳特区，由香港岛、九龙半岛、新界及周围235个岛屿组成，总面积为1104平方千米，人口747万余人。香港地形以丘陵为主，气候为亚热带海洋性季风气候，全年温暖湿润。香港地理位置优越，并有优良的维多利亚深水海港。香港是自由贸易港，是亚太地区乃至国际的金融中心、国际航运中心、地区贸易中心。1997年7月1日，回归祖国后实行“一国两制”“港人治港”政策，社会、经济更为发展，经济以转口贸易、出口加工、金融、旅游等为主，有“东方之珠”“购物天堂”“美食天堂”“娱乐天堂”“动感之都”等美称。主要的游览胜地有太平山、海洋公园、天坛大佛、迪士尼乐园等。

图7-18 香港

（一）太平山

太平山雄踞香港岛的西部，海拔554米，是香港岛的最高峰，是香港岛著名旅游景点。

太平山顶是观赏香港美妙夜景的最佳去处，其中又以缆车总站附近古色古香的狮子亭和空旷宜人的山顶公园为最佳观赏位置。坐缆车从山下到山顶全程1.4千米，只需8分钟就可到达山顶。山上空气清新，风景优美，登上瞭望台俯瞰，香港全貌尽收眼底。每当夜幕降临之际，站在太平山上放眼四望，在万家灯火的映照下，港岛和九龙宛如镶嵌在维多利亚港湾的两颗明珠，交相辉映。中环地区，更是高楼林立，壮观无比。太平山以其得天独厚的地理环境和人文景观，成为人们到香港的必游之地。

（二）海洋公园

香港海洋公园位于港岛的南部，三面环海，东濒深水湾，建成于 1977 年元月，占地 87 万平方米，是世界最大的海洋公园之一，拥有东南亚最大的海洋水族馆及主题游乐园。凭山临海，旖旎多姿，是访港旅客最爱光顾的地方，不仅可以看到趣味十足的露天游乐场、海豚表演，还有千奇百怪的海洋鱼类、高耸入云的海洋摩天塔，更有惊险刺激的越矿飞车、极速之旅，堪称科普、观光、娱乐的完美组合。海洋公园内有“太平洋海岸”，洋溢着北美加州海岸的文化魅力和自然美景。有海涛奔腾、海岸嶙峋及宁静宜人的沙滩景致，也有训练有素的海狮和海豹迎接游人。

香港海洋公园建筑分布于南朗山上及黄竹坑谷地。山上以海洋馆、海洋剧场（见图 7–19）、海涛馆、机动游戏为主。山下则有水上乐园、花园剧场、金鱼馆及仿照历代文物所建的集古村，村内有亭台楼阁、庙宇街景，反映中国历史风貌，使中国古代街景重现，并有民间艺术表演。由中央人民政府赠送的大熊猫安安和佳佳，深受广大市民欢迎。2007 年香港回归十周年时，中央人民政府赠送给香港的大熊猫盈盈和乐乐都在香港海洋公园内。

图 7–19　香港海洋公园海洋剧场

（三）天坛大佛

在香港岛西侧的海面上，浮立着地域宽阔、风光秀丽的大屿山岛。岛上有座雄伟壮观的宝莲寺，天坛大佛（见图 7–20）就矗立在寺旁海拔 482 米的木鱼峰上。

端坐于石砌仿北京天坛基座之上的天坛大佛，是释迦牟尼佛，他慈眉善目、神态庄重，似在为炎黄子孙默默祝福。大佛由 200 块青铜铸件组成，高 23 米，连基座高 34 米，重 250 吨，占地面积约 6567 平方米，堪称当今世界上最大的露天青铜佛像。在三层基座之内，设有展览厅，展出各种佛教艺术品如壁画、书画及佛祖释迦牟尼的舍利子等。

图 7–20　天坛大佛

天坛大佛于 1993 年 12 月 29 日开光，自此登临参拜的游客便络绎不绝。游客从香港岛中环的统一码头搭轮渡到大屿山岛之后，再乘巴士即可直达宝莲寺。亲眼看见天坛大佛的磅礴气势，实乃游览香港的一大快事。

（四）迪士尼乐园

图 7–21　香港迪士尼乐园

香港迪士尼乐园（见图 7–21）是全球第五个以迪士尼乐园模式兴建、迪士尼全球的第十一个主题乐园，也是首个根据加州迪士尼（包括睡公主城堡）为蓝本的主题乐园。位于大屿山的欣澳，环抱山峦，与南中国海遥遥相望，是一座融合了美国加州迪士尼乐园及其他迪士尼乐园特色于一体的主题公园。

香港迪士尼乐园包括四个主题区：美国小镇大街、探险世界、幻想世界、明日世界。每个主题区都能给游客带来无尽的奇妙体验。在美国小镇大街，可以欣赏美国街市的怀旧建筑、各款典雅的古董车，可以品尝各种中西佳肴美食；探险世界里，沿着一条条巨大的河流，穿过非洲大草原，进入亚洲神秘森林，到达泰山小岛，勇敢的领航员会带领游客探索大自然的神奇密境；充满欢乐的幻想世界，是梦幻中的童话世界，美丽善良的白雪公主、纯真活泼的小飞象、天真可爱的小熊维尼，每一个童话中的主角都能给人带来欢乐和幻想；明日世界，可以让人体验太空惊险之旅，探索宇宙。

（五）购物天堂

香港拥有各式各样的露天市集、充满奇趣的夜市和琳琅满目的豪华大型商场，商品种类包罗万象，价格公道，堪称购物天堂。

香港购物区主要分为“香港岛”及“九龙”两个地段。九龙以地铁线上的“尖沙咀”“佐敦”“旺角”为 3 个重点；香港岛以地铁线上的“中环”“金钟”“铜锣湾”“上环”为 4 个重点。

铜锣湾位于香港岛的核心区域，有多间大型购物商场，如时代广场、SOGO 崇光百货、皇室堡等，百德新街、罗素街、霎东街林立着一间间时尚服饰专门店。另有物超所值的大型化妆品超级市场，即使是最新最流行的货品，也是以批发价发售。此外，香港的化妆品是免税的，是旅游的最佳纪念品。

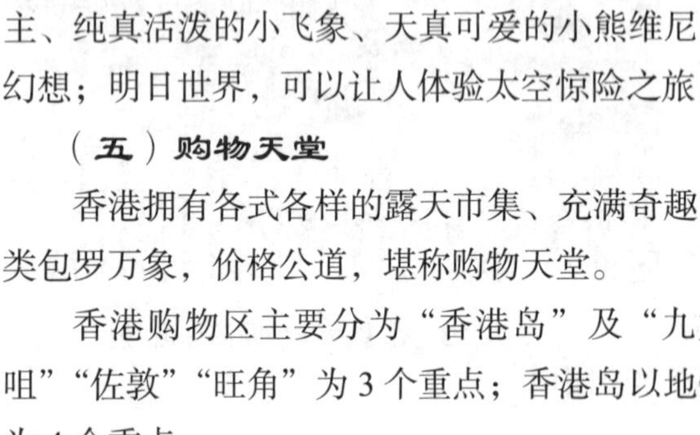

图 7–22　澳门

五、澳门特别行政区

澳门（见图 7–22）特别行政区位于南海之滨，珠江口西侧，近邻珠海，与东侧的香港相望。包括澳门半岛、氹仔岛和路环岛，面积为 29.2 平方千米，人口 68 万余人。地形多以丘陵、台地为主，平地多为填海而成。澳门属亚热带海洋性季风气候，全年温暖湿润。1999 年 12 月 20 日，回归祖国后采用“一国两制”“澳人治澳”政策，经济发展迅速。经济以出口加工、旅游、金融业和地产建筑等为主。

澳门历史城区于 2005 年 7 月被列入《世界遗产名录》。它是一片以澳门旧城区为核心的历史街区，其间以相邻的广场和街道连接而成，包括妈阁庙前地、亚婆井前地、岗顶前地、议事亭前地、大堂前地、板樟堂前地、耶稣会纪念广场、白鸽巢前地等多个广场空间，以及妈阁庙、港务局大楼、郑家大屋、圣老楞佐教堂、圣若瑟修院及圣堂、岗顶剧院、何东图书馆、圣奥斯定教堂、民政总署大楼、三街会馆（关帝庙）、仁慈堂大楼、大堂（主教座堂）、卢家大屋、玫瑰堂、大三巴牌坊、哪吒庙、旧城墙遗址、大炮台、圣安多尼教堂、东方基金会会址、基督教坟场、东望洋炮台（含东望洋灯塔及圣母雪地殿圣堂）等 20 多处历史建筑。

澳门历史城区保存了澳门 400 多年中西文化交流的历史精髓。它是中国境内现存年代最远、规模最大、保存最完整和最集中，以西式建筑为主、中西式建筑相互辉映的历史城区；是西方宗教文化在中国和远东地区传播历史的重要见证；更是 400 多年来中西文化交流互补、多元共存的结晶。

（一）大三巴牌坊

大三巴牌坊（见图 7-23），即圣保罗教堂的遗迹，位于澳门半岛中央大炮台山西侧。圣保罗教堂建成于 1637 年，整座教堂体现了欧洲文艺复兴时期建筑风格与东方建筑特色的结合，是当时东方最大的天主教堂。1835 年，圣保罗教堂被一场大火烧毁，仅残存了现在的前壁部分，因为它的形状与中国传统牌坊相似，所以取名为“大三巴牌坊”。精美绝伦的艺术雕刻，将大三巴牌坊装饰得古朴典雅。无论是牌坊顶端高耸的十字架，还是铜鸽下面的圣婴雕像和被天使、鲜花环绕的圣母塑像，都充满着浓郁的宗教气氛，给人以美的享受。现在，大三巴牌坊已经成为澳门的象征之一。

图 7-23　大三巴牌坊

（二）妈祖阁

图 7-24　澳门妈祖阁

妈祖阁（见图 7-24）俗称天后庙，坐落在澳门半岛的东南面，建于 1488 年，是澳门最古老的庙宇。妈祖阁历来香火鼎盛，经常紫烟弥漫，一派祥和气氛，故有

"妈阁紫烟"之称。葡萄牙人首次在澳门登陆就在妈祖阁附近，因不知到达之地名，便问当地人，被问者误以为问庙名称，遂告之"妈阁"，由此MACAU便成了葡萄牙人对澳门的正式称谓。

妈祖阁依山临海、古木婆娑、石狮镇门、飞檐凌空，是富有中国民族特色的古建筑。庙宇包括大殿、石殿、弘仁殿、观间阁四大主要建筑。农历三月廿三是妈祖的诞生日，此时妈祖阁香火最为鼎盛。

（三）澳门电视塔

澳门电视塔（英文Macao Tower），习惯称澳门观光塔，位于澳门半岛南湾湖畔，是全球第十位、亚洲第八位之独立式观光塔，由新西兰CCMBECA公司著名建筑师Gordon Moller设计于2001年建成，塔高338米，用地面积13 363平方米，总建筑面积8045平方米，观光主层离地223米高。顶层设有大型旋转餐厅，远眺四周，可饱览50千米以内的风景，澳门、珠海尽收眼底，晴天还可以看到香港的大屿山岛。集旅游观光、会展、宴会及休闲娱乐等多功能于一体，是一座钢筋混凝土结构高塔，是澳门著名地标之一。已开通的蹦极跳，惊险刺激。

六、广西壮族自治区

广西壮族自治区简称桂，首府南宁市，位于我国南部，南临北部湾，西南与越南毗邻。面积约24万平方千米，人口5012万余人。广西是以壮族为主体的少数民族自治区，也是全国少数民族人口最多的省区之一。境内居住着壮、汉、瑶、苗、侗、仫佬、毛南、回、京、彝、水、仡佬等12个世居民族。

广西旅游资源非常丰富，拥有举世闻名的桂林山水、江河、湖泊、泉水、瀑布、海滨景色和原始森林、珍稀动植物等自然旅游资源，还有古人类遗址、古水利和军事工程、古建筑、古城址、古园林和革命纪念地、众多的民族风情及习俗等人文旅游资源。最著名的是桂林到阳朔的百里漓江风景区，集岩溶风景之大成，素有"山水甲天下"之美称，为全国四大旅游胜地之一。桂林漓江、桂平西山和宁明花山为国家级风景名胜区。桂林漓江景区、桂林兴安县乐满地度假世界、桂林独秀峰·靖江王城景区、南宁市青秀山旅游区、桂林市两江四湖·象山景区、崇左市德天跨国瀑布景区、百色市百色起义纪念园景区、北海市涠洲岛南湾鳄鱼山景区为我国5A级景区。

视野拓展

刘三姐与"三月三"对歌

刘三姐是壮族民间传说人物。其传说最早见于南宋王象之《舆地纪胜》卷九十八《三妹山》。明清以来，有关她的传说与歌谣文献记载很多。据传，刘三姐为唐代壮族农家女，年幼聪颖过人，被视为"神女"。12岁即出口成章，妙语连珠，以歌代言，名扬壮乡，有

“歌仙”之誉。然而她的才华却遭到流氓恶霸的嫉恨，后被害死于柳州，传说她死后骑鲤鱼上天成了仙。“三月三”，是壮族地区最大的歌圩日，又称“歌仙节”，相传是为纪念刘三姐而形成的民间纪念性节日。现在歌节期间，除传统的歌圩活动外，还要举办抢花炮、抛绣球、碰彩蛋及演壮戏、舞彩龙、擂台赛诗、放映电影、表演武术和杂技等丰富多彩的文体娱乐活动。

（一）南宁市

南宁市简称“邕”，位于广西南部邕江两岸，是广西壮族自治区的首府。南宁地处亚热带，山清水秀、四季如春、瓜果飘香，素有“中国绿城”的美誉。一年一度的南宁国际民歌艺术节，备受世人瞩目。主要的游览地有南湖公园、人民公园、动物园、凤凰湖、青秀山、昆仑关、伊岭岩、大明山和广西药用植物园等。广西博物馆收藏约 10 万件文物及标本，其中收藏有世界最大的古铜鼓，直径 1.65 米，重约 300 千克。

（二）桂林市

桂林市位于广西东北部，漓江两岸，是我国著名的风景旅游城市和历史文化名城。桂林有独特的喀斯特地貌，以山清、水秀、洞奇、石美著称，有“桂林山水甲天下”之誉。2014 年 6月，广西桂林作为中国南方喀斯特扩展项目被批准列入《世界遗产名录》。

图 7-25　桂林山水

桂林山水（见图 7-25）素以三山两洞一条江为代表。三山是指叠彩山、伏波山、象鼻山；两洞是指七星岩和芦笛岩，为著名溶洞；一条江是指漓江。

1. 象鼻山

象鼻山（见图 7-26）位于桃花江和漓江交汇的江滨，因山形酷似一头酣饮江水的巨象而得名，是桂林山水的代表、桂林的象征。象鼻山海拔 200 米，高出水面 55 米，长 108 米，宽 100 米。山体面积 1.3 公顷，它是由 3.6 亿年前海底沉积的纯石灰岩组成的。主要景点有水月洞、象眼岩、普贤塔、宏峰寺及寺内的太平天国革命遗址陈列馆等。附近还有隋唐开元寺仅存的舍利塔。山上有象眼岩，左右对穿，极像大象的眼睛。在象山的

图 7-26　桂林象鼻山

"象鼻"和"象身"之间，有一个溜圆的大洞，名曰"水月洞"。水月洞倒影清流，构成"水底有明月，水上明月浮"的奇观。洞中有历代珍贵石刻五十余件，以宋刻为最。

2. 漓江景区

漓江发源于兴安县的猫儿山，流经桂林、阳朔，至平乐县恭城河口，全长437千米。由桂林至阳朔84千米的漓江，像一条青绸绿带，盘绕在群峰山峦之间，奇峰夹岸，碧水环绕，青山浮水，犹如一幅百里画卷。"江作青罗带，山如碧玉簪"。千百年来它不知陶醉了多少文人墨客。1982年，漓江作为神秀天下的山水名胜，以桂林漓江风景名胜区的名义，被国务院批准列入第一批国家级风景名胜区名单。2007年5月8日，桂林市漓江景区被国家旅游局正式批准为国家5A级旅游景区。

3. 阳朔风景

图7-27　阳朔山水

阳朔位于桂林南65千米，独特秀美的山水风光得到了"阳朔山水甲桂林"的美誉（见图7-27）。自然景观主要是山、水、岩洞、古榕等；人文景观主要是亭、台、楼、阁、石刻等。可供观赏的大小山峰数百座，一条十分诱人的漓江河，30多个岩洞，10多处楼台亭阁，近百处石刻，一株令人流连忘返的千年古榕。分5大景区、150余处景点。著名的景点有莲花岩、碧莲洞、聚龙潭、世外桃源、刘三姐水上公园、滨江公园、蝴蝶泉、遇龙河、田家河等。图7-27为阳朔山水风景。

4. 龙胜龙脊梯田

图7-28　龙胜龙脊梯田

龙脊梯田景区（见图7-28）位于桂林市北77千米的龙胜各族自治县，主要是以农业梯田景观为主体，融入壮、瑶等少数民族传统民族风情为一体的、集自然景观与人文资源因素的综合旅游景区，被誉为"天下一绝""诗境家园"。可分以平安龙脊和大寨金坑两处梯田景观。龙脊梯田景观区主要有金竹壮寨、黄洛红瑶寨、龙脊古壮寨、平安壮寨、龙脊梯田（九龙戏珠、七星伴月）等；金坑梯田景观区主要有金坑红瑶寨群、金坑梯田、下布茶园风光、下布峡谷、下布瀑布群等。

知识链接

环江喀斯特

环江喀斯特位于广西北部河池市环江毛南族自治县，与贵州荔波喀斯特共同组成了从高原到低地斜坡地形上的锥状（峰丛）喀斯特地貌，展示了丰富多样的地表和地下喀斯特地貌形态及生物生态特征，是亚热带锥状喀斯特的杰出代表。法国洞穴生物专家露易斯·德哈文先生说：环江喀斯特地貌独特，所有峰丛、峰林几乎在同一海拔上，以及洞穴生物的丰富性均为亚洲第一。环江喀斯特 2014 年作为“南方喀斯特”的代表被列入了世界自然遗产。

（三）崇左市

1. 左江花山岩画

左江花山岩画分布在崇左市境内的左江及其支流明江两岸 200 多千米的崖壁上，其中宁明花山岩画是典型代表。据统计，花山岩画总长 221 米，高近 40 米，现遗存各种图像 1950 多个，面积为 8000 多平方米，是目前为止中国发现的单体最大、内容最丰富、保存最完好的一处岩画，也是世界上单体最大保存最完好的一处岩画。这些形象逼真、神秘莫测的岩画，历经千年风雨的冲刷而不褪色，堪称奇迹。

经初步考证，花山岩画是春秋至东汉时期岭南左江流域壮族先民骆越人巫术活动遗留下来的遗迹。其画法、成画年代、作画颜料、表达的意思等至今尚无定论，众说纷纭，成为解不开、猜不透的“千古之谜”，也充分体现了壮族先民们的智慧。2016 年 7 月 15 日，左江花山岩画文化景观被联合国教科文组织列入《世界遗产名录》。

2. 德天跨国瀑布

德天瀑布位于崇左市大新县硕龙镇德天村，中越边境处的归春河上游，与紧邻的越南板约瀑布相连，是仅次于伊瓜苏瀑布、维多利亚瀑布及尼亚加拉瀑布之后的世界第四大、亚洲第一大跨国瀑布。

德天瀑布宽度 120 米，分三级，垂直落差 60 多米，年均水流量约为贵州黄果树瀑布的三倍。每年的 7 月至 11 月是其最美最壮观的时期，也是游客欣赏瀑布的最佳时节。2018 年 10 月 17 日，被评为国家 5A 级旅游景区。

（四）北海市

北海市位于广西的南部、北部湾东北岸，南北西三面环海，是我国首批沿海开放城市之一。拥有北海银滩、涠洲岛、星岛湖、冠头岭、山口、儒艮（美人鱼）国家自然保护区、白龙珍珠城遗址、合浦汉代墓葬保护区和大士阁、东坡亭古建筑群等著名的旅游景点，集“海、滩、岛、湖、山、林”于一体，自然风光和人文景观兼备。

银滩位于北海市南，北部湾畔，绵延 24 千米，以“滩长平、沙白细、水温静、浪柔软、无鲨鱼”著称，为我国首批12个国家级旅游度假区之一。建成了银滩公园、海滩公园、银滩乐园等旅游景点，推出了海滨浴场、海上运动、沙滩运动、大型音乐喷泉、欧陆风格建筑群、世界风情歌舞表演、海洋动物表演、会议培训等一系列旅游项目。附近的合浦，是我国最大的珍珠产地，所产的南珠是世界明珠。

七、海南省

海南省简称琼，省会海口市，地处中国最南部，北隔琼州海峡与广东省雷州半岛相望，包括海南岛和西沙群岛、中沙群岛、南沙群岛等岛屿及附近海域。所属海域面积约200多万平方千米，全省陆地总面积3.54万平方千米，其中海南岛面积3.39万平方千米，是我国第二大岛，是我国最大的经济特区、中国特色自由贸易港。全省人口1008万余人，汉族、黎族、苗族、回族是海南省世居民族。黎族是海南岛上最早的居民。

海南岛是我国橡胶、椰子、油棕、咖啡、胡椒等热带经济作物的主要产地和热带水果、反季节瓜菜重点生产基地。岛上椰树高耸挺拔，迎风摇曳，故名“椰岛”。主要旅游景点有三亚的亚龙湾、天涯海角、南山文化旅游区、琼海博鳌旅游区、海口东寨港红树林等。三亚南山文化旅游区、三亚南山大小洞天旅游区、呀诺达雨林文化旅游区、分界洲岛旅游区、保亭县槟榔谷黎苗文化旅游区、三亚市蜈支洲岛旅游区为我国5A级景区。

（一）海口市

海口市位于海南岛北部，因在南渡江入海口西侧，故名。海口又称椰城，是海南省的省会城市，全省政治、经济、科技、文化、交通中心，国家历史文化名城，国家“一带一路”倡议支点城市，海南自由贸易港核心城市。海口市是我国著名的热带海滨城市，沿江靠海，市区椰树成林，有20千米的滨海林带，沿海岸有不少月牙形的松软沙滩，成为著名的海滨浴场。主要的名胜有五公祠、海瑞墓、李硕勋烈士纪念亭、秀英炮台、万绿园、假日海滩、金牛岭烈士陵园、滨海公园、石山火山口、东寨港红树林等。

图7-29 三亚鹿回头雕塑

（二）三亚市

三亚位于海南岛最南端，古称崖州，别称鹿城，是我国著名的热带滨海旅游城市，这里四季如夏，汇集了阳光、海水、沙滩、气候、森林、动物、温泉、岩洞、田园、风情等十大风景旅游资源，主要的旅游景点有天涯海角、鹿回头（见图7-29）、亚龙湾、大东海、大小洞天、崖州古城、落笔洞三亚古人类遗址和南山文化旅游区等。

知识链接

鹿回头的爱情传说

相传，古时候五指山有一位善良的黎家青年上山打猎，发现了一只美丽的梅花鹿，便紧追不舍。九天九夜之后，他翻过了99座山，蹚过99条河，一直追到三亚湾的珊瑚礁上。前面是碧波万顷的茫茫大海，后面是紧追上来的猎手，梅花鹿已走投无路。就在猎手搭箭弯弓，准备发射的时候，只见眼前电光一闪，梅花鹿不见了，站在眼前的是一位美丽的黎家姑娘。之后两个人便海誓山盟，结下百年之好，在此安居乐业、繁衍子孙，过着幸福美好的生活。后人将这地方称为“鹿回头”。三亚市也因此别称“鹿城”。

1. 亚龙湾

亚龙湾位于三亚市东南 28 千米处，是海南最南端的一个半月形海湾，全长约 7.5 千米，沙粒洁白细软，海水澄澈晶莹，而且蔚蓝，能见度 7 米 ~9 米，适合潜水。海底世界资源丰富，有珊瑚礁、各种热带鱼、名贵贝类等。年平均气温 25.5℃，海水温度 22℃ ~25.1℃，终年可游泳，被誉为“天下第一湾”“东方夏威夷”。“三亚归来不看海，除却亚龙不是湾”，这是游人对亚龙湾由衷的赞誉。

2. 天涯海角

天涯海角（见图 7–30）位于三亚市区西南 23 千米处，是国家级风景名胜区、国家 4A 级景区。这里奇石林立，是花岗岩球状风化而成的。碧海、青山、白沙、巨磊、礁盘浑然一体；椰林、波涛、渔帆、鸥燕、云霞辉映点衬。“南天一柱”石刻是清代宣统元年（1909 年）崖知州范云梯题刻。“天涯”石刻是程哲任崖州知州期间的第四年丁未（1727 年）年题刻的。“海角”石刻是 1945 年王毅将军率部队来此题刻。代表性景点主要有：天涯购物寨、民族风情园、历史名人雕塑园、“南天一柱”“海判南天”“天涯”“海角”等。

图 7–30 天涯海角

3. 南山文化旅游区

南山文化旅游区，位于三亚市西南 40 千米处的南山，是融热带海洋风光、中国佛教文化、福寿文化、历史古迹、民间传说为一体，集生态旅游、休闲度假、社会教育、环境资源保护于一身的大型主题景区。

南山文化旅游区共分为三大主题公园：南山佛教文化苑、中国福寿文化园和南海风情

图 7-31 南山海上观音

文化园。南山佛教文化苑是一座展示中国佛教传统文化，富有深刻哲理寓意，能够启迪心智、教化人生的园区。其主要建筑有南山寺、南海观音佛像、观音文化苑、天竺圣迹、佛名胜景观苑、十方塔林与归根园、佛教文化交流中心、素斋购物一条街等。最为瞩目的是矗立在南海之滨的108米高的“南山海上观音”（见图 7-31），“一体化三尊”，造型挺拔，气势恢宏，高越天下。这项被誉为“世界级、世纪级”的佛教造像工程历时 6 年，已于 2005 年 4 月 24 日（佛历三月十六）举行了举世瞩目的盛大开光大典。2007 年 5 月 8 日，南山文化旅游区被国家旅游局正式批准为国家 5A 级旅游景区。

（三）五指山

五指山（见图 7-32）是海南第一高山，是海南岛的象征，也是我国名山之一。该山位于海南岛中部，峰峦起伏呈锯齿状，形似五指，故得名。远眺五指山，只见林木苍翠，白云缭绕。

图 7-32 五指山风光

五指山中的最高峰为二指，海拔 1867 米，在一峰、二峰之间，山势非常险要，攀登更难，有一座由天然巨石架成的“天桥”。二峰之后是三峰，原是五指山的最高峰，后被雷劈去一截。接着是四峰、五峰。这 5 座峰虽然峰巅分立，但却山体相连。

五指山区遍布热带原始森林，层层叠叠，逶迤不尽。海南主要的江河皆从此地发源，水光山色交相辉映，构成奇特瑰丽的风光。五指山林区是一个蕴藏着无数百年不朽良树的绿色宝库。进入原始森林，落叶厚达 50 厘米以上。空气里充满了一种独特的树脂香味，薄雾像一条透明的纱巾，环绕在深深绿谷之间，轻轻地飘荡。五指山还是珍禽异兽的王国，这里生长着两栖类、爬行类、鸟类、兽类等多种动物。

（四）呀诺达雨林文化旅游区

位于保亭黎族苗族自治县，是海南岛五大热带雨林精品的浓缩，堪称中国钻石级雨林景区。整体规划面积 45 平方千米，周边是 123 平方千米的生态恢复保护区，景区坚持天人合一的生态开发理念。以天然自然景观为基础，保护和强化景区优美的自然生态环境，融汇“原始生态绿色文化、黎苗文化、南药文化、民俗文化”等优秀文化理念，形成以雨林谷、梦幻谷、三道谷、蓝月谷、志妈谷“五谷丰登”的海南绿色旅游旗舰产品和高端养生度假大型绿色旅游景区。2012 年 8 月被国家旅游局评为国家 5A 级旅游景区。

（五）博鳌水城

位于海南岛东部琼海市博鳌镇，万泉河的入海口，濒临南海，是博鳌亚洲论坛总部所在地。这里融江、河、湖、海、山麓、岛屿于一体，集椰林、沙滩、奇石、温泉、田园等风光于一身。东部的一条狭长的沙洲“玉带滩”把河水、海水分开，一边是烟波浩渺的南海，一边是平静如镜的万泉河；在山岭、河滩、田园的怀拥下有水面保存完美的沙美内海；万泉河、九曲江、龙滚河三江交汇，东屿岛、沙坡岛、鸳鸯岛三岛相望。因其独特的自然资源、精心的规划以及高水准的开发建设，博鳌水城被海南省政府列为重点开发的旅游项目。

第三节　主要旅游线路

一、福建省——山水风情游

（一）行程

厦门鼓浪屿—客家土楼—武夷山—福州

（二）特点

本线路以山水秀丽明快和客家民居为特色。厦门鼓浪屿是国家 5A 级景区，有“海上花园”“音乐之岛”之称，可观赏万国建筑博览、日光岩。客家土楼是世界文化遗产，主要集中在南靖和永定等县，南靖的田螺坑土楼群，因其为四圆一方五座土楼组成，被世人称为“四菜一汤”。永定有振成楼、福裕楼、如升楼、“圆楼王”——承启楼，等等。武夷山是世界自然和文化双重遗产、国家 5A 级景区，属典型的丹霞地貌，有“碧水丹山”“奇秀甲东南”之誉，更有武夷岩茶“大红袍”可品尝。福州是福建的省会，可游览三坊七巷、林则徐纪念馆、福州西湖等景点，累了可到福州最大温泉群——金汤国际温泉会所泡温泉。

二、台湾省——台湾环岛游

（一）行程

台北—南投日月潭—嘉义阿里山—高雄—垦丁（鹅銮鼻）—花莲太鲁阁—基隆—野柳

（二）特点

本线路可游览宝岛台湾的自然山水风光，领略台湾的人文和地方文化。台北是台湾最大的城市，是宝岛旅游的重中之重，主要景点有阳明山、北投、台北“故宫博物院”、101 大楼等。晚上游览士林夜市，可自费品尝地道台湾小吃。南投日月潭，是台湾最著名的风景区，也是台湾岛上最大的天然湖泊，其天然风姿可与杭州西湖媲美。嘉义阿里山，主峰海拔 2663 米，是全台湾最理想的避暑胜地，可乘坐小火车观赏“阿里四景”（日出、云海、晚霞、森林）。高雄是南台湾最大的城市，可游览西子湾、前英国领事馆、六合夜市等。到台湾岛最南端垦丁，参观鹅銮鼻灯塔。花莲位于台湾岛东岸，太鲁阁公园素有大自然鬼斧神工之称，几近垂直的大理石峡谷雄伟壮丽，为台湾八大景之最。基隆市庙口夜市，闻名全台已有三四十年历史。野柳是一处突出海面的岬角，是闻名中外的海蚀奇观。

三、广东省——珠三角现代都市风情游

（一）行程

广州—深圳—珠海

（二）特点

本线路具有南国风光和现代都市风情。广州，广东省省会，又名“羊城”“穗城”“花城”，主要的景点有白云山、越秀公园、中山纪念堂、三元里抗英遗址、黄埔军校旧址、黄花岗七十二烈士墓、陈家祠、光孝寺、广州塔等。深圳靠近香港，可参观莲花山公园、中英街、邓小平画像、世界之窗、锦绣中华，近观地王大厦、京基 100 大厦、平安金融中心（599.1 米）。珠海靠近澳门，游览在情侣路，近观珠海的标志——渔女像，到横琴岛参观长隆海洋王国。

四、香港特别行政区——香港风情游

（一）行程

香港会议展览中心—海洋公园—浅水湾—迪士尼乐园—黄大仙祠—太平山—天坛大佛

（二）特点

被称为“东方之珠”的香港以经济高度的繁荣而著称，在这里可感受到香港中西文化荟萃之特色。香港会议展览中心是 1997 年香港回归中国举行交接仪式之场地。海洋公园是世界最大的海洋公园之一，拥有东南亚最大的海洋水族馆及主题游乐园。浅水湾是香港的风水宝地。迪士尼乐园是全球第五个以迪士尼乐园模式兴建、迪士尼全球的第十一个主题乐园。黄大仙祠始建于 1921 年，是香港著名庙宇之一。太平山，海拔 554 米，是香港岛的最高峰，坐缆车登上瞭望台俯瞰，香港全貌尽收眼底。天坛大佛端坐于石砌仿北京天坛基座之上，大佛由 200 块青铜铸件组成，高 23 米，堪称当今世界上最大的露天青铜佛像。

五、澳门特别行政区——澳门风情游

（一）行程

大炮台遗迹—大三巴牌坊—妈祖阁—澳门观光塔

（二）特点

澳门是一座东西文化融合共存、风貌独特的城市，留下了大量的历史文化遗迹。澳门历史城区是世界文化遗产，是一片以澳门旧城区为核心的历史街区，包括妈阁庙前地、亚婆井前地、岗顶前地等多个广场空间，以及妈阁庙、港务局大楼、大三巴牌坊、哪吒庙、旧城墙遗址、大炮台、东望洋炮台等20多处历史建筑。

六、广西壮族自治区——秀丽山水风情游

（一）行程

桂林—阳朔—德天大瀑布—北海银滩

（二）特点

本线路主要以广西秀丽自然山水游为主。桂林山水是世界自然遗产，属独特的喀斯特地貌，以山清、水秀、洞奇、石美著称，主要的景点有伏波山、七星公园、象鼻山、叠彩山、芦笛岩等。乘船游历在漓江上，青山碧水，犹如一幅百里画卷，“江作青罗带，山如碧玉簪”。“桂林山水甲天下，阳朔山水甲桂林”，阳朔著名的景点有莲花岩、碧莲洞、聚龙潭、世外桃源、蝴蝶泉、遇龙河等。花山岩画位于崇左市左江及其支流明江两岸的崖壁上，是世界上单体最大保存最完好的一处岩画。德天大瀑布位于崇左市大新县，位于中越边境，是亚洲第一，世界第四大跨国瀑布。北海银滩以“滩长平、沙白细、水温静、浪柔软、无鲨鱼”著称，近观“南珠魂”城雕，也可往金海湾景区，观海上森林——红树林，沙滩挖螺扒蟹、捕鱼、垂钓等活动，体验渔家人生活。也可乘船游涠洲岛。

七、海南省——“中国椰树海岸”游

（一）行程

海口—文昌—琼海—万宁—陵水—三亚

（二）特点

“中国椰树海岸”位于海南岛的东部，包括海南岛东部的六市县。本线路热带滨海度假旅游资源得天独厚，可以感受到椰风海韵，领略迷人的热带海岸风光。海口是海南省省会，主要的景点有五公祠、海瑞墓、秀英炮台、东寨港红树林、假日海滩等。文昌位于海南岛的东北部，有“椰乡”之称，主要旅游地有东郊椰林、铜鼓岭、八门湾绿道、孔庙、宋庆龄祖居等。琼海位于万泉河下游，可游览万泉河、娘子军塑像、博鳌亚洲论坛永久会址景区、玉带滩等。万宁位于海南岛东南部，主要的游览点有东山岭、兴隆热带植物园、石梅湾、日月湾等。陵水是海南海水养殖珍珠的主要产地之一，主要的景点有南湾猴岛、分界洲岛、香水湾、清水湾、吊罗山等；三亚位于海南岛最南端，古称崖州，别称鹿城，是我国著名的热带滨海旅游城市，主要的景点有天涯海角、鹿回头、亚龙湾、大东海、大小洞天、崖州古城、落笔洞三亚古人类遗址和南山文化旅游区等。

本章关键词

南部沿海旅游区　旅游环境　旅游资源特征　旅游胜地　旅游线路

本章小结

南部沿海旅游区位于我国最南部，依山傍海，是我国最早对外开放的地区，经济发展迅速，华侨众多，极大地促进了本地区的旅游业发展。自然和人文景观独特而丰富，既有典型的热带、亚热带自然风光，也有丰富多样的丹霞、花岗岩、岩溶和海岸等地貌，又加之为“海上丝绸之路”的起源地、拥有深受海外文化影响的岭南文化、众多的人造景观和现代城市建筑等，因而各地旅游特色明显，成为我国旅游业最发达的地区。

本章彩图

思考与练习

一、填空题

1. 武夷山是我国乘（　　）游览溪流最美的地方。
2. 南宋著名理学家（　　）在武夷山创建了武夷书院，讲学著述。
3. 广州市最大的游览胜地是（　　），广州市最大的公园是（　　）。
4. 台湾最大的湖泊是（　　）。
5. （　　）、（　　）、（　　）和（　　）是阿里山四大奇观。
6. 香港最大的岛屿是（　　）。
7. 香港岛的最高峰是（　　）。
8. 澳门最古老的庙宇是（　　）。
9. 澳门的标志性建筑是（　　）。
10. 三亚市位于海南岛（　　）端，是我国著名的（　　）滨海旅游城市。

二、单项选择题

1. 我国建立的第一个经济特区城市是（　　）。

A. 汕头　B. 厦门　C. 深圳　D. 珠海

2. 南部沿海旅游区是我国历史上旅外华侨最多的地区，其祖籍以（　　）为最多。

A. 粤、琼　　B. 粤、闽　　C. 琼、闽　　D. 桂、闽

3. “城在山之中，山在城之内”描述的是（　　）市。

A. 广州　　B. 南宁　　C. 福州　　D. 台北

4. 沿海海岸曲折，大陆海岸线长 4114 千米，居全国各省区第一位的是（　　）。

A. 琼　　B. 粤　　C. 闽　　D. 台

5.（　　）是中国内地与香港唯一接壤的城市。

A. 广州　　B. 珠海　　C. 厦门　　D. 深圳

6. 台湾最理想的避暑胜地是（　　）。

A. 高雄　　B. 台北　　C. 日月潭　　D. 阿里山

7. 广东四大名山中被列入世界自然遗产地的是（　　）。

A. 罗浮山　　B. 西樵山　　C. 鼎湖山　　D. 丹霞山

8. 南海诸岛中不属于海南省三沙市管辖的是（　　）。

A. 东沙群岛　　B. 西沙群岛　　C. 中沙群岛　　D. 南沙群岛

9. 福建景点中没有被联合国教科文组织列入《世界遗产名录》的是（　　）。

A. 武夷山　　B. 客家土楼　　C. 湄洲岛妈祖庙　　D. 厦门鼓浪屿

10. 海南的（　　）被称为“鹿城”。

A. 海口市　　B. 儋州市　　C. 三亚市　　D. 三沙市

三、判断题

1. 南部沿海旅游区是我国对外开放最早的地区。（　　）

2. 武夷山属于典型的丹霞地貌，有“碧水丹山”之美誉。（　　）

3. 福建土楼属于山区大型夯土民居建筑，是土家人族聚生活形态的“活”标本。（　　）

4. 广州素有中国“南大门”之称，南宁素有“中国绿城”之誉。（　　）

5. 武夷山最著名的物产是武夷岩茶。（　　）

6. 澳门的妈祖庙是祖庙，也是海内外华人顶礼膜拜和向往的圣地。（　　）

7. 翠玉白菜、肉形石和散氏鼎为台北“故宫博物院”三大镇馆之宝。（　　）

8. 香港迪士尼乐园是亚洲第一个迪士尼乐园。（　　）

9. 澳门大三巴牌坊原为圣彼得大教堂的遗迹，是澳门的象征。（　　）

10. 广西北海银滩以“滩长平、沙白细、水温静、浪柔软、无鲨鱼”著称。（　　）

四、简答题

1. 南部沿海旅游区包括哪些行政区？其相应的简称和行政中心分别是指什么？

2. 南部沿海旅游区的旅游资源特征主要有哪些？

3. 本区有哪些著名的丹霞地貌景区？各有什么特点？

4. 广州市是一座怎样的城市？有哪些景点？

5. 广东开平碉楼与古村落作为世界文化遗产，有哪些特色？

6. 本区的人造景区众多，试举一处说明它对本地旅游业发展起到的作用。

7. 台湾作为祖国的宝岛，有哪些著名旅游景点？

8. 说出香港、澳门地区的领土由哪几部分组成？各有哪些著名的旅游景点？

9. 桂林山水属于什么地貌？有哪些著名景点？

10. 本区的海滨风光特别突出，有哪些著名的海滨度假胜地？

11. 设计一条港澳游的精品旅游线路。

第8章 西南旅游区

本章概览

西南旅游区包括四川省、贵州省、云南省和重庆市三省一市，区内三大地理单元在地形地貌、河湖分布、气候状况等方面都有较大的差异，生物资源十分丰富，岩溶地貌景观突出。本区民族风情浓郁独特，古巴蜀等国遗址、遗迹是其特有的人文资源。

学习目标

了解西南旅游区的旅游环境

掌握本区的旅游资源特征

熟悉本区的主要旅游胜地

了解区内的主要旅游线路

第一节　旅游环境

一、概况

西南旅游区位于我国的西南地区，总面积114.2万平方千米，总人口约2.0148亿，主要有苗、布依、彝、侗、哈尼族等民族，是我国少数民族主要的聚居地区之一。

本区地形以横断山区、云贵高原和四川盆地为主，岩溶地貌典型。横断山脉是青藏高原东侧若干条南北走向山脉的总称。横断山脉在本区主要分布在四川西部和云南西部，主要山脉有大雪山、他念他翁山、怒山、高黎贡山等。这里地势起伏大，山高水深，山脉之间穿行着许多河流，形成许多峡谷。云贵高原是我国西部高山高原向东部低山丘陵的过渡地区，主要包括贵州全省和云南省东部哀牢山以东的大部分地区。海拔1000米~2000米，由西向东倾斜。四川盆地是我国的四大盆地之一，位于四川省的中东部，面积18万平方千米。盆地东部形成平行岭谷地貌区，盆地中部为方山丘陵区，盆地西部为成都平原。

本区气候大部分属亚热带季风气候，云南南部属热带季风气候，全区气候普遍温暖湿润，一年四季皆宜旅游。但因地域辽阔，地势高低悬殊，使得气候复杂多样，各地区之间差异明显。

本区地形崎岖，中华人民共和国成立前交通不便。中华人民共和国成立后，成渝、宝成、黔桂、川黔、贵昆、成昆、湘黔、襄渝等铁路陆续建成。1997 年，又建成南昆铁路，还修建了滇藏、川藏公路等，改变了西南地区交通的落后面貌。内河航运，长江四季畅通。航空，以成都、贵阳、昆明、重庆为中心，可达全国各大城市，为本区发展旅游事业创造了良好条件。

本区物产十分丰富，四川省的药材、蜀锦、漆器、牛肉干、泸州老窖、五粮液、剑南春；贵州的茅台酒、董酒；云南的普洱茶、云烟、云药；重庆市的沱茶、涪陵榨菜、合川桃片、江津米花糖等，均闻名中外，深受游客的喜爱。

二、旅游资源特征

西南三省一市的岩溶地貌奇观，是全区的宝贵旅游资源。最具有观赏价值的岩溶地貌主要有，石芽、峰林、峰丛、溶洞、溶蚀盆地等。区内著名的岩溶地貌风景区，有云南石林，贵州黄果树岩溶瀑布、织金洞，四川的黄龙风景区等。

本区是我国动植物资源最丰富的地区。云南被称为“植物王国”，有植物 1.2 万多种，占全国植物种数的一半，居全国第一。贵州的珙桐树是闻名国内外的“中国鸽子树”。热带、亚热带水果种类繁多，四季不断。同时本区动物种类冠于全国，有珍稀的大熊猫、金丝猴、绿孔雀等。本区还有众多的自然保护区，如四川的卧龙、九寨沟，云南的西双版纳，贵州的梵净山等。

本区是我国少数民族聚居最多的地区，众多的少数民族大都能歌善舞，其文化和习俗、风情各有特点，他们的服饰、住房、饮食文化，喜庆活动等极富历史传统和地方色彩。如彝族的火把节、苗族的芦笙节、白族的三月节、傣族的泼水节、傈僳族的刀杆节等，对旅游者具有强大的吸引力。

西南的山地峡谷景观较多。著名的风景区有长江三峡、峨眉山、神农架、滇池等。古巴蜀等遗址、遗迹也很丰富。四川省遍布三国遗迹，如成都的武侯祠、剑阁县的剑门关等，以及乐山大佛、大足石刻都闻名海内外。

截至 2021 年 7 月，已有四川九寨沟、黄龙、峨眉山与乐山大佛、青城山与都江堰、四川大熊猫栖息地，重庆大足石刻、中国南方喀斯特之重庆武隆和金佛山、重庆巫山五里坡国家级自然保护区（2021 年 7 月 28 日，作为湖北神农架世界自然遗产地边界微调项目，成为世界遗产地），云南三江并流、丽江古城、中国南方喀斯特之云南石林、红河哈尼梯田、澄江化石地，中国南方喀斯特之贵州荔波和贵州施秉，中国丹霞之贵州赤水、中国土司遗址之贵州播州海龙屯遗址、贵州梵净山等景区，被联合国教科文组织列入《世界遗产名录》。

知识链接

火把节

火把节是彝族、白族、纳西族、拉祜族、哈尼族、普米族等民族的传统节日。彝族、纳西族、基诺族在农历六月二十四举行，白族在六月二十五举行，拉祜族在六月二十举行，节期两三天。

彝族认为，过火把节是要长出的谷穗像火把一样粗壮。后人以此祭火驱家中田中鬼邪，以保人畜平安。节庆期间，各族男女青年或点燃松木制成的火把，到村寨田间活动，边走边把松香撒向火把，照天祈年，除秽求吉；或唱歌、跳舞、赛马、斗牛、摔跤；或举行盛大的篝火晚会，彻夜狂欢。现在，人们还利用集会欢聚之机，进行社交活动或情人相会，并在节日期间开展商贸活动。

第二节　主要旅游胜地

一、重庆市

重庆市简称“渝”，位于中国西南部、长江、嘉陵江汇合处，是我国中西部地带经济发展东连西引的结合部。1997 年 3 月 14 日，重庆市被正式批准设立直辖市，全市面积约 8.2 万平方千米，是我国面积最大的直辖市，全市总人口为 3205 万余人。

重庆市四面环山，江水回绕，既以江城著称，又以山城扬名。重庆辖区主要分布在长江沿线，以丘陵、低山为主，地质多为“喀斯特地貌”构造，因而溶洞、温泉、峡谷、关隘多。重庆位于亚热带内陆地区，年平均气温为 18℃，最高极限气温可达 43.8℃。重庆与武汉、南京并称长江流域三大“火炉”。重庆也有“雾都”之称，每年秋末至春初多雾，年均雾日为 68 天。

重庆是中国西南地区的经济、交通、文化中心，具有历史悠久的巴渝文化、丰富的陪都遗迹和独特的港口山城风貌，被国务院列为国家历史文化名城。主要的旅游景点有重庆市区（洪崖洞、李子坝轻轨穿楼、白公馆、渣滓洞、磁器口、解放碑等）、缙云山、金佛山、长江三峡、四面山、芙蓉江、大足石刻、八路军重庆办事处旧址等。大足石刻景区，巫山（小三峡—小小三峡），武隆喀斯特旅游区（天生三桥、仙女山、芙蓉洞），酉阳桃花源景区，綦江区万盛黑山谷景区，江津四面山景区、黔江区濯水景区等为我国 5A 级景区。

知识链接

洪崖洞

洪崖洞原名洪崖门，是古重庆城门之一，位于重庆市渝中区解放碑沧白路，地处长江、嘉陵江两江交汇的滨江地带，是兼具观光旅游、休闲度假等功能的旅游区。2006 年，由重庆市人民政府总投资 3.85 亿元兴建而成。

洪崖洞是重庆市重点景观工程，建筑面积 4.6 万平方米，主要景点由吊脚楼、仿古商业街等景观组成。洪崖洞一共有 11 层，夜晚灯光时间从晚上 6 点开灯，10 点熄灯。可望吊脚群楼观洪崖滴翠，逛山城老街赏巴渝文化，烫山城火锅看两江汇流，品天下美食。形成了“一态、三绝、四街、八景”（“一态”指的是文化休闲业态。“三绝”指的是吊脚楼、集镇老街、巴文化。“四街”指洪崖洞的动感酒吧街、巴渝风情街、盛宴街美食街、城市阳台异域风情街四条街。“八景”指的是洪崖滴翠、两江汇流、吊脚楼群、洪崖群雕、城市阳台、巴文化柱、滨江好吃街、嘉陵夕照）的经营形态，体现了巴渝文化休闲业态。

2007 年 11 月，重庆洪崖洞民俗风貌区被评定为国家 4A 级旅游景区。2020 年 11 月 18 日，洪崖洞被列入“成渝十大文旅新地标”。

视野拓展

重庆火锅

重庆火锅，又称为毛肚火锅或麻辣火锅，是汉族传统饮食方式，起源于明末清初的重庆嘉陵江畔、朝天门等码头船工纤夫的粗放餐饮方式，原料主要是牛毛肚、猪黄喉、鸭肠、牛血旺等。由于巴蜀素有“尚滋味”“好辛香”之称，用辣椒、花椒等调味的饮食习惯，后发展为小商贩挑担沿街叫卖。重庆火锅随着改革春风迅速辐射全国，都布满了重庆火锅馆，到处都可以品尝到重庆火锅的独特风味。真可谓是重庆火锅红遍大江南北，魅力无限。

（一）大足石刻

大足石刻（见图 8-1）位于重庆市大足区境内，始于晚唐，历经五代而盛于两宋，以佛教造像为主，儒、道造像并存，是唐宋时期石刻艺术的代表，也是我国晚期石窟艺术中的优秀代表。大足石刻群有石刻造像 70 多处，总计 10 万多躯，其中以宝顶山和北山摩崖石刻最为著名。在众多的造像中，尤以举世无双的千手千眼观

图 8-1　大足石刻

音和长达 31 米的卧佛像著称。

大足石刻是中国石窟艺术宝库中的一颗璀璨明珠，1999 年 12 月 1 日被联合国教科文组织列入《世界文化遗产名录》。现为全国重点文物保护单位，2007 年 5 月 8 日被国家旅游局评为国家 5A 级旅游景区。

（二）重庆巫山小三峡—小小三峡

1. 巫山小三峡

巫山小三峡（见图 8-2）是长江三峡的第一大支流大宁河下游在巫山县境内的龙门峡、巴雾峡、滴翠峡的总称，全长 50 千米。

图 8-2　巫山小三峡

龙门峡全长 3 千米，位于巫山县城西北，峡内绝壁对峙，形若一门，素有“不是夔门，胜似夔门”之誉。这里峰奇石怪，礁多滩险，景观迭现，峰回路转，泛舟其间，妙趣横生。巴雾峡在乌龟滩至双龙镇之间，全长约有 10 千米。峡内山高谷深，云雾迷蒙，怪石嶙峋，钟乳密布，山的形状景色颇像天然雕塑。滴翠峡在双龙镇至涂家坝之间，长约 20 千米，峡中钟乳石遍布，石石滴水，处处苍翠，故名滴翠峡。滴翠峡是小三峡中最长的峡谷，也是最幽深、最秀丽的一个峡谷，峡中既有磅礴的气势，又有玲珑剔透的小景。还有谜存千古的巴人悬棺，令人费解而神往的古栈道，古风犹存、精巧质朴的大昌古镇，构成一幅幅令人难忘的人文景观。这一切，构成了小三峡美丽奇特的峡谷风光，成为绝妙的旅游胜地，被誉为“中华奇观”。

2. 巫山小小三峡

小小三峡是大宁河支流马渡河下游的三撑峡、秦王峡、长滩峡三段峡谷总称，全长约 20 千米，这里奇峰多姿、山水相映、风光旖旎、水流平缓、清澈见底，两岸悬崖对峙，壁立万仞，河道狭窄，天开一线，像一处玲珑奇巧的峡谷盆景。

巫山小小三峡以峰奇秀、水奇清、石奇美远近闻名，享有“中华奇观”之誉。1982 年，被列为中国重点风景名胜保护区；2000 年，被评为国家首批 4A 级旅游区。2007 年 5 月 8 日，重庆巫山小三峡—小小三峡被评为国家首批 5A 级旅游景区。

二、四川省

四川省位于我国西南地区、长江上游。简称川或蜀，省会成都市，全省面积约 49 万平方千米，总人口为 8367 万余人。

四川省多风景名胜和文物古迹。全省拥有成都、阆中、宜宾、自贡、乐山、都江堰、泸州、会理 8 座国家历史文化名城，有黄龙寺—九寨沟、青城山—都江堰、峨眉山、剑门蜀道、贡嘎山、蜀南竹海、西岭雪山、四姑娘山、石海洞乡、邛海—螺髻山、米仓山大峡谷等15处国家重点风景名胜区。九寨沟、黄龙、四川大熊猫栖息地已被联合国教科文组织确定为世界自然遗产；青城山—都江堰已被联合国教科文组织确定为世界文化遗产；峨眉山—乐山大佛已被确定为世界文化与自然遗产。成都（青城山—都江堰）旅游景区、乐山峨眉山景区、阿坝藏族羌族自治州九寨沟景区、乐山大佛景区、阿坝藏族羌族自治州黄龙景区、汶川特别旅游区（震中映秀—水磨古镇—三江生态旅游区）、绵阳市羌城旅游区、南充阆中古城景区、广安市邓小平故里旅游区、广元市剑门蜀道剑门关旅游区、南充市仪陇朱德故里景区、甘孜州稻城亚丁旅游景区等为我国5A级景区。

（一）成都市

成都市位于四川省中部偏东，是四川盆地的“天府之国”，有“锦官城”“锦城”之称，又有“芙蓉城”“蓉城”的美名。

成都是四川省省会，中国历史文化名城和首批中国优秀旅游城市。近几年，它又以城市建设和生态环境方面的成就，先后荣获联合国颁发的“人居奖”和“最佳范例奖”两项殊誉。成都是一座融古代文明与现代文明于一体的特大城市。它是稀世珍宝大熊猫的故乡，也是天府之国的中心和“窗口”。它以历史悠久、文化底蕴厚重、风光绚丽多姿和名胜古迹众多而闻名于世。

成都市旅游资源丰富，名胜古迹驰名中外。人文景观以武侯祠、杜甫草堂、王建墓、青羊宫、都江堰、二王庙、青城山最具特色。

1. 杜甫草堂

杜甫草堂位于成都市西门外的浣花溪畔，是唐代伟大现实主义诗人杜甫流寓成都时的故居。杜甫在草堂居住有三年零九个月，作诗240余首。许多脍炙人口的著名诗篇如《茅屋为秋风所破歌》就是在居草堂时作的。杜甫离开成都后，草堂便不存。五代前蜀时诗人韦庄寻得草堂遗址，重结茅屋，使之得以保存。宋、元、明、清历代都有修葺扩建，已演变成一处集纪念祠堂格局和诗人旧居风貌为一体的，建筑古朴典雅、园林清幽秀丽的著名文化圣地。

草堂现存主要建筑有大廨、诗史堂、柴门、工部祠等。博物馆内珍藏有各类资料3万余册，文物2000余件。1961年3月，杜甫草堂被国务院公布为第一批全国重点文物保护单位。

2. 武侯祠

武侯祠位于成都南门武侯祠大街，占地56亩，是纪念三国时蜀汉丞相武乡侯诸葛亮的祠堂。始建于西晋末年，一千多年来几经毁损，屡有变迁。明朝初年重建时将武侯祠搬进了祭祀刘备的“汉昭烈庙”，君臣合庙，清康熙十一年（公元1672年）重建，距今已有1500多年的历史。

武侯祠坐北朝南，主体建筑分大门、二门、刘备殿、过厅、诸葛亮殿五重，严格排列在从南到北的一条中轴线上。五重建筑中以刘备殿最高，建筑最为雄伟壮丽。跨进汉昭烈庙大门，可见前方两侧各有一碑廊，其东侧碑廊内那通唐碑，尤以唐朝著名宰相裴度撰文、著名书法家柳公绰书写、名匠鲁建勒石上碑，因文章、书法、镌刻都出自名家，号称“三绝”的《汉丞相诸葛亮武侯祠堂碑》和以岳飞手书的诸葛亮《出师表》最为知名。穿过过厅，可见两侧廊坊内各有 14 尊真人大小的塑像，这就是蜀汉文臣武将廊房。东侧文臣廊坊以庞统为首，西侧武将廊房以赵云领衔。祠内还有高达 12 米的刘备墓（惠陵）、蜀汉“直百五铢钱”和 47 尊蜀汉人物塑像等珍贵文物，是三国文化的代表地。

3. 青城山和都江堰

青城山　青城山（见图 8-3）位于四川省成都平原西北部都江堰市西南 15 千米，是邛崃山脉的分支，主峰老霄顶海拔 1600 米。青城山因其四季常青，满目青翠，诸峰环峙，状若城郭而得名。独特的地理位置、湿润的气候使青城山林木茂盛，终年幽静清凉，历来是川西著名的游览和避暑胜地。

图 8-3　青城山大门

青城山是我国道教发源地之一，素有“洞天福地”“人间仙境”“青城天下幽”之誉。道教多用三清（上清、玉清、太清）为自己的宫观命名，据说那是道教崇奉的元始天尊、灵宝道君、太上老君所居住的天外仙境。自古以来，人们以“幽”字来概括青城山的特色。青城山空翠四合，峰峦、溪谷、宫观皆掩映于繁茂苍翠的林木之中。道观亭阁取材自然，不加雕饰，与山林岩泉融为一体，体现出道家崇尚朴素自然的风格。堪称青城山特色的还有日出、云海、圣灯三大自然奇观，其中圣灯（又称神灯）尤为奇特，上清宫是观赏圣灯的最佳观景处。

青城山分青城前山和青城后山。前山是青城山风景名胜区的主体部分，约 15 平方千米，景色优美，文物古迹众多，主要景点有建福宫、天然图画、天师洞、朝阳洞、祖师殿、上清宫等；后山总面积 100 平方千米，水秀、林幽、山雄，蔚为奇观，主要景点有金壁天仓、圣母洞、山泉雾潭、白云群洞、天桥奇景等。后山自然景物神秘绮丽、原始华美如世外桃源。

青城山是中国首批公布的风景名胜区之一，1982 年，青城山作为四川青城山—都江堰风景名胜区的重要组成部分，被国务院批准列入第一批国家级风景名胜区名单。

都江堰　都江堰水利工程位于成都平原西部的岷江中游，地处都江堰市城西，是战国时期秦国蜀郡太守李冰及其子率众修建的一座大型水利工程，是世界上迄今为止留存下来的唯一一项古代无坝引水工程，堪称我国古代水利工程的典范。自建成以后，它就受到了历代统治者的重视，并专设堰官进行维护和管理，通过两千多年来历代堰官的不懈努力，它至今仍发挥着巨大的水利功能。

都江堰水利工程的最主要部分为都江堰渠首工程，这是都江堰灌溉系统中的关键设施。渠首主要由鱼嘴分水堤、飞沙堰溢洪道和宝瓶口引水工程三大工程组成，科学地解决了江水自动分流、自动排沙、控制进水流量等问题，消除了水患，使川西平原成为“水旱从人”的“天府之国”。目前，灌溉面积已达40余县，1998年超过1000万亩。

都江堰附近景色秀丽，文物古迹众多，主要有伏龙观、二王庙、安澜索桥、玉垒关、离堆公园、玉垒山公园和灵岩寺等。都江堰每年都接待不少外国游人，其中不少水利专家，都对它高超的科技水平惊叹不止。

2000年11月，青城山和都江堰一起被联合国教科文组织列入《世界文化遗产名录》。2007年5月8日，青城山和都江堰旅游景区被国家旅游局正式批准为国家5A级旅游景区。

知识链接

都江堰放水节

每年清明时节，四川省都江堰市便迎来了从公元978年开始的一年一度的清明放水节大型旅游活动，以纪念率众修建都江堰水利工程、造福成都平原的李冰父子。古时，每到冬季，人们便用杩槎筑成临时围堰，使岷江水或入内江，或入外江，然后淘修河床，加固河堤，这就是岁修。到了清明时节，人们便举行既隆重又热烈的仪式，祭祀李冰父子，祈求五谷丰登、国泰民安，然后拆除杩槎，滚滚岷江水直入内江，灌溉成都平原千里阔野。1957年以后，都江堰渠道修建了外江节制闸，可以随时启闭，不再用杩槎断水，以往砍杩槎的放水仪式也不再举行。1990年起都江堰市恢复了清明放水节，举行模拟砍杩槎放水仪式和传统的祭祀活动，还举办灯会、大型街头文艺表演、花卉和物资交流会活动，每年吸引大量的国内外游客。图8–4为都江堰俯瞰图，图8–5为都江堰一角。

图8–4　都江堰俯瞰图

图8–5　都江堰一角

（二）四川大熊猫栖息地

四川大熊猫栖息地位于四川省境内，包括卧龙、四姑娘山和夹金山脉，面积9245平方千米，地跨成都市、雅安市、阿坝藏族羌族自治州、甘孜藏族自治州四个地级行政区的 12 个县或县级市。四川大熊猫栖息地拥有丰富的植被种类，是全球最大最完整的大熊猫栖息地。全球 30% 以上的野生大熊猫栖息于此，另外，这里也是小熊猫、雪豹及云豹等濒危物种栖息的地方。四川大熊猫栖息地于 2006 年 7 月 12 日被列入《世界自然遗产名录》。

（三）九寨沟风景名胜区

九寨沟风景名胜区位于四川省北部阿坝藏族羌族自治州九寨沟县境内，是一条纵深 40 余千米的山沟谷地，因周围有 9 个藏族村寨而得名，总面积约 620 平方千米，景区面积 62 平方千米，这里群山峥嵘、雪峰高耸，在长达数十千米的树正、日则、则查洼三条“Y”字形沟谷里分布着大小湖泊 114 个，湖泊间有 17 个瀑布群、11 段激流、5 处钙化滩流形成了中国唯一的、世界罕见的以高山湖泊群、钙化滩流为主体的自然景观，属世界高寒喀斯特地貌。

九寨沟 1978 年建立国家级自然保护区，1982 年被国务院定为国家重点风景名胜区，1992 年、1997 年分别被联合国教科文组织列入《世界自然遗产名录》《世界生物圈保护区》。2000 年，被评为中国首批 4A 级景区，是全国优秀风景名胜区、四川省三大旅游精品之首。2007 年 5 月 8 日，九寨沟旅游景区被国家旅游局正式批准为国家 5A 级旅游景区。

九寨沟有长海、剑岩、诺日朗、树正、扎如、黑海六大景区，以翠海、叠瀑、彩林、雪峰、藏情这五绝而驰名中外。

水，是九寨沟的精灵，而九寨沟的海子更具特色。九寨沟的河谷地带拥有美丽的高山湖泊（当地人称海子），从海拔 1800 米到 3000 米阶梯般地分布着 100 多个奇特湖泊，大小不同，形状各异，碧澄如镜，五彩斑斓。湖水终年碧蓝澄澈，明丽见底，而且随着光照变化、季节推移，呈现不同的色调与水韵。湖泊都由激流的瀑布连接，犹如用银链和白绢串联起来的一块块翡翠，各具特色，变幻无穷。其中最小的湖泊只有半亩左右，最大的达千亩。长海位于海拔 3100 米高处，是九寨沟最高风景点，也是九寨沟中最大的湖泊，长达 7.5 千米，宽 500 米，水深 80 多米。长海湖水碧清如镜，山林倒影，绰约动人，除积雪季节外均可泛独木舟或木筏，隆冬季节冰冻雪封，形成巨大的天然溜冰场。有的湖泊因湖水清澈见底，湖底有各种颜色的沉积物和水藻，使湖水呈现出黄、橙、蓝、绿、灰等多种颜色，五彩缤纷，被人们称为“五花海”“五彩池”（图 8-6）等。水是九寨沟的灵魂，因其清纯洁净、晶莹剔透、色彩丰富，故有“黄山归来不看山，九寨沟归来不看水”和“中华水景之王”之誉。

图 8-6　九寨沟五花海

图 8–7　九寨沟诺日朗瀑布

九寨沟是水的世界，也是瀑布王国。九寨沟的瀑布不但数量众多，而且景色奇绝。瀑布与海子分布相间，湖泊多以激流瀑布串联。瀑布形态还随水量、季节变化而异，落差高低不同；树正瀑布宽 50 米，高 20 米，从古树丛中奔腾而出，水在林中行，树在水中长，山、水、树浑然一体，颇为壮观；诺日朗瀑布（见图 8–7）是九寨沟瀑布群中最大的瀑布，高 30 多米，宽达 100 多米，据说其宽度为我国瀑布之最。

九寨沟从山间至河谷遍布茂密的原始森林，覆盖面积达 2 亿平方米，2000 余种植物，争奇斗艳，林中奇花异草，色彩绚丽，是四川著名的自然保护区。九寨沟的原始森林，随着季节的变换，呈现出种种奇丽风貌。金秋时节，林涛树海换上了富丽的盛装。林中有我国特有树种紫果云杉和赤桦，还生长很多药用植物和已经绝迹的古老孑遗植物星叶草与箭竹。大片箭竹林为大熊猫的生存提供了条件。在原始森林里，珍贵动物除大熊猫外，还有金丝猴、白唇鹿、扭角羚、小熊猫、金猫、毛冠鹿等。

九寨沟景观五绝之一的雪峰，在蓝天的映衬下放射出耀眼的光辉，像英勇的武士，整个冬季守候在九寨沟的身旁。站在远处凝望，巍巍雪峰，尖峭峻拔，白雪皑皑，银峰玉柱，直指蓝天，景色极其壮美。

九寨沟藏胞的语言、服饰和习俗，与四邻的藏胞有着明显的差异。清淡、简朴是九寨藏民饮食的两大特点。住宅大都是木结构楼房。九寨沟的宗教是以苯教为基础、佛教文化为主导的藏传佛教。该地有十分深厚的宗教文化色彩，那高高飘扬的玛尼旗，那经年不息的水轮转经，还有那手捻佛珠遍撒经符的信徒，无不使人感受到虔诚与神圣。藏民的房前屋外，几乎全都竖有十来米高的经幡旗杆。经幡是用绸缎做的，有红色、白色，上面书写着藏经。苍穹下，大山中，房舍旁，经幡飘飘，成为藏乡一道独特的景色。

九寨沟四季景色都十分迷人，景色各异，其中尤以秋季最为迷人。九寨沟以原始的生态环境，一尘不染的清新空气和雪山、森林、湖泊组合成神妙、奇幻、幽美的自然风光，被誉为“童话世界”“人间仙境”“岷山明珠”“风光宝石”。每年 10 月至第二年 4 月有积雪，春夏季节虽凉爽，但阴雨天气较多，秋季是去九寨沟旅游的最佳季节。

知识链接

九寨沟旅游注意事项

1. 旅游者应备御寒冬衣、热暖器、穿防滑旅游鞋，携带雨具、太阳镜、防蚊药剂，备感冒药品等。

2. 前往九寨沟旅游，应选择信誉高、服务好，并有丰富高原行车经验的旅行社组团。由于川西北山高谷深路险，旅游者自行驾车应格外谨慎。安全是旅行的生命线。

3. 注意高原反应。由成都前往九寨沟，一两天之内，旅行者即由海拔四五百米到达三千米以上，加上高原立体气候，冷暖无常，极易发生头晕、头痛、恶心、呕吐等高山反应。这时应减少活动量，卧床休息，或遵医嘱用药。还可预备些强心、利尿、扩张血管的药品，以及安眠药、晕车药等。

4. 旅行中多吃米食，多饮茶水或果汁饮料，多吃蔬菜、水果、瘦肉、巧克力等维生素、蛋白质和高热能的食物。

5. 尊重当地少数民族的生活习惯和信仰，避免与当地居民发生冲突。出门参加娱乐活动时要特别注意，以免被敲诈。

（四）黄龙风景名胜区

黄龙风景名胜区（见图 8-8）位于四川省阿坝藏族羌族自治州松潘县境内，与九寨沟毗邻。海拔在 3000 米以上，区内雪峰林立，海拔 5000 米以上的就有 7 座，是中国最高的风景名胜区之一。

图 8-8　黄龙风景名胜区

黄龙风景名胜区由黄龙景区和牟尼沟景区两部分组成，面积 700 平方千米，地表钙华是黄龙景观的最大特色。主要景观集中于长约 3.6 千米的黄龙沟，沟内遍布碳酸钙华沉积，并呈梯田状排列，仿佛是一条金色巨龙，并伴有雪山、瀑布、原始森林、峡谷等景观。

黄龙风景名胜区美在梯叠如鳞的五色彩池，“瑶池仙境”由此得名。由于黄龙境内属岩溶地形，溶解的石灰岩溶液，经过若干年的沉淀，星罗棋布地跌宕着，层层叠叠，宛如人工修筑的梯田般的千百级台阶，碧绿晶莹的泉水漫台溢淌，形成 3400 多个玲珑剔透的彩池。

黄龙风景名胜区既以独特的岩溶景观著称于世，也以丰富的动植物资源享誉人间。从黄龙沟底部（海拔 2000 米）到山顶（海拔 3800 米）依次出现亚热带常绿与落叶阔叶混交林、针叶阔叶混交林、亚高山针叶林、高山灌丛草甸等。这里的 1500 余种高等植物，多为中国所特有，其中属国家一至三级保护植物的有 11 种。珍稀动物有大熊猫、金丝猴、牛羚、云豹等国家重点保护动物。享有“世界奇观”“人间瑶池”的美誉。

黄龙风景名胜区是国家重点风景名胜区，国家 5A 级景区，1992 年 12 月，黄龙正式被联合国教科文组织作为自然遗产列入《世界遗产名录》。1997 年，被联合国列为世界人与生物圈保护区。2001年2月，取得“绿色环球21”证书，黄龙已成为拥有三项桂冠的世界级风景名胜区。

（五）峨眉山—乐山风景名胜区

1. 峨眉山

峨眉山位于四川省峨眉山市境内，四川盆地西南部，地处长江上游，屹立于大渡河与青衣江之间，景区面积154平方千米，最高峰万佛顶海拔3099米。峨眉山是著名的旅游胜地和佛教名山，也是一个集自然风光与佛教文化为一体的中国国家级山岳型风景名胜区，被人们称为“仙山佛国”“植物王国”“动物乐园”“地质博物馆”等。

峨眉山是我国风景名山，自然风光优美，山间多悬崖峭壁、飞瀑幽谷、苍松翠柏，素享有“峨眉天下秀”之美誉，具有雄、秀、幽、奇的壮丽景色。

峨眉山是中国四大佛教名山之一，相传是普贤大菩萨显灵说法的道场。峨眉山原为佛道两教并存的宗教重地，东汉之初，山间便有了第一座以药农舍宅为寺庙的“初殿”。后来历经晋、唐、宋续建和明、清两代发展，连绵百里的山峦先后兴建佛寺200多处，僧众达数千人。随着佛教兴盛和道教的衰微，峨眉山遂成为以“菩萨信仰”为中心的佛教圣地。由于历史变迁，现在峨眉山景区内尚存十余处古寺，如报国寺、万年寺、仙峰寺、洗象池、金顶等，寺院内的佛教徒依然保持着正常的宗教生活。金顶海拔3077米，上有普光寺。日出、云海、佛光被称为峨眉金顶“三大奇观”，其中尤以“佛光”为峨眉一大胜景。天朗风清、云海平静时，下午三四点钟，日光透过云层，因光遇云中水滴产生折射作用，形成七彩光环，“光环随人动，人影在环中”。游客中能看到宝光者，都觉万分荣幸。图8-9是峨眉山十方普贤像。

图8-9　峨眉山十方普贤像

峨眉山动植物资源丰富，由于山上山下温差较大，从山下到山顶气温相差约15℃。这种自然环境为各种植物的生长提供了良好的条件，景区内生长着5000多种植物，数目远远超过了欧洲大陆的所有植物种属。其中被誉为“花中西施”的杜鹃花就有29个品种；有被称为植物“活化石”的珙桐、桫椤，有著名的峨眉冷杉、桢楠、洪椿，还有许多名贵的药用植物和成片的竹林。这些植物为峨眉山披上秀色，还给各类动物创造了一个天然的乐园。景区内野生动物达2300余种，其中有珍稀的大熊猫、黑鹳、小熊猫、短尾猴、白鹇鸡、枯叶蝶、弹琴蛙、环毛大蚯蚓等。尤其山林中顽皮的猴群，常常向游人乞食或嬉戏，惹人注目。

峨眉山在地质学上被称为“峨眉断块带”，是座悬崖峭壁众多的断块山。其中6000多米厚的沉积岩层记录了近8亿年这一地区的发展史和7000万年以前地壳运动形成的断岩，是一座露天地质博物馆。峨眉山独特的地质特性，为多种生物的滋生繁衍和雄秀的地貌自然景观的形成创造了先决条件。

1982 年，峨眉山以四川峨眉山风景名胜区的名义，被国务院批准列入第一批国家级风景名胜区名单。2007 年 5 月 8 日，峨眉山景区被国家旅游局正式批准为国家 5A 级旅游景区。

2. 乐山大佛

乐山大佛（见图 8-10）地处四川省乐山市东，岷江、青衣江、大渡河三江汇合处的凌云山上，大佛通高 71 米，是被誉为“佛是一座山，山是一尊佛”的世界上最大的一座石刻佛像。

图 8-10　乐山大佛

乐山大佛开凿于唐玄宗开元元年（公元 713 年）。当时，岷江、大渡河、青衣江三江于此汇合，水流直冲凌云山脚，势不可当，洪水季节水势更猛，过往船只常触壁粉碎。凌云寺名僧海通见此甚为不安，于是发起修造大佛之念，一使石块坠江减缓水势，二借佛力镇水。大佛至贞元十九年（公元 803 年）竣工，前后历时 90 年，耗资数以亿贯，距今已有 1200 多年。

大佛背靠凌云山，脚踏三江，气势雄伟，体态端庄，比例匀称，设计巧妙，排水设施隐而不见，它历经千年风霜，至今仍然安坐在滔滔江水之畔，静观人间的沧海桑田。它是中华民族的文化瑰宝，是世界历史文化的宝贵遗产。

1996 年 12 月 6 日，峨眉山—乐山风景名胜区被列入《世界自然与文化遗产名录》。

视野拓展

变　脸

变脸是在川剧艺术中塑造人物的一种特技，是揭示剧中人物内心思想感情的一种浪漫主义手法。变脸，原指戏曲中的情绪化妆，后来指一种瞬间多次变换脸部妆容的表演特技。这种表演许多剧种都有，以川剧最为著名。川剧是汉族戏曲剧种之一，流行于四川东中部、重庆及贵州、云南部分地区。川剧脸谱，是川剧表演艺术中重要的组成部分，是历代川剧艺人共同创造并传承下来的汉族民间艺术瑰宝。相传“变脸”是古代人类面对凶猛的野兽时，为了生存把自己脸部用不同的方式勾画出不同形态，以吓唬入侵的野兽的方法。川剧把“变脸”搬上舞台，用绝妙的技巧使它成为一门独特的艺术文化。

三、云南省

云南省简称滇或云，地处我国西南边陲，以地处云岭以南而得省名；又因东部在战国时为滇国辖地，简称滇，省会昆明市。全省面积约39万平方千米，人口4720万余人。云南省是一个多民族的省份，少数民族人口约占全省总人口的1/3。全国55个少数民族中，云南有51个，其中人口超过5000人，并有一定聚居区域的民族有25个。白、哈尼、傣、傈僳、佤、拉祜、纳西、阿昌、景颇、布朗、普米、怒、德昂、独龙、基诺等15个民族为云南省所特有，使其成为特有民族最多的省份。

云南的森林覆盖率较高，植物种类繁多，达1.2万种，占全国植物种数的一半。丰富的植物资源中，有众多经济林木果品，有品种繁多的芳香植物、药用植物、观赏植物，被誉为“植物王国”“香料之乡”“药材宝库”“天然花园”。

云南旅游资源十分丰富，丽江古城、“三江并流”自然景观、中国南方喀斯特之云南石林、澄江化石地、红河哈尼梯田已列入《世界遗产名录》。国家级重点风景区主要有云南石林、大理、西双版纳、滇池、三江并流、玉龙雪山、腾冲地热火山、九乡、建水、普者黑等。昆明石林风景区、丽江市玉龙雪山景区、丽江古城景区、大理崇圣寺三塔文化旅游区、中科院西双版纳热带植物园、迪庆藏族自治州香格里拉普达措国家公园、昆明市昆明世博园景区、保山市腾冲市火山热海旅游区、文山壮族苗族自治州丘北县普者黑旅游景区为我国5A级景区。

（一）昆明市

昆明市地处中国西南边陲、云贵高原中部，是云南省省会，云南省省辖市，是我国著名的历史文化名城和优秀旅游城市。昆明是我国西南的高原城市，素以“春城”和“花都”而享誉中外。

昆明市旅游资源十分丰富，主要的旅游景点有滇池、石林、西山、大观楼、安宁温泉等。

1. 滇池

图8-11　滇池

滇池（见图8-11）位于昆明市西南的西山脚下，又名“昆明湖”。滇池面积约340平方千米，湖面海拔1885米，是云南省面积最大的高原湖泊，也是我国第六大淡水湖，素有“高原明珠”之称。

滇池湖光山色十分壮丽，水面宽阔。其周围风景名胜众多，与西山森林公园、大观公园等隔水相望，云南民族村、国家体育训练基地、云南民族博物馆等既相连成片又相对独立，互为依托，是游览、娱乐、度假的理想场所，是国家级风景名胜区。

2. 石林

石林风景区位于云南省石林彝族自治县境内，距昆明市 126 千米，是一个由形态各异的石灰岩岩溶地貌组成的风景区，是世界唯一位于亚热带高原地区的喀斯特地貌风景区，素有“天下第一奇观”“石林博物馆”的美誉。

图 8-12　阿诗玛石峰

石林面积约 3 万公顷，最精华的游览区约 80 公顷，游览路线长 2000 余米。按区内风景点的分布情况，石林大致可分大石林、小石林、外石林三个游览区，其中大石林区为其主要景区。许多石峰如“莲花峰”“剑峰池”“阿诗玛石峰（见图 8-12）”“万年灵芝”等惟妙惟肖，栩栩如生。

2001 年 4 月，石林风景区被批准为国家地质公园。2004 年 2 月 13 日，联合国教科文组织评为首批世界地质公园。云南石林的剑状、柱状和塔状喀斯特作为中国南方喀斯特的重要组成部分，2007 年 6 月 27 日列入《世界自然遗产名录》。2007 年 5 月 8 日，石林风景区被国家旅游局正式批准为国家 5A 级旅游景区。每年农历六月二十四彝族的“火把节”是游览石林的最佳时间。

知识链接

阿诗玛的传说

小石林有一个阿诗玛石，风风雨雨，她都在那里翘首以待，等待阿黑哥的到来。阿诗玛是彝族——撒尼人的经典传说。聪明、善良、美丽的阿诗玛与勇敢憨厚的牧羊人——阿黑相爱。头人的儿子阿支软硬兼施地追求阿诗玛并将她关进牢笼逼婚，阿诗玛坚决不从。阿黑赶来相救，妒火中烧的阿支，放出洪水吞噬了这对恋人。最后，阿诗玛回归大自然，变成了一座美丽的石像，永驻石林。

（二）大理

大理位于云南省中部偏西，苍山之下，洱海之滨。大理地域辽阔，资源丰富，山川秀丽，四季如春，是祖国大西南的一块宝地。大理白族自治州辖 1 市 11 县，有汉、白、彝、回、傈僳、苗、纳西、壮、藏、布朗、拉祜、阿昌、傣等民族，少数民族人口 1915 万人，占总人口的 52.6%，其中白族人口 124.8 万人，占总人口的 34.3%。是我国唯一的白族自

图 8–13 大理古城南城门

治州，是闻名于世的电影“五朵金花”的故乡。图 8-13 为大理古城南城门。

大理是云南省首批列入国家级历史文化名城的城市，是举世闻名的旅游胜地，具有丰富的文化遗产和旅游资源，被人们称为“东方瑞士”“中国的日内瓦”“云贵高原上的一颗明珠”。大理市以“风、花、雪、月”著称，这里的最大特点，是集奇山秀水的自然风光、深厚久远的历史文化和浓郁独特的民族风情为一体。主要旅游景点有南诏崇圣寺三塔、剑川石宝山石窟、宾川佛教圣地鸡足山、苍山、洱海、蝴蝶泉等。

视野拓展

白族大理三月街

大理白族三月街，古代又称观音市或观音会，是一个有着 1000 多年历史的大理各民族物资文化交流的传统盛会，也是大理各族人民一年一度的民间文艺体育大交流的盛大节日，每年农历三月十五至二十一在大理古城举行。1991 年，云南省人民政府将大理三月街定为“大理白族自治州三月街民族节”。

白族三月街是白族人民的传统节日，赶会的除白族以外，还有彝、藏、傈僳、纳西、景颇、怒、佤、回、汉等 20 多个民族。

每年的三月街热闹非凡，街上彩旗林立，帐篷相连，商品琳琅满目。节日期间，有具有民族特色与地域特点的贸易集市，传统的赛马、赛龙舟、打秋千等民间体育比赛以及大本曲演唱、洞经古乐、民族歌舞表演等。

2008 年，大理“三月街”入选中国第二批非物质文化遗产保护名录，并荣获首届节庆中华最佳文化传承奖。

（三）丽江

丽江位于云南省西北部，金沙江中游，地处青藏高原和云贵高原连接部位，因美丽的金沙江而得名。2002 年 12 月 26 日，国务院正式批准丽江撤地设市，丽江市辖 1 区 4 县，境内居住着纳西、彝、傈僳、白、普米、藏、傣、苗、回等 22 个少数民族。

丽江市的主要旅游景点有丽江古城、玉龙雪山、泸沽湖、虎跳峡、长江第一湾、白沙壁画、老君山等自然景观和人文景观。这些秀丽迷人的自然风光和悠久灿烂的民族历史文化，浓郁多彩的民族风情，共同构成了丽江丰富的旅游资源。

1. 丽江古城

丽江古城（见图 8-14）位于丽江市古城区，又名大研镇，坐落在丽江坝中部，始建于宋末元初（公元 13 世纪后期），地处云贵高原，面积为 7.279 平方千米。丽江古城是中国历史文化名城中唯一没有城墙的古城，据说是因为丽江世袭统治者姓木，筑城势必如木字加框而成“困”字之故。丽江古城曾是滇西北最著名的商贸中心之一，是历史上茶马古道上的重要枢纽，也曾是滇西北的政治、经济重镇。

图 8-14 丽江古城

丽江古城是一座具有较高综合价值和整体价值的历史文化名城，集中体现了地方历史文化和民族风俗风情，体现了当时社会进步的本质特征。丽江古城，从城市总体布局到工程、建筑融汉、白、彝、藏、纳西族等各民族精华。

古城以江南水乡般的美景、别具风貌的布局及建筑风格特色，被誉为“东方威尼斯”“高原姑苏”等。丽江古城内的街道依山傍水修建，古城街市路面用丽江出产的五花石铺砌，雨季不泥、旱季无尘。石上花纹图案自然雅致，与整个城市环境相得益彰。整个古城以四方街为中心，大街小巷排列有序，向四方发展。位于古城与新城交界处的大水车是丽江古城的标志，古城大水车旁有一块大屏幕，每日播放的是古城最受欢迎最有特色的歌曲。

在丽江古城区内的玉河水系上，修建有桥梁 354 座。桥梁的形制多种多样，较著名的有锁翠桥、大石桥、万千桥、南门桥、马鞍桥、仁寿桥、净地桥，均建于明清时期（14 世纪—19 世纪）。丽江古城的一大特色，就是有一条非常清凉的小河流经并环绕古城，形成了“家家泉水，户户垂杨”“小桥、流水、人家”的高原水乡风貌。

图 8-15 丽江古城街景

古城保留了大片明清年代的民居建筑，均为土木结构瓦屋面楼房，多数为三坊一照壁，也有不少四合院，融会了纳西、白、汉等民族建筑艺术的精华。民居布局灵活，注重装饰，门窗多雕饰花鸟图案，色调浓烈。庭院内喜种花木，摆设盆景。图 8-15 为丽江古城街景。

丽江古城历史悠久，古朴自然。城市布局错落有致，既具有山城风貌，又富有水乡韵味。丽江民居既融合了汉、白、彝、藏各民族精华，又有纳西族的独特风采，是研究中国建筑史、文化史不可多得的重要遗产。丽江古城包容着丰富的民族传统文化，集中体现了纳西族的兴旺与发展，是研究人类文化发展的重要史料。

1997年12月，丽江古城被联合国教科文组织列入《世界文化遗产名录》。2001年10月，古城又被联合国命名为保护遗产的“丽江模式”，再获殊荣。

2. 玉龙雪山景区

玉龙雪山位于云南省丽江西北，主峰扇子陡海拔5596米，是北半球最南的大雪山，也是世界上北半球纬度最低、海拔最高的山峰。玉龙雪山全山13峰、峰峰终年积雪不化，如一条矫健的玉龙横卧山巅，有一跃而入金沙江之势，故名“玉龙雪山”。

玉龙雪山自古就是一座壮美的风景雪山，是纳西人民心中的神山，是“三朵神”的化身。拜山朝圣者络绎不绝。

玉龙雪山以险、奇、美、秀著称，景观大致可分为高山雪域风景、泉潭水域风景、森林风景、草甸风景等，主要景点有玉柱擎天、云杉坪、雪山索道、黑水河、白水河及宝山石头城等，是一个集观光、登山、探险、科考、度假、郊游为一体的具有多功能的旅游胜地。

玉龙雪山具有重要的风景旅游价值和自然科学考察研究价值，特别是在气象、地质、动物、植物方面较为突出。玉龙雪山是一座植物宝库，主要林木有杜鹃花、云南松、华山松、云杉、红杉、冷杉等，药材有虫草、雪茶、雪莲、麻黄、三分三、贝母、茯苓、木香等。

1988年，玉龙雪山被国务院批准列入第二批国家级风景名胜区名单。2007年5月8日，丽江市玉龙雪山景区被国家旅游局正式批准为国家5A级旅游景区。

（四）香格里拉

“迪庆”，藏语意为“吉祥如意的地方”，是半个多世纪以来，世人苦苦寻觅已久的人与自然和谐相处、祥和、宁静的世外桃源——“香格里拉”。自从英国人詹姆斯的小说《消失的地平线》问世以来，作品中所描绘的香格里拉曾引起无数人的向往，据考证，香格里拉实质上就是指云南的迪庆藏族自治州。

迪庆位于青藏高原伸延部分南北纵向排列的横断山脉，滇、藏、川三省区接合部，地处三江并流国家级风景名胜区腹地，澜沧江和金沙江自北向南贯穿全境，形成一派自然的“雪山为屏，金沙为带”的特殊壮景，是滇西北高原上一颗璀璨的明珠。迪庆全州面积23 870平方千米，辖香格里拉市、德钦县和维西傈僳族自治县。州府驻地香格里拉市建塘镇。

迪庆属青藏高原南延部分，横断山脉西南腹地。自然地理特征为“三山两江一坝”。“三山”，即怒山山脉、云岭山脉、贡嘎山脉，纵横南北，平行并列，梅里雪山、白马雪山、哈巴雪山耸立于三山群峰之上。“两江”，即澜沧江、金沙江自北而南贯穿全境。“一坝”，即大小中甸坝子，面积共有40多万亩。全州平均海拔3380米，是云南省海拔最高的地区。地形呈纵深切割之势，高低悬殊，最高6740米，最低海拔1486米。境内呈垂直农业气候和立体生态环境特征。

迪庆是云南省唯一的藏族自治州，少数民族人口占总人口的 84%，其中藏族占总人口的 33.4%。历史上，迪庆是“茶马古道”的必经之路，是西南“丝绸之路”的一个重要物资中转站。

迪庆自然资源十分丰富。生物资源方面约有 5000 种种子植物，有 30 多种国家保护的一、二级珍稀植物和 260 多种一、二类野生动物。花卉品种繁多，有药用植物 960 种，如贝母、雪茶、当归、天麻、虫草等，还盛产松茸菌和羊肚菌；境内珍禽异兽有，一类保护动物滇金丝猴、黑颈鹤等。境内森林覆盖率为 36.4%，林业用地 161.5 万公顷。水能资源极其丰富，全州水能理论蕴藏量 1370 万千瓦。

迪庆是“三江并流”世界自然遗产核心地带，旅游资源集雪山、峡谷、高山草甸、宗教和民族为一体，构成了人与自然和谐共生，多民族、多文化、多宗教和睦相处的“香格里拉”胜境。尤其是“香格里拉”品牌打响后，这些丰富的旅游资源显得魅力十足，风光无限。

（五）西双版纳

西双版纳傣族自治州位于云南省最南端，与老挝、缅甸山水相连，与泰国、越南近邻，全州总面积 19 124.5 平方千米，国境线长 966.3 千米。2020 年年末，全州户籍总人口 101.35 万人。西双版纳世居着傣、汉、哈尼、彝、拉祜、布朗、基诺、瑶、苗、回、佤、壮、景颇 13 个民族。

西双版纳多数地方处于低山河谷地带，温暖湿润、雨量丰富，年平均温度 21℃左右，年降雨量为 1200 毫米 ~1600 毫米。境内有珍贵的热带雨林自然保护区 360 万亩，其中有 70 万亩是保存完好的原始森林。在这些茂密的丛林里，蕴藏着两万多种植物资源，其中高等植物有 5000 多种，约占全国的 1/6。特有、稀有、孑遗种约 300 多种，形成了一座热带植物的天然“基因库”。故西双版纳被称为“植物王冠上的绿宝石”和“植物王国”。在西双版纳绵延起伏的山岭河谷中，在一望无际的 5 个国家级自然保护区里，生存繁殖着野象、虎、豹、犀牛、金丝猴、孔雀、犀鸟等珍禽异兽，有“动物王国”“孔雀之乡”的称誉。图 8-16、图 8-17 为西双版纳热带植物园。

图 8–16　西双版纳热带植物园 1

图 8–17　西双版纳热带植物园 2

西双版纳是一个以傣族为主的多民族聚居地，世代居住在这里的各少数民族创造了自己丰富灿烂的文化。少数民族能歌善舞，各民族都有自己的音乐舞蹈，至今保留着反映自己民族特征的风俗习惯。傣族欢度新年的泼水节、哈尼族的嘎汤帕节、基诺族的特懋克节等节庆活动热烈有趣，令人向往。生活在西双版纳的傣族、布朗族，是历史上信奉南传上座部小乘佛教的民族，全州约有佛寺 550 座、佛塔 150 座，僧侣 5000 多人。在众多的佛寺内，保存着号称 84 000 部之多的佛教经典。

西双版纳是一个农业州，是我国的第一个橡胶产地，这里的水稻、茶叶、甘蔗、南药、香料和热带水果远近闻名。旅游资源更富有特色，目前，已开辟了西双版纳原始森林公园、野象谷、植物园、热带雨林奇观、民族旅游村等景点 120 多个，被国务院列为我国旅游资源特别丰富的三个重点旅游开发区之一，是国家首批重点风景名胜区之一。目前，除了可在州内游览观光度假外，现已与老挝、缅甸、泰国等国开通了边境旅游，西双版纳将成为与东南亚旅游市场接轨的中心枢纽。

（六）云南“三江并流”自然景观

“三江并流”自然景观，是指金沙江、澜沧江和怒江这三条发源于青藏高原的大江在云南省境内自北向南并行奔流 170 多千米，穿越于担当力卡山、高黎贡山、怒山和云岭等崇山峻岭之间，形成世界上罕见的“江水并流而不交汇”的奇特自然地理景观。

“三江并流”自然景观由怒江、澜沧江、金沙江及其流域内的山脉组成，涵盖范围达 170 万公顷，它包括位于云南省丽江市、迪庆藏族自治州、怒江傈僳族自治州的 9 个自然保护区和 10 个风景名胜区。它地处东亚、南亚和青藏高原三大地理区域的交汇处，是世界上罕见的高山地貌及其演化的代表地区，也是世界上生物物种最丰富的地区之一。同时，该地区还是 16 个民族的聚居地，是世界上罕见的多民族、多语言、多种宗教信仰和风俗习惯并存的地区。

“三江并流”地区被誉为“世界生物基因库”。“三江并流”地区占我国国土面积不到 0.4%，却拥有全国 20% 以上的高等植物和全国 25% 的动物种数。目前，这一区域内栖息着珍稀濒危动物滇金丝猴、羚羊、雪豹、孟加拉虎、黑颈鹤等 77 种国家级保护动物和秃杉、桫椤、红豆杉等 34 种国家级保护植物。

长期以来，“三江并流”区域一直是科学家、探险家和旅游者的向往之地，他们对此区域显著的科学价值、美学意义和少数民族独特的文化给予了高度评价。2003 年 7 月，云南“三江并流”自然景观成为世界自然遗产。

（七）澄江化石地

澄江化石地位于云南省玉溪市澄江县帽天山附近，面积 512 公顷，缓冲区面积 220 公顷，距今 5.3 亿年，于 1984 年被发现，被誉为“20 世纪最惊人的古生物发现之一”，是保存完整的寒武纪早期古生物化石群。它生动地再现了 5.3 亿年前海洋生命壮丽景观和现生动物的原始特征，为研究地球早期延续时间为 5370 万年的生命起源、演化、生态等理论提供了珍贵证据，澄江化石地共涵盖 16 个门类、200 余个物种化石（截至 2012 年），这在世界同类化石地中极为罕见，完整展示了寒武纪早期海洋生物群落和生态系统。2012 年 7 月 1 日，澄江化石地正式列入《世界遗产名录》。

（八）红河哈尼梯田

图 8-18　红河哈尼梯田

红河哈尼梯田（见图 8-18）位于云南省元阳县的哀牢山南部，是当地哈尼族为主的各族人民利用“一山分四季，十里不同天”“山有多高，水有多高”的特殊地理气候开垦共创的梯田农耕文明奇观。哈尼梯田呈现森林—村寨—梯田—水系“四素同构”的农业生态系统，农耕生产技术和传统文化活动均围绕梯田展开。哈尼族大多居住在海拔 800 米至 2500 米的山区，主要从事农业，梯田稻作文化尤为发达。面对高山峡谷的艰苦生存空间，千百年来，哈尼人民不断创造，总结出一套山区垦种梯田的丰富经验。他们依据不同的山势、土质修堤筑埂，利用“山有多高，水有多高”的自然条件，把终年不断的山泉溪流，通过小水渠引入梯田。每到初春，形状各异的大小梯田灌满了泉水，在明媚的阳光下，山风轻拂，波光粼粼；三、四月间，层层梯田青翠欲滴，状如一块块翠绿壁毯；夏末秋初，稻谷成熟，又是一片金黄。其情景就像一幅幅如梦如幻、美丽无比的中国水墨画，堪称世界奇观。

红河哈尼梯田也被当代人誉为“伟大的人地雕刻”，因天气和水中植物不同更是会呈现出不同的色彩：晴天时梯田呈蓝色；阴天时呈灰色；早晚呈金黄色。因植物不同会分别呈绿色、红色、黄色等。哈尼梯田是多彩的大地艺术，而实现了这一人类创造力、耐受力、意志力和人与自然和谐理念的哈尼族人，则被誉为“大地雕刻师”。

元阳梯田规模宏大，气势磅礴，绵延整个红河南岸的红河、元阳、绿春及金平等县，仅元阳县境内就有 17 万亩梯田，是红河哈尼梯田的核心区。2013 年 6 月，红河哈尼梯田获准列入世界遗产名录。

视野拓展

泸沽湖走婚习俗

美丽的泸沽湖畔，生活着纳西族的分支摩梭人，他们是当今世上仅存的母系氏族社会，一切由女性支配。因此，较之其他地方的女性，摩梭姑娘多情且主动。同时，由于青山绿水的滋润，摩梭姑娘大都容貌俊美且别有自然风韵。摩梭人的走婚制是世界上最奇特、最有自由色彩的婚姻形态。摩梭女孩成年（12 岁）时会举行隆重的穿裙礼，从此之后，可由她挑选如意郎君，其他人（包括父母）均不能干涉。一旦选中，女孩会暗示情郎夜来闺房探访。摩梭人没有明确的婚姻关系，双方不娶不嫁，不建立家庭，全靠感情维系关系。每天晚上所有的成年男人便到自己意中人的家中幽会，到第二天早上又回到自己的家中，小孩由女方家庭抚养。一旦感情破裂，男不走访或由女方在闺房门口放双男鞋即可离散，无怨恨，无忌妒，随缘而行，外人更不可有异议。

走婚是“母系”家庭中的重要组成部分。成年男子“走婚”是一个繁衍后代的途径，只是不同于其他民族夫妇长年生活在一起。他们是日暮而聚，晨晓而归，暮来晨去。

摩梭人走婚有两种方式：一种叫“阿注”定居婚；另一种叫“阿夏”异居婚。不管哪种婚俗都得举行一个古老的仪式，叫“藏巴啦”，意思是：敬灶神菩萨和拜祖宗。

四、贵州省

贵州省位于我国西南地区，云贵高原东部。简称黔或贵，省会贵阳市。全省面积约18万平方千米，人口3856万余人。

贵州旅游资源丰富，具有自然风光与民族文化相结合的特点。山、水、洞、林、石交相辉映，民族风俗古朴浓郁，历史文化悠远凝重。主要的旅游景点有黄果树瀑布、龙宫、红枫湖、黔灵公园等。安顺黄果树大瀑布景区、安顺龙宫景区、毕节市百里杜鹃景区、黔南州荔波樟江景区、遵义市赤水丹霞旅游区等为我国5A级景区。

（一）贵阳市

贵阳市位于云贵高原东部，为贵州省省会，简称筑，享有“山国之都”的美誉。贵阳是我国西南地区重要的中心城市之一，有国家级风景名胜区红枫湖，4个省级风景名胜区花溪、百花湖、修文阳明风景名胜区和息烽风景名胜区。

（二）黄果树瀑布景区

黄果树瀑布景区（见图8-19）位于贵州省西南部，安顺市镇宁布依族自治县城西南的白水河上。

黄果树瀑布是中国第一大瀑布，也是亚洲第一大瀑布，高77.8米，宽101米。大瀑布后有奇妙的“水帘洞”。洞窗内可以观看洞外飞流直下的瀑布。景区内分布着十八个大小不同、姿态各异的瀑布，即“九级十八瀑”。瀑布姿态万千，各尽其妙。

图8-19 黄果树瀑布

黄果树瀑布风景区内以雄奇壮阔的黄果树大瀑布为中心，还有天星桥、石头寨、郎弓、滴水潭瀑布和霸陵河访古景区，周围雄、奇、险、秀，风格各异的瀑布一个接着一个，形成一个大的瀑布“家族”，被世界吉尼斯总部评为世界上最大的瀑布群，列入吉尼斯世界纪录。2005 年，被中国国家地理杂志社评为“中国最美丽的地方”，被《人民日报》社评为“中国风景名胜区顾客十大满意品牌”，荣获“欧洲游客最喜爱的中国十大景区”等荣誉称号。2007 年 5 月 8 日，被国家旅游局正式批准为国家 5A 级旅游景区。

（三）龙宫景区

龙宫（见图 8-20）位于贵州省安顺市南郊，与黄果树风景区毗邻。龙宫总面积达 60 平方千米，分为中心、漩塘、油菜湖、仙人箐等四大景区。龙宫是一个天然的大型溶洞暗湖，集洞、瀑布、峡谷、绝壁、湖、石、民族风情、宗教文化为一体。尤因中心景区水溶洞为全国最长、洞内瀑布为全国最高、天然辐射率为全国最低，而被国内称为“三最”。

图 8-20　贵州安顺龙宫风景区

龙宫风景区以地底的暗湖溶洞群和洞穴瀑布、旱溶洞为主体，洞内景色奇异，宛若人间仙境，加之这里丰富多彩的民族风情，成为一个天然成趣、世不多见的旅游胜地。龙宫中心景区方圆 10 平方千米的范围内，星罗棋布着大大小小的水、旱溶洞 90 余个，是全世界水旱溶洞最多、最集中的地方，获吉尼斯世界纪录。

贵州龙宫是国家重点风景名胜区，中国第一水溶洞。2007 年 5 月 8 日，被国家旅游局正式批准为国家 5A 级旅游景区。

（四）中国南方喀斯特——荔波喀斯特

荔波喀斯特遗产地位于贵州省南部荔波县，属亚热带季风性气候，海拔 385 米至 1109 米，包括樟江国家级重点风景名胜区中的大、小七孔景区和茂兰国家级自然保护区，总面积 73 016 公顷。荔波喀斯特世界自然遗产价值在于，展现了峰丛地貌和峰林地貌之间的地形变化与演化，以其典型的喀斯特生态系统和生态过程以及丰富的生物多样性，被《中国国家地理》杂志评选为“中国最美的十大森林”。

荔波既有喀斯特森林景观，又有喀斯特地貌上美丽的河流和湖泊，被誉为“地球腰带上的绿宝石”。贵州荔波与云南石林、重庆武隆一起，作为全世界第一个跨省捆绑联合申报的世界自然遗产项目，2007 年 6 月 27 日列入《世界自然遗产名录》。遗产地以典型丰富的锥状喀斯特地貌和水文为基础，以世界罕见的中亚热带喀斯特原始森林为特色，是目前地球上同纬度地区绝无仅有的喀斯特森林生态系统和罕见的生物基因库。

荔波喀斯特最醒目的景观是锥状喀斯特，最典型的类型是峰丛喀斯特和峰林喀斯特。荔波喀斯特遗产地内，锥状喀斯特景观由最典型的峰林谷地、峰丛洼地，峰丛峡谷、峰林洼地、峰林谷与峰林溶原（盆地）等主要的喀斯特地貌形态有序排列，展示了峰丛地貌景观与峰林地貌景观的相互演化与递变。

作为世界遗产地，荔波喀斯特满足了世界自然遗产的多个标准。峰丛景观与峰林景观呈有序排列，展示了地貌的演化与递变；具有特殊的喀斯特森林生态系统与显著的生物多样性，包含众多特有和濒危动植物及其栖息地；代表了大陆型热带—亚热带锥状喀斯特的地质演化和生物生态过程，是研究裸露型锥状喀斯特发育区喀斯特森林植被的自然“本底”及森林生态系统结构、功能、平衡的理想地和天然试验场所；区内90%的人口是少数民族，文化底蕴丰富，其中以水族、瑶族和布依族等少数民族文化为主。

知识链接

中国南方喀斯特简介

“喀斯特”（Karst）原是前南斯拉夫西北部伊斯特拉半岛上的石灰岩高原的地名，那里有发育典型的岩溶地貌。“喀斯特”一词即为岩溶地貌的代称。

喀斯特地貌是指可溶性岩石受水的溶蚀作用和伴随的机械作用所形成的各种地貌，如石芽、石沟、石林、峰林、落水洞、漏斗、喀斯特洼地、溶洞、地下河等。在喀斯特地貌发育地区，地面往往奇峰林立，地表水系比较缺乏，但地下水系却比较发达。中国的广西、贵州、云南等地广泛分布有喀斯特地貌，是世界上喀斯特地貌发育最典型的地区之一，中国喀斯特有面积大、地貌多样、典型、生物生态丰富等特点。

“中国南方喀斯特”面积占整个中国喀斯特面积的55%，由云南石林的剑状、柱状和塔状喀斯特、贵州荔波的森林喀斯特、重庆武隆的以天生桥、地缝、天洞为代表的立体喀斯特共同组成，形成于距今50万年至3亿年间，总面积达1460平方千米。2007年6月27日在第三十一届世界遗产大会上被评选为世界自然遗产并获得全票通过。

（五）遵义会议会址

遵义会议会址（见图8-21）是全国重点文物保护单位，位于遵义红花岗区红旗路80号，是幢砖木结构、中西合璧的两层楼房，建于20世纪30年代初。毛泽东手书的“遵义会议会址”六个大字，高悬于会址的大门正中。

图8-21　遵义会议会址

1935年1月初，中国工农红军到达遵义，中国共产党在这里召开了举世闻名的遵义会议（中共中央政治局扩大会议），使中国革命转危为安，驶上正确的航道。中华人民共和国成立后，国家重新整修了遵义会议会址、毛泽东长征在遵义驻地、红军烈士陵园和娄山关等纪念景点。

（六）贵州梵净山

梵净山位于贵州省铜仁市境内，是武陵山脉主峰，遗产地面积402.75平方千米，缓冲区面积372.39平方千米。世界自然保护联盟（IUCN）认为：梵净山满足了世界自然遗产第十条（生物多样性）标准，展现和保存了中亚热带孤岛山岳生态系统和显著的生物多样性。

梵净山生态系统保留了大量古老孑遗、珍稀濒危和特有物种，拥有4394种植物和2767种动物，是东方落叶林生物区域中物种最丰富的热点区域之一；梵净山是黔金丝猴和梵净山冷杉唯一的栖息地和分布地，也是水青冈林在亚洲最重要的保护地，是全球裸子植物最丰富的地区，也是东方落叶林生物区域中苔藓植物最丰富的地区。

2018年7月2日，铜仁梵净山景区获准列入世界自然遗产名录。

第三节　主要旅游线路

一、重庆市——渝东长江三峡游

（一）行程

山城风光—大足石刻—长江三峡（丰都鬼都、石宝寨、张飞庙、白帝城、瞿塘峡、大宁河小三峡、巫峡）

（二）特点

本线路以山城风光和游览长江三峡风光为主线。重庆又称山城，地处我国西南，有着悠久的历史，深厚的文化底蕴和风俗人情。重庆旅游景点中较出名的有大足石刻、长江三峡，沿线可游览丰都鬼都、石宝寨、张飞庙、白帝城、瞿塘峡、大宁河小三峡、巫峡等景点，山水交融，名誉海内外。

二、四川省——“世界遗产”精华游

（一）行程

成都市—九寨沟—黄龙—都江堰—青城山—乐山大佛—峨眉山

（二）特点

本线路以四川省的世界遗产为主线，集自然美景、名胜古迹于一体。

成都，简称蓉，四川省省会，成都是“首批国家历史文化名城”和“中国最佳旅游城市”，承载着三千余年的历史，拥有都江堰、武侯祠、杜甫草堂、金沙遗址、明蜀王陵、望江楼、青羊宫等众多名胜古迹和人文景观。

九寨沟和黄龙都是拥有“世界自然遗产”和“世界生物圈保护区”两顶桂冠的圣地。九寨沟以翠海（高山湖泊）、叠瀑、彩林、雪峰、藏情“五绝”驰名中外，被誉为“人间

仙境”和“童话世界”；黄龙以彩池、雪山、峡谷、森林“四绝”著称于世，被誉为“人间瑶池”。

青城山与都江堰于2000年被列入世界文化遗产名录，均位于都江堰市境内，青城山是中国道教的发源地之一，属于道教名山，它以幽深古雅闻名，有“青城天下幽”之称。都江堰是世界闻名的古代综合性大型水利工程，2200多年前由秦国蜀郡郡守李冰父子主持建造，工程主要包括鱼嘴、飞沙堰、宝瓶口三部分，使成都平原成为“天府之国”。

峨眉山和乐山大佛为世界文化与自然双重遗产。乐山大佛雕凿在岷江、青衣江、大渡河汇流处的岩壁上，依岷江南岸凌云山栖霞峰临江峭壁凿造而成，又名凌云大佛，为弥勒佛坐像，是唐代摩崖造像中的艺术精品之一，也是世界上最大的石刻弥勒佛坐像。峨眉山为中国佛教四大名山之一，山上多佛教寺庙，是著名的佛教名山和旅游胜地，有“峨眉天下秀”之称，是一个集佛教文化与自然风光为一体的国家级山岳型风景名胜区。

三、云南省——昆大丽及西双版纳游

（一）行程

昆明—大理—丽江—西双版纳（橄榄坝傣族园、中科院西双版纳热带植物园、野象谷）

（二）特点

本线路以云南传统旅游路线中的昆明、大理、丽江和西双版纳热带雨林风光游为主。

昆明是云南省省会，享“春城”之美誉，国家级历史文化名城，我国重要的旅游、商贸城市。昆明有石林世界地质公园、滇池、安宁温泉、九乡、阳宗海、轿子雪山等国家级和省级著名风景区，还有世界园艺博览园和云南民族村等100多处重点风景名胜。

大理地处云南省中部偏西，这里气候温和，土地肥沃，山水风光秀丽多姿，境内以蝴蝶泉、苍山、洱海、大理古城、崇圣寺三塔等景点最有代表性。大理是云南古文化的发祥地之一，南诏、大理国的都邑，被誉为“亚洲文化十字路口的古都”。

丽江古城，又名“大研古镇”，坐落在丽江市大研镇，海拔2400余米，是一座风景秀丽、历史悠久、文化灿烂的名城，也是中国罕见的保存相当完好的少数民族古镇。

西双版纳傣族自治州地处云南省南端，终年温暖，阳光充足，该州拥有我国唯一保存最好、面积最大的热带雨林自然保护区。它横跨西双版纳州的景洪、勐腊、勐海三个县，保有原始森林近10万公顷，生长着5000多种热带、南亚热带木本植物和草本植物，是一片堪称无价之宝的“绿色宝库”。

橄榄坝傣族园位于景洪东南约30千米处的勐罕镇，几百户傣族人家世世代代在这里生活，具有浓郁的热带风光和民族色彩，是傣家竹楼及水上风光的结合。

中国科学院西双版纳热带植物园（简称版纳植物园），1959年在著名植物学家蔡希陶教授领导下创建，是中国面积最大、植物多样性最丰富的植物园，位于勐腊县勐仑，当地人把它称为勐仑热带植物园。

野象谷位于景洪市勐养镇三岔河境内，是西双版纳最令人神往的森林公园和观赏野象活动的旅游景区，是中国首家以动物保护和环境保护为主题的国家公园。

四、贵州省——黔西南游

（一）行程

贵阳市—红枫湖—安顺龙宫—黄果树瀑布—天星桥—马岭河峡谷

（二）特点

本线路主要观赏喀斯特地貌和领略布依族、苗族民俗风情。

云贵高原是世界上喀斯特地貌分布最广的地区。红枫湖是岛屿最多的高原岩溶湖泊，湖中有岛屿 100 多个，以岩溶地貌和湖光山色为特色，被誉为贵州腹地的一颗明珠。

龙宫位于安顺市南郊，是以暗河溶洞为主称奇、并集旱溶洞、峡谷、瀑布、峰林、绝壁、溪河、石林等多种喀斯特地质地貌景观为一体的国家重点风景名胜区，有着中国最长、最美丽的水溶洞、中国最大的洞穴佛堂、中国最大的洞中瀑布、全世界最低的天然辐射剂量率、全世界最多、最为集中的水旱溶洞等高品位风景资源。

黄果树瀑布是中国最大的瀑布、中国最美六大瀑布之一，是贵州第一胜景。风景区内瀑布成群、洞穴成串、峰峦叠翠、植被奇特，伏流、溶洞、石林、石壁、峡谷比比皆是，呈现出层次丰富的喀斯特山水旖旎风光。

天星桥景区位于黄果树大瀑布下游 7 千米处，这里主要观赏石、树、水的美妙结合，是水上石林变化而成的天然盆景区。

马岭河峡谷风景区位于黔西南州兴义市境内，集雄、奇、险、秀为一体。马岭河峡谷是一条在造山运动中剖削深切的大裂水地缝，谷内群瀑飞流，翠竹倒挂，溶洞相连，两岸古树名木点缀其间，千姿百态。

本章关键词

西南旅游区　旅游环境　旅游资源特征　旅游胜地　旅游线路

本章小结

西南旅游区包括三省一市，地形复杂多样，高低悬殊，气候普遍温暖湿润，一年四季皆宜旅游。岩溶地貌、生物资源和民族风情是本区重要的旅游资源。古巴蜀遗址是本区区别于其他旅游区的人文景观。自然景观以山地峡谷、名湖名瀑、岩溶景区等为主。

本章彩图

思考与练习

一、填空题

1. 被誉为“中华水景之王”的景区是（　　）。

2.（　　）是九寨沟的灵魂，它以（　　）和（　　）为主要特色，其最奇特、最迷人的风景是（　　）。

3. 四川省著名景点中被誉为“人间瑶池”的是（　　）风景区，其特色是（　　）。

4. 峨眉山金顶三大奇观，是指（　　）、（　　）和（　　）。

5. 我国少数民族最多的省份是（　　）省，被誉为“植物王国”的是（　　）省。

6. 贵州梵净山景区 2018 年 7 月获准列入世界（　　）遗产名录。

二、单项选择题

1. 五粮液产于我国的（　　）省。

A. 四川　　B. 云南　　C. 贵州　　D. 福建

2. 西南旅游区的（　　）奇观，是全区的宝贵旅游资源。

A. 岩溶地貌　　B. 丹霞地貌　　C. 海岸地貌　　D. 火山地貌

3. 大足石刻位于我国的（　　）。

A. 四川省　　B. 云南省　　C. 贵州省　　D. 重庆市

4.（　　）是我国的“雾都”。

A. 上海　　B. 天津　　C. 北京　　D. 重庆

5. 四川省的简称是（　　）。

A. 渝　　B. 川　　C. 滇　　D. 贵

6. 西南的（　　）市曾荣获了联合国颁发的“人居奖”。

A. 上海　　B. 成都　　C. 北京　　D. 广州

7. 峨眉山是（　　）菩萨的道场。

A. 文殊　　B. 地藏　　C. 普贤　　D. 观音

8.（　　）素以“春城”和“花都”而享誉中外。

A. 昆明市　　B. 成都市　　C. 桂林市　　D. 贵阳市

9. 贵州省的省会城市是（　　）。

A. 昆明市　　B. 成都市　　C. 桂林市　　D. 贵阳市

三、判断题

1. 西南旅游区一年四季皆宜旅游。（　　）

2. 西南旅游区是我国动植物资源最贫乏的地区。（　　）

3. 贵州的黄果树瀑布是世界上第一大瀑布。 （ ）
4. “三江并流”自然景观出现在我国的四川省境内。 （ ）
5. 树是九寨沟的精灵。 （ ）
6. 丽江古城是中国历史文化名城中唯一没有城墙的古城。 （ ）
7. 云南石林是世界上唯一位于亚热带高原地区的喀斯特地貌风景区。 （ ）
8. 云南省的大理被人们称为“东方瑞士”。 （ ）
9. “迪庆”藏语的意思是指“吉祥如意的地方”。 （ ）

四、简答题

1. 西南旅游区包括哪些行政区？其对应的简称和行政中心分别是指什么？
2. 简述西南旅游区的旅游资源特征。
3. 西南旅游区共有几个旅游胜地被联合国教科文组织列入《世界遗产名录》？说出具体名称。
4. 重庆是一座怎样的城市？其特色旅游商品和特色旅游点分别有哪些？
5. 大足石刻为什么被联合国教科文组织列入《世界文化遗产名录》？
6. 说出九寨沟的名称来源、地理位置及最佳旅游季节。九寨沟有哪“五绝”？“绝”在哪里？
7. 为什么说峨眉山是我国四大佛教名山之一？
8. 昆明是一座怎样的城市？
9. 设计一条西南喀斯特游的精品旅游线路。

第9章 青藏旅游区

本章概览

青藏旅游区包括青海省和西藏自治区两个行政区。地形上以高原为主体，高原、极高山是本区旅游开发最具有潜力的资源。因其历史、民族和宗教等因素，本区文化景观具有浓厚的民族特色和宗教氛围。

学习目标

了解青藏旅游区的旅游环境
掌握本区的旅游资源特征
熟悉本区的主要旅游胜地
了解区内的主要旅游线路

第一节 旅游环境

一、概况

青藏旅游区位于我国西部的青藏高原上，包括青海省和西藏自治区两个行政区。总面积约195万平方千米，人口956万余人，本区是个多民族的地区，除了主要民族藏族外，还有汉、回、蒙古、撒拉、哈萨克、门巴、珞巴等民族。本区自然环境复杂，宗教色彩浓厚，是一个富有神秘色彩的、潜力很大的旅游区。

本区地处青藏高原，平均海拔在4000米以上，是世界上最高大、最年轻、最雄伟的大高原，有"世界屋脊"之称。高原上横亘着许多近东西向的高大山脉，从北向南有昆仑山脉、阿尔金山—祁连山脉、喀喇昆仑山—唐古拉山脉、冈底斯山—念青唐古拉山脉、喜马拉雅山脉等。喜马拉雅山脉平均海拔在6000米以上，超过7000米的高峰有40多座，8000米以上高峰有11座，主峰珠穆朗玛峰海拔8844.43米，为世界最高峰，被称为"世界第三极"。青藏高原内部山脉之间，分布着高原、盆地和谷地，如柴达木盆地、藏北高原、藏南谷地等。

青藏高原由于地势高，形成了独特的高原气候，具有空气稀薄，含氧量和含尘量少，大气透明度高，日照充足，太阳辐射强烈，气温年变化小、日变化大的特点。全区气温较低，年平均气温大都低于 5℃。年降水较少，干湿季分明，多大风。本区气候寒冷，只适宜在夏季旅游。

青藏旅游区自然条件复杂，地势高峻，气候寒冷，中华人民共和国成立前交通相当闭塞，成为人们心目中的一块神秘之地。中华人民共和国成立后修建了兰青铁路、青藏铁路，修筑了川藏、青藏、新藏、滇藏等公路，那拉高速公路是首条连接西藏自治区首府拉萨和藏北草原的高速公路，于 2021 年 8 月 21 日建成通车，是世界上海拔最高的高速公路。拉萨、西宁是本区的主要航空港，交通已大为改善。

本区地域辽阔，环境复杂，物产丰富。本区是藏族聚居区，民族工艺品生产历史悠久，技艺精湛，具有浓厚的地方特色。名特产品主要有藏毯、藏刀、唐卡、金银器手工艺品及麝香、冬虫夏草、藏红花、红景天、熊胆、天麻、当归等名贵中药材。

二、旅游资源特征

青藏高原是我国地热资源最丰富的地区，强烈的板块运动导致岩浆活动频繁，使青藏高原的地热现象激烈而且普遍。地热主要分布在雅鲁藏布江中下游河谷地带。地热的类型主要有水热爆炸、间歇喷泉、沸泉、喷气孔等 20 余种，其中水热爆炸穴、间歇热水喷泉是我国仅有、世界罕见的自然现象。位于拉萨西北的羊八井热气田是西藏众多地热田中最著名的，有星罗棋布的热水湖、喷气孔、沸泉、热泉、温泉等，而其中热水湖最为壮观，在当地年平均温度只有 2℃的情况下，湖面温度竟达 45℃。羊八井现已成为我国第一座湿蒸汽型地热电站。青藏高原的地热资源不仅提供了重要的能源，而且是我国其他地方难得一见的自然奇观，已成为青藏旅游区独具特色的旅游资源。

青藏高原是一片“雪域高原”，气候极为寒冷，以珠穆朗玛峰为代表的“世界第三极”和雄奇壮观的雪山冰川，已成为探险旅游者关注的热点。本区因受高度影响，自然景观独特。这里山峰高耸，银装素裹，是我国最大的雪峰冰川营垒，也是全球中低纬度地区的最大冰川活动中心。冰川形态多样，规模大、数量多，占我国冰川总面积的 80%。众多的高山雪峰为开展登山、探险、科学考察等旅游活动提供了极好的条件。

青藏高原是我国湖泊最多的地区，也是世界上湖面最高、数量最多的高原湖区。这里大部分湖泊是咸水湖，其中青海湖是我国最大的咸水湖；纳木错是我国第二大咸水湖，也是世界上海拔最高的咸水湖，海拔 4718 米；而分布在中尼边境上的玛旁雍错是世界上最高的淡水湖。众多的湖泊被林海环绕、雪山映照，景色十分秀丽。同时湖泊中水草丰美，又成为鸟类的乐园，特别是湖中鸟岛上成千上万的飞鸟群聚，更是青藏旅游区的一大奇观，其中最著名的是青海湖鸟岛。

青藏旅游区具有浓厚的宗教色彩。本区流行藏传佛教，俗称“喇嘛教”。喇嘛教在历史的发展中留下了大量壮丽的宫殿寺庙建筑和珍贵的宗教艺术珍品，甚至当地的许多习俗和民族节日也大多与宗教有关。西藏的布达拉宫、大昭寺、哲蚌寺和青海的塔尔寺等寺庙都具有独特风格，保持着古老而神秘的姿态，对旅游者颇有吸引力。

本区是多民族聚居之地，其中以藏族人口最多，此外还有土族、撒拉族、门巴族、珞巴族等，各民族都有自己独特的民风民俗。特别是藏族的风土习俗十分吸引游客。藏族流行藏戏，重礼仪，用“哈达”、酥油茶、青稞酒向客人敬意。

知识链接

青稞酒

青稞酒，藏语叫作“羌”（qiāng），它是青藏人民最喜欢喝的酒，逢年过节、结婚、生孩子、迎送亲友，必不可少。

青稞酒是用青藏高原出产的一种主要粮食——青稞酿成的度数很低的酒，藏族群众男女老少都喜欢喝，是喜庆过节必备饮料，青稞酒的制作工艺很独特。先将青稞洗净煮熟，待温度稍降，便加上酒曲，用陶罐或木桶装好封闭，让其发酵，两三天之后，加入清水盖上盖子，隔一两天后便成青稞酒了。

青稞酒色泽橙黄，味道酸甜，酒精成分很低，类似啤酒。喝青稞酒讲究“三口一杯”，即先喝一口，倒满，再喝一口，再斟满，喝上第三口，斟满干一杯。一般酒宴上，男女主人都会唱着酒歌敬酒。盛大宴会上，有专门的敬酒女郎，她们穿着最华丽的服饰，唱着最迷人的酒歌，轮番劝饮，直到客人醉倒为止。

研究表明，长期饮用青稞酒对人体的骨骼、心血管、神经系统等具有较好的保健作用，同时能有效改善睡眠质量、降解胆固醇、预防结肠癌和糖尿病。

其主要功效来源于其主要原料：高原青稞和当地矿泉水。

目前，青藏旅游区发展旅游事业具有巨大的潜力。本区截至 2021 年 7 月，有西藏布达拉宫（含大昭寺、罗布林卡）、青海可可西里被联合国教科文组织列入《世界遗产名录》。

视野拓展

藏传佛教

藏传佛教，或称藏语系佛教，俗称喇嘛教。藏传佛教是中国佛教三大系统（南传佛教、汉传佛教、藏传佛教）之一，自称“佛教”或“内道”，清代以来汉文文献中又称之为“喇嘛教”。

藏传佛教有两层含义：一是指在藏族地区形成和经藏族地区传播并影响其他地区（如

蒙古、锡金、不丹等地）的佛教；二是指用藏文、藏语传播的佛教，如蒙古、纳西、裕固、土族等民族，即使有自己的语言或文字，但讲授、辩理、念诵和写作仍用藏语和藏文，故又称“藏语系佛教”。

藏传佛教的寺院规模大小不一，小者只有数人，大者多至七八千人。寺院在旧西藏往往是一个地区的宗教、文化乃至经济、政治中心。主要有宁玛派、萨迦派、噶举派和格鲁派四大派别。

第二节　主要旅游胜地

一、西藏自治区

西藏自治区位于我国西南边疆，青藏高原的西南部。面积约 123 万平方千米，约占全国总面积的 1/8，居中国第二位。简称藏，首府为拉萨市。全区总人口 364 万余人，是中国人口最少、密度最小的省区，是全国藏族居民最集中的地区，占人口总数的 95% 以上。

西藏拥有绮丽的雪山蓝湖、草原风光，又有灿烂辉煌的古文化遗迹。有拉萨、日喀则和江孜 3 座国家历史文化名城，主要的旅游景点有雅隆河国家重点风景名胜区、布达拉宫、大昭寺、藏王墓、江孜宗山抗英遗址等。其中拉萨市布达拉宫景区、拉萨市大昭寺、林芝市巴松措景区、日喀则市扎什伦布寺景区、林芝市雅鲁藏布大峡谷旅游景区为我国 5A 级景区。

（一）拉萨市

拉萨市地处西藏中部稍偏东南，雅鲁藏布江支流拉萨河中游河谷平原。拉萨是一座具有 1300 多年历史的国家历史文化名城，也是藏传佛教圣地，有“日光城”之称。

拉萨的名胜古迹众多，有著名的布达拉宫、大昭寺、甘丹寺、哲蚌寺、色拉寺、罗布林卡等景点。

1. 布达拉宫

举世闻名的布达拉宫（见图 9-1），位于拉萨市西北的玛布日山上，整个建筑依山修建，规模宏大，被誉为“世界屋脊的明珠”，是西藏著名的宫堡式建筑群和藏族建筑艺术的杰出代表，也是中国最著名的古代建筑之一。

布达拉宫始建于公元 7 世纪松赞干布时期，松赞干布与唐联姻，为迎娶文成公主而兴建。公元 17 世纪重建，是西藏历世达赖喇嘛的冬宫，被作为西藏政治和宗教的中心。

布达拉宫分为红宫和白宫两大部分。红宫居中央，主要用于宗教事务，是供奉佛神和举行宗教仪式的地方。在红宫两侧刷白粉的殿堂称为白宫，是达赖处理政务和生活起居的地方。

图 9–1 布达拉宫

布达拉宫海拔 3700 多米，占地总面积 36 万余平方米，建筑总面积 13 万余平方米，主楼高 117 米，共 13 层，全部为石木结构。其中宫殿、灵塔殿、佛殿、经堂、僧舍、庭院等一应俱全，是当今世界上海拔最高、规模最大的宫殿式建筑群。

布达拉宫于 1961 年被国务院颁布为第一批全国重点文物保护单位。1994 年 12 月初，布达拉宫正式被联合国教科文组织列入《世界文化遗产名录》。

2. 大昭寺

图 9–2 大昭寺

大昭寺（见图 9–2）位于拉萨老城区的中心位置，始建于公元 647 年，是藏王松赞干布为纪念文成公主入藏和在西藏宣扬佛教而兴建的第一座庙宇，后经历代修缮增建，形成庞大的建筑群。寺建筑面积达 2.51 万余平方米，有 20 多个殿堂，主殿高 4 层，镏金铜瓦顶，辉煌壮观，具有唐代建筑风格，也汲取了尼泊尔和印度建筑艺术特色。大殿正中供奉文成公主从长安带来的释迦牟尼 12 岁时等身镀金铜像。两侧配殿供奉松赞干布、文成公主、尼泊尔尺尊公主等塑像。

大昭寺是西藏重大佛事活动的中心，许多重大的政治、宗教活动都在这里进行。2000 年 11 月，拉萨大昭寺作为布达拉宫世界遗产的扩展项目被批准列入《世界遗产名录》。

在拉萨，藏族人也喜欢把以大昭寺为主的八廓街一带称为“拉萨”，藏文意思是“佛地”。每天，朝拜者在大昭寺门口磕长头、围绕着大昭寺转经，很多僧人也在大昭寺附近向过路的人唱经化缘。

3. 罗布林卡

罗布林卡位于拉萨市中心、布达拉宫西约 2 千米的拉萨河畔，是一座林木参天，花团锦簇的园林。藏语“罗布林卡”意为宝贝园林。全园占地 36 万平方米，始建于 18 世纪 40 年代、七世达赖格桑加措时期。后来经清帝批准，每年藏历四月至九月，达赖在此处理政务，举行庆典。从此，罗布林卡成为达赖的夏宫。这里殿堂亭榭林立，有大小房间 400 多套。从七世达赖以后，每世达赖在未执政之前，均在此习文、学经、修法，执政后每年夏天仍驻足在此。在藏族僧俗群众心目中，罗布林卡与布达拉宫一样，占有崇高的地位。

罗布林卡分为宫前区、宫区和森林区三个部分。西部是幽静的森林区。东部是金顶石墙的宫殿。宫殿共有三层，一层是经堂，前面有一个 600 平方米的石板院子；二层有罗汉殿、护法殿和达赖阅经室；三层是达赖接见僧俗官员的地方。园中树木茂盛，花卉繁多，更有亭台池榭、林竹山石、珍禽异兽点缀其间。宫前长廊和室内雕梁画栋，富丽堂皇。现在罗布林卡已辟为人民公园，成了藏族同胞节假日游览、休息和娱乐的好去处。

罗布林卡珍藏有许多珍贵的历史文物，如清顺治帝所赐的金册、金印等以及各类佛像、绸缎等。1982 年，罗布林卡以其园林独有的特色和特殊的宗教地位，被列为国家重点文物保护单位。

2001 年 12 月，拉萨罗布林卡作为布达拉宫历史建筑群的扩展项目被批准列入《世界遗产名录》。

（二）日喀则

日喀则市位于西藏西南部，平均海拔在 4000 米以上，面积 18.2 万平方千米，总人口 79 万余人，以藏族为主，有汉、回、蒙古、满等民族，是西藏第二大城市和宗教中心。日喀则建城已有 600 多年的历史，1986 年经国务院批准撤县建市。2014 年，撤销日喀则地区和县级市，设立地级日喀则市。历史上称日喀则地区为后藏，而日喀则为后藏的首府，是日喀则地区政治、经济、文化、宗教和交通的中心，也是历代班禅的驻锡地。

日喀则有著名的扎什伦布寺、萨迦寺、白居寺、夏鲁寺等众多寺庙，构成了众多教派浓郁的宗教文化。它以古老的文化、雄伟的寺庙建筑、壮丽的自然景观、优越的地理位置，成为西藏最有吸引力的旅游胜地之一。

（三）林芝

林芝地处藏东南雅鲁藏布江下游，平均海拔 3000 米左右，首府八一镇位于尼洋河畔，是该地区政治经济及文化中心。

林芝被称为“西藏的瑞士”“西藏的江南”，以世界上最深的大峡谷雅鲁藏布大峡谷著称于世，并有世界上落差最大的垂直地貌分布，异常丰富的植被及野生动物资源。林芝的森林原始景观保存完好，为世界仅存的绝少为人类所涉足的净土之一，一直是旅游考察、探险的胜地。

林芝是门巴族、珞巴族等少数民族的聚居地，古老的传统文化以及藏传佛教和苯教的盛行，使林芝拥有著名的寺院等人文景观，与南迦巴瓦峰、雅鲁藏布大峡谷、巴松措以及察隅、波密等构成了自然风光。

林芝市风光美丽，景点密布，主要景区有国家4A级景区—巴松措、世界级的雅鲁藏布江大峡谷景区、海拔7787米的世界第十五高峰—南迦巴瓦、世界柏树王园林、海拔4085米的日及木错森林公园，以及独具风格的宁玛派寺庙——喇嘛岭寺等。

（四）青藏铁路沿线风光

青藏铁路从西宁至拉萨全长1956千米，是世界上海拔最高、线路最长、穿越冻土里程最长的高原铁路。青藏铁路一期工程西宁至格尔木段全长814千米，于1958年开工，1984年交付营运。但限于当时国家的经济实力以及高原、冻土等筑路技术难题尚未解决，格尔木至拉萨段被迫停建。2001年6月，国家总投资330.9亿元动工修建青藏铁路二期工程格尔木至拉萨段，全长1142千米。这一工程跨越昆仑山、唐古拉山，通过多年冻土层和大片“生命禁区”，是人类铁路建设史上亘古未有的超越。青藏铁路二期工程于2006年7月1日正式通车。它的建成为神秘而古老的青藏高原带来了新的生机和活力。

青藏铁路基本与青藏公路相伴而行，自格尔木起沿途经过众多的旅游景点及站点：南山口、甘隆、小南川、玉珠峰、不冻泉、楚玛尔河、纳赤台、五道梁、秀水河、沱沱河、通天河、雁石坪、布强格、唐古拉山、扎江藏布、安多、措那湖、那曲、当雄、羊八井等，最后进入拉萨市。

青藏铁路沿线有九大重点景观，分别是塔尔寺、日月山、青海湖、三江源地、万丈盐桥、昆仑山、可可西里国家级自然保护区、纳木错和布达拉宫。

塔尔寺坐落在青海省湟中县鲁沙尔镇莲花山，是我国藏传佛教格鲁派创始人宗喀巴大师的诞生地。日月山位于湟源县西南，是青海省的风景名山，有“西海屏风”“草原门户”之称。青海湖位于青海省东北部，是我国最大的内陆咸水湖。三江源地处青藏高原腹地，是长江、黄河、澜沧江三大河流的发源地。万丈盐桥全长32千米，横跨整个察尔汗盐湖，是柴达木盆地的一大奇观。昆仑山素有“亚洲脊柱”之称，终年积雪，多冰川，即使在六月依然银装素裹，以昆仑六月雪著名。可可西里国家级自然保护区位于青海省西北部，平均海拔在4500米以上，生活着藏羚羊、野牦牛、藏野驴、藏原羚等多种高原珍稀野生动物，至今仍是中国最大的无人区。纳木错位于藏北重镇当雄的西北面，是西藏“三大圣湖”之一，纳木错湖面海拔4718米，面积1920平方千米，是仅次于青海湖的全国第二大咸水湖，也是世界上海拔最高的大咸水湖。纳木错在藏语中意为天湖，以海拔高、面积大、景色瑰丽著称，是藏传佛教的圣地，信徒从藏区各地到此朝拜、转湖。布达拉宫耸立在西藏拉萨市红山之上，是全国重点文物保护单位。

视野拓展

酥油茶

酥油茶是西藏的特色饮料，多作为主食与糌粑一起食用，有御寒、提神醒脑、生津止渴的作用。此种饮料用酥油和浓茶加工而成。先将适量酥油放入特制的桶中，佐以食盐，再注入熬煮的浓茶汁，用木柄反复捣拌，使酥油与茶汁融为一体，呈乳状即成。与藏族毗邻的一些民族，也有饮用酥油茶的习俗。

酥油茶是藏族群众每日必备的饮品，是西藏高原生活的必需品。一来可以治疗高原反应，二来可以预防因天气干燥而嘴唇爆裂，三来可以起到很好的御寒作用。寒冷的时候可以驱寒，吃肉的时候可以去腻，饥饿的时候可以充饥，困乏的时候可以解乏，瞌睡的时候，还可以清醒头脑。茶叶中含有维生素，可以减轻高原缺少蔬菜带来的损害。酥油茶颜色与浓可可茶相似，喝一口，茶香很浓，奶香扑鼻，有一种特别的口味。

人们说，没有喝过酥油茶，就不算到过西藏高原。初喝酥油茶，第一口异味难耐，第二口醇香流芳，第三口永世不忘。千百年来，在与严酷的自然条件做斗争时，藏族人民创造了酥油茶文化。围绕茶文化，还有茶会，贯穿于交友、节庆、离别、爱情等聚会中。

二、青海省

青海省位于中国西部的青藏高原东北部。简称“青”，因境内有中国最大的内陆咸水湖青海湖而得名。青海省是长江、黄河、澜沧江的发源地，被誉为“江河源头”。全省面积约 72 万平方千米，居全国各省（区）第四位，全省总人口为 592 万余人。

青海自然风光雄奇壮美，具有青藏高原特色。主要的景点有青海湖、孟达林区国家级自然保护区、玉树隆宝滩的黑颈鹤自然保护区、互助北山国家级森林公园、坎布拉丹霞地貌（国家级森林公园）、柴达木盆地风蚀雅丹地貌、巴隆狩猎场、长江源头、黄河源头。宗教重点寺院宫观有藏族寺院的塔尔寺、广惠寺、塔尔寺、夏峻寺、瞿昙寺等，伊斯兰教的东关清真大寺、北关清真大寺、塔尔清真寺等，道教宫观的北山土楼观、南佛山道观、武当观等。青海湖景区、湟中县塔尔寺、海东市互助土族故土园旅游区、海北州阿咪东索景区为我国 5A 级景区。

（一）西宁市

西宁市地处青海省东部，黄河支流湟水上游。西宁是青海省省会，是青藏高原的交通枢纽。西宁古称“湟中”，是一座具有 2100 多年历史的高原古城，享有“中国夏都”美誉。

作为一座历史文化名城和旅游城市，西宁市名胜古迹众多，主要游览点有北山寺、东关清真大寺、马步芳宅邸等，湟中县的塔尔寺是藏传佛教圣地，著名的青海湖距西宁市 290 千米。

图 9-3　西宁塔尔寺

1. 塔尔寺

塔尔寺（见图 9-3）位于西宁市区西南 25 千米的湟中县鲁沙尔镇西南隅，为我国著名的喇嘛寺院，是喇嘛教黄教创始人宗喀巴诞生地，也是西北地区佛教活动的中心。该寺规模宏伟，最盛时有殿堂800多间，占地1000亩，是我国著名的六大喇嘛寺之一，在全国和东南亚一带享有盛名。

塔尔寺藏语中叫“拱本”，就是10万佛像的意思。始建于明嘉靖三十九年（公元1560年），至今已有400多年历史。塔尔寺依山势起伏，是由大金瓦寺、小金瓦寺、大经堂、大厨房、九间殿、大拉浪、如意宝塔、太平塔、菩提塔、过门塔等许多宫殿、经堂、佛塔寺组成的一个气势宏伟，藏汉艺术风格相结合的古建筑群。

大金瓦寺是塔尔寺的主殿，面积约450平方米。殿内有金灯、银灯、塑、铸、绘画、堆绣佛像、法器等；小金瓦寺则为护法神殿，殿内有白马、野牛、羚羊、猴子等标本，并存有“跳神”等宗教活动的器物。在寺前，还有雄伟壮观的如意宝塔，整个寺宇建筑具有藏汉结合的风格。此外，制作艺术水平很高的“三绝”——酥油花、壁画、堆绣，更吸引了无数藏、回、蒙古族等群众来寺瞻仰朝拜。

塔尔寺是我国珍贵的文化遗产之一，也是全国重点文物保护单位。

知识链接

塔尔寺“三绝”

酥油花、壁画、堆绣被称为塔尔寺“三绝”。

酥油花相传是公元641年文成公主与吐蕃赞普松赞干布联姻时，当地佛教徒为表示尊敬，在公主从长安出发时带去的一尊佛像前供奉一束酥油花，后在西藏成为习俗。其后传到塔尔寺，而塔尔寺的酥油花塑得非常精巧，形象逼真，逐渐成为一绝。每年春节前几个月，酥油花艺人便将纯净的白酥油，糅以各色石质矿物染料，塑造成各种佛像、人物、花卉、树木、飞禽、走兽，有的还组成宗教故事、人间天上生活及神话故事等。每到农历正月十五灯节会，便将做好的酥油花展出，成为寺内盛会。

壁画是各殿宇墙壁上的绘画。大多绘于布幔上，也有直接绘于墙壁和栋梁上的。壁画颜料采用石质矿物，色彩鲜艳，经久不变。壁画画风属喇嘛教宗教画系，与汉画有些不同，具有浓郁的印藏风味。塔尔寺壁画具有装饰性和宗教性，用色鲜艳大胆、对比强烈是它独到之处。

堆绣是塔尔寺独创的藏族艺术品种之一。它用各色的绸缎剪成所需要的各种形状，如佛像、人物花卉、鸟兽等，以羊毛或棉花之类充实其中，再绣在布幔上，由于中间突起，有明显的立体感。堆绣包括刺绣和剪堆两种，其内容题材大多来源于佛教故事和宗教生活等，是该寺独创的传统艺术，是僧侣艺术的杰作。

2. 青海湖

青海湖（见图9-4）位于青海省东北部的大通山、日月山、青海南山之间，地跨刚察、海晏、共和3县，是我国第一大内陆湖泊，也是我国最大的咸水湖。

青海湖蒙语叫“库诺尔”，藏语叫“错温布”，也就是“青色的湖”的意思。青海湖面积 4583 平方千米，环湖周长 360 多千米。由于这里地势高，气候十分凉爽，即使是烈日炎炎的盛夏，日平均气温也只有 15℃左右，是理想的避暑消夏胜地。

图 9–4　青海湖鸟岛

湖中有海心山、三块石、鸟岛、海西山、沙岛五个形态各异的岛屿，山峦叠翠，景观独特。青海湖中的海心山和鸟岛是其主要的游览胜地。海心山又称龙驹岛，面积约 1 平方千米。岛上岩石嶙峋，山清水秀，景色秀丽，自古以产龙驹而闻名。著名的鸟岛位于青海湖西部，高出湖面 10 米，素有“鸟儿王国”之称，它的面积只有 0.5 平方千米，春夏季节却栖息着 10 万多只候鸟。为了保护岛上的鸟类资源，这里还设有专门机构，负责鸟类研究和保护工作。鸟岛是湖区的一大奇观。

渔场是湖区另一奇观。青海湖以盛产湟鱼而闻名，鱼类资源十分丰富，是一个丰饶的天然渔场。这里产的冰鱼较为著名。每到冰季，青海湖冰封后，人们在冰面钻孔捕鱼，水下的鱼儿，在阳光或灯光的诱惑下便自动跳出冰孔。

青海湖岸边有辽阔的天然牧场，到处可见牦牛、黄牛漫步，羊群吃草的图景。这里有肥沃的大片良田，也有丰富的矿产资源。冬季多雪，夏秋多雨，水源充足，雨量充沛，对发展畜牧业和农业提供了良好的条件。

（二）格尔木昆仑旅游区

格尔木昆仑文化旅游区地处柴达木盆地，是国家 4A 级旅游区，它依托昆仑山深厚的文化底蕴和柴达木盆地丰富的资源，已经形成以工业旅游、寻根朝觐、登山探险、历史探古、文化旅游等为主的西部旅游中心。

从远古开始，昆仑山就成为中华各民族共同向往的圣地。昆仑山在中华民族的文化史上具有“万山之祖”的显赫地位，古人称昆仑山为中华“龙祖之脉”。

昆仑山东西长 2500 千米，平均海拔 5000 米。昆仑山中万壑纵横，蕴藏着无尽的壮美、神秘和富饶。区内玉虚峰突兀雄起，势压万山，造就了冰雪世界特有的自然景观。玉珠峰终年积雪，冰川纵横，巍峨壮观，在主峰周围海拔 5400 米以上雪峰有 20 余座。玉珠峰是登山爱好者体验登山、学习冰雪技术的理想山峰，是理想的高山冰雪训练场地。

（三）可可西里

青海可可西里位于青藏高原的东北角，平均海拔 4500 米以上，夹在唐古拉山和昆仑山之间，是三江源国家公园长江源园区的重要组成部分，为长江中下游水资源提供保障。这里面积大于 1 平方千米的湖泊有 107 个，拥有的野生动物多达 230 多种。可可西里是全世界受人类影响最小的区域之一，独特的生态条件和与此相适应的植被类型，为藏羚羊、野牦牛等青藏高原特有哺乳动物提供了完整的栖息地和迁徙通道。

青海可可西里世界遗产提名地位于青海省玉树藏族自治州治多县、曲麻莱县境内。申报区总面积共60 000平方千米，其中提名核心区面积37 000平方千米，外围缓冲区面积23 000平方千米。2017年7月7日，青海可可西里获准列入《世界遗产名录》，成为中国第51处世界遗产，也是我国面积最大的世界自然遗产地，成为青藏高原首个世界自然遗产地。在目前《世界遗产名录》中，可可西里平均海拔最高，是全世界非常稀有的高原，有着特殊的生态和特殊的生物多样性。可可西里也是目前中国面积最大、海拔最高、野生动物资源最为丰富的自然保护区之一。

视野拓展

青海花儿

“花儿”是流传于青海、甘肃、宁夏的广大地区以及新疆的个别地区的一种山歌，又称“少年”，男青年唱的叫“少年”，女青年唱的称“花儿”。它被誉为大西北之魂，是国家级人类非物质文化遗产，2009年9月被联合国教科文组织列为人类非物质文化遗产。青海是花儿的故乡，河湟花儿是西北花儿的精魂，海东市则享有“花儿之都”的美誉，“花儿”至少已有四百多年的历史了，历史悠久，曲令众多，歌手辈出。2006年国务院颁布的第一批国家级非遗保护名录的全国8个花儿会中青海省互助县丹麻的土族花儿会、大通县老爷山花儿会、乐都区瞿坛寺花儿会、民和县七里寺花儿会榜上有名。几百年来，聚居在青海东部地区的汉、回、撒拉、土等民族，各自创造了独具特色的“花儿”歌曲，花儿除了农事劳动和山野运货等劳动场合歌唱外，各地还有“花儿会”的习俗，目前主要花儿会有：西北五省（区）花儿演唱会、中国·青海老爷山花儿会等。

第三节　主要旅游线路

一、西藏自治区——拉萨朝圣、地热及圣湖游

（一）行程

拉萨（布达拉宫、大昭寺、八廓街）—羊八井地热电站—纳木错湖

（二）特点

西藏是个令人向往的地方，与众不同的高原气候造就了她美丽的高原景观。拉萨是藏传佛教圣地，素有“日光城”的美誉。作为首批中国历史文化名城，拉萨以风光秀丽、历史悠久、风俗民情独特、宗教色彩浓厚而闻名于世。

布达拉宫建于公元 7 世纪藏王松赞干布时期，威严高耸，气势磅礴，是著名的世界文化遗产，自公元 17 世纪开始一直作为历代达赖喇嘛的驻锡地及处理政教事务的冬宫。

大昭寺始建于唐贞观二十一年（公元 647 年），是藏王松赞干布建造，已有 1300 多年的历史，在藏传佛教中拥有至高无上的地位。

八廓街又名八角街，位于拉萨市旧城区，是拉萨著名的转经道和商业中心，较完整地保存了古城的传统面貌和居住方式。

羊八井地热电站位于拉萨北 90 千米处，温泉、热泉、沸泉、喷汽孔、热池、热爆炸穴星罗棋布。羊八井是我国目前已探明的最大的高温地热湿蒸汽田。

纳木错位于西藏中部，是西藏第一大湖，也是中国第二大的咸水湖，世界上海拔最高的大型湖泊。它依偎在终年积雪的念青唐古拉山脚下，是青藏高原著名的神湖。

二、青海省——“大美青海”游

（一）行程

塔尔寺—青海湖

（二）特点

青海自然风光雄奇壮美，具有青藏高原特色。本线路是以宗教朝拜和自然风貌观赏为主的旅游线。

塔尔寺位于青海省西宁市西南 2 千米处的湟中县城鲁沙尔镇，是西北地区藏传佛教的活动中心，在中国及东南亚享有盛名，历代中央政府都十分推崇塔尔寺的宗教地位。酥油花、壁画和堆绣被誉为“塔尔寺艺术三绝”。

青海湖是中国最大的内陆咸水湖，湖中有鸟岛，海心山，海西山，三块石和沙岛五个岛屿。鸟岛在青海湖的西部，面积约 1 平方千米，每年春季有约 10 万只从中国南方和东南亚以及印度半岛飞来的十多种候鸟在这里繁衍生息，甚为壮观，其集群繁殖密度之大，为亚洲罕见。

本章关键词

青藏旅游区　旅游环境　旅游资源特征　旅游胜地　旅游线路

本章小结

青藏旅游区包括西藏自治区和青海省两个行政区，本区地形以青藏高原为主，地势高峻，形成独特的高原气候，自然环境复杂。本区地热资源丰富、宗教色彩神秘，藏族风情浓厚，有众多的高山雪峰冰川和高原湖泊景观。

本章彩图

思考与练习

一、填空题

1. 我国最大的咸水湖是（　　）。

2. 敬献（　　）是藏族人民对客人最普遍，同时也是最尊贵的礼节。

3. 西藏保存最完整、规模最宏大的古建筑群是（　　）。

4. 青藏高原号称（　　），世界最高峰是（　　），被称为“世界第三极”。

二、单项选择题

1. 青藏旅游区平均海拔在（　　）米以上。

A. 2000　　B. 3000　　C. 4000　　D. 5000

2. 青藏旅游区适合旅游的季节是（　　）。

A. 春季　　B. 夏季　　C. 秋季　　D. 冬季

3. 青藏旅游区的冰川占我国冰川总面积的（　　）。

A. 50%　　B. 60%　　C. 70%　　D. 80%

4.（　　）湖是世界上海拔最高的咸水湖。

A. 青海湖　　B. 纳木错　　C. 玛旁雍错　　D. 太湖

5.（　　）是我国人口最少、密度最小的省区。

A. 西藏　　B. 青海　　C. 新疆　　D. 宁夏

三、判断题

1. 青藏旅游区文化景观具有浓厚的民族特色和宗教氛围。（　　）

2. 有“日光城”之称的拉萨市是佛教圣地。（　　）

3. 布达拉宫是当今世界上海拔最高、规模最大的宫殿式建筑群。（　　）

4. 日喀则被称为是“西藏的瑞士”。（　　）

5. 青藏铁路是世界上海拔最高、线路最长、穿越冻土里程最长的高原铁路。（　　）

6. 昆仑山在中华民族的文化史上具有“万山之祖”的显赫地位。（　　）

四、简答题

1. 青藏旅游区包括哪些行政区？其对应的简称和行政中心分别是指哪些？
2. 青藏旅游区的旅游资源特征主要有哪些？
3. 拉萨是一座怎样的城市？
4. 拉萨布达拉宫为什么被联合国教科文组织列入《世界文化遗产名录》？
5. 青海湖有哪些景观？
6. 试简介青海塔尔寺的“三绝”。
7. 设计一条青藏高原游的精品旅游线路。

第10章 西北内陆旅游区

本章概览

西北内陆旅游区包括内蒙古自治区、宁夏回族自治区、新疆维吾尔自治区和甘肃省三区一省。本区深居亚欧大陆中部，远离大海，形成了温带大陆性干旱、半干旱气候。广阔的温带草原和沙漠戈壁、风成地貌是其最具特色的自然景观。绚丽多姿的民族风情和丝绸之路是本区主要的人文旅游资源。

学习目标

了解西北内陆旅游区的旅游环境
掌握本区的旅游资源特征
熟悉本区的主要旅游胜地
了解区内的主要旅游线路

第一节 旅游环境

一、概况

西北内陆旅游区位于我国的西北内陆地区，总面积约333.6万平方千米，人口8210万余人，主要民族有蒙古族、回族、维吾尔族、哈萨克族、汉族等40多个民族，是我国民族成分较多的地区之一。

西北内陆旅游区的地形以内蒙古高原和新疆的高山雪岭、盆地沙漠为主，还有河西走廊、河套平原、宁夏平原、祁连山地等。新疆的高山雪岭从北至南分别为阿尔泰山、昆仑山和天山，塔里木盆地和准噶尔盆地分布在其南、北部。塔克拉玛干大沙漠位于塔里木盆地内，是我国面积最大的沙漠。

本区属于温带大陆性干旱、半干旱气候区。由于本区地处亚洲内陆，大陆性气候显著，气温变化剧烈，日照充足，降水稀少，冬季严寒而漫长，夏季温暖而短暂，春季多风沙，短促的秋季是最佳旅游季节。

本区的旅游交通已初步形成铁路、公路、民用航空交通运输网。铁路是本区交通运输网的骨干，主要铁路干线有京包、包兰、兰新、兰青、集二、京通、滨洲、南疆等线；公路在本区也占有重要的地位，90% 以上的县和乡已通公路，区内很多旅游景点主要依靠公路对外联系，进行长途运输，并为铁路集散游客；另外，以兰州、银川、乌鲁木齐、呼和浩特、包头为中心的航空线可通往北京和各大城市。

西北内陆旅游区的畜牧业发达，名贵药材、手工艺品、土特产很多。著名的有内蒙古的肉奶食品、口蘑、牛黄、蒙古靴、马头琴等；宁夏的“五宝”（枸杞、甘草、贺兰石、滩羊皮、发菜）；甘肃的兰州白兰瓜、酒泉夜光杯；新疆的地毯、维吾尔族小花帽、和田玉，特别是新疆的温带瓜果香浓脆甜，如鄯善的哈密瓜、吐鲁番的葡萄、库尔勒香梨、叶城大籽石榴、伊犁的苹果等水果非常著名。

二、旅游资源特征

西北内陆旅游区具有以辽阔坦荡的草原风光为主的旅游资源。在一望无际、绿草如茵的草原上骑马、骑骆驼，观赏大草原的风光，体验草原牧民的生活，到牧民帐篷中做客，品尝草原风味食品，以及参加赛马、骑射、马术等牧民的娱乐活动，是草原旅游的主要内容。

西北内陆旅游区的“丝绸之路旅游”，是本区最显著的特点之一，已成为现代旅游、科研的一条“热线”。举世闻名的“丝绸之路”东起长安（西安），经渭河流域，穿过河西走廊和塔里木盆地，跨越现今的帕米尔、中亚和阿富汗、伊朗、伊拉克、叙利亚而达地中海东岸，全长 7000 余千米。丝绸之路不仅是古代中国与西方各国间的一条贸易之路，也是一条政治、经济、文化交往的友谊之路。丝绸之路的开拓和发达，使沿线各处遗留下数量巨大、种类丰富的文物古迹，有明代嘉峪关、汉代阳关、玉门关、秦长城遗址等军事设施；有敦煌莫高窟、麦积山石窟、炳灵寺石窟、榆林窟和克孜尔千佛洞等宗教石窟、寺院，丝路是石窟艺术集中之地，具有极高的艺术和史料价值；丝绸之路沿途还遍布古墓，每年都有惊人的珍贵文物出土，如出土于武威县雷台汉墓的铜铸天马，造型奇特，想象大胆，已被选为中国旅游的图形标志。

视野拓展

中国旅游的图形标志——马超龙雀

我国旅游标志的奔马，是我国著名的东汉文物，是一件青铜马的工艺品，高 34.5 厘米，身长 45 厘米，宽 13 厘米。1969 年出土于甘肃省武威市雷台的东汉墓，现收藏在甘肃省博物馆。它头短颈长，身体浑圆，躯干粗实，四肢修长，弯尾上扬，张口嘶鸣；在四蹄腾空的右后蹄下踏着一只展翅飞翔的燕子，所以起初名为“马踏飞燕”，后经历史学

图 10–1　马超龙雀

家考证，东汉张衡的《东京赋》云：“龙雀蟠蜿，天马半汉。”《后汉书》也有“明帝至长安，迎娶飞廉并铜马”的记载，故正名曰：“马超龙雀”（见图 10–1），简称“天马”。于 1985 年确定选用马超龙雀作为中国旅游业的图形标志，直接原因是在美国展出时，铜奔马跃上巨幅海报成为文物展宣传的标志图形，故评选中国旅游标志时，在数以千计的珍贵文物中，它一举夺魁。

作为中国旅游业的图形标志，其含义是：①天马行空，逸兴腾飞，无所羁缚，象征前程似锦的中国旅游业。②马是古今旅游的重要工具，奋进的象征，旅游者可在中国尽兴旅游。③马超龙雀的青铜制品，象征着中国数千年光辉灿烂的文化历史，显示文明古国的伟大形象，吸引全世界的旅游者。

本区是我国沙漠集中分布的地区，强大的风力成为塑造地表的主要营力。在风力作用下，风沙地貌发育典型，一些地区受多种特定自然条件影响，形成了自然奇观。风蚀地貌有风蚀洼地、风蚀城堡、风蚀蘑菇、风蚀柱等形态，以准噶尔盆地西北边缘的乌尔禾“风城”最为驰名。这里地处大风口，强劲的风力挟带着砂粒对乌尔禾高地的砂页岩不断磨蚀雕刻，地层被侵蚀磨蚀成直立的高达几十米乃至上百米的石蘑菇、石柱、石兽、石亭与石堡等形似城堡的地貌，人称“风城”，又称“魔鬼城”。风积地貌主要为沙丘。连绵的沙丘构成波涛起伏、浩瀚无垠的茫茫沙海。响沙是沙漠地区有趣的自然现象。

绚丽多姿的民族风情也是本区旅游资源的特点之一。众多民族的鲜艳服饰、风味饮食、礼节礼仪和民间文体活动等，风情独特。如哈萨克族的“姑娘追”、蒙古族的“那达慕”大会、维吾尔族的“肉孜节”（开斋节）等节庆活动，吸引了广大游客。

知识链接

“那达慕”大会

“那达慕”大会，是居住在内蒙古自治区等地的蒙古、鄂温克、达斡尔等少数民族人民的盛大集会。“那达慕”是蒙古语，意为“娱乐、游戏”。

“那达慕”大会是蒙古族历史悠久的传统节日，在蒙古族人民的生活中占有重要地位。每年农历六月初四开始的为期 5 天的那达慕，是蒙古族人民的盛会，是人们为了庆祝丰收而举行的文体娱乐大会。“那达慕”大会上有惊险刺激的赛马、摔跤，令人赞赏的射箭，有争强斗胜的棋艺，有引人入胜的歌舞。赛马也是大会上重要的活动之一。比赛开始，骑手们一字排开，个个扎着彩色腰带，头缠彩巾，洋溢着青春的活力。赛马的起点和终点插着各种鲜艳的彩旗，只等号角长鸣，骑手们便纷纷飞身上鞍，扬鞭策马，一时红巾飞舞，如箭矢齐发。先到达终点者，成为草原上最受人赞誉的健儿。射箭、摔跤等比赛也吸引着众多牧民。

2006 年那达慕被国务院列入第一批国家级非物质文化遗产名录。

截至 2021 年 7 月，本区已有甘肃敦煌莫高窟、内蒙古元上都遗址、新疆天山、丝绸之路（在本区的分布：甘肃、新疆）等名胜被联合国教科文组织列入《世界遗产名录》。

知识链接

丝绸之路：长安—天山廊道路网

丝绸之路是指起始于古代中国，连接亚洲、非洲和欧洲的古代陆上商业贸易路线。从运输方式上分为陆上丝绸之路和海上丝绸之路。

陆上丝绸之路起于西汉都城长安（东汉延伸至洛阳）。丝绸之路是一条东方与西方之间经济、政治、文化进行交流的主要道路。它的最初作用是运输中国古代出产的丝绸。因此，当德国地理学家李希霍芬（Ferdinand Freiherr von Richthofen）最早在 19 世纪 70 年代将之命名为“丝绸之路”后，即被广泛接受。

2014 年 6 月 22 日在卡塔尔多哈进行的第 38 届世界遗产大会宣布，中哈吉三国联合申报的“丝绸之路：长安—天山廊道路网”（Silk Roads：The Routes Network of Chang'an–Tianshan Corridor）成功申报世界文化遗产，成为首例跨国合作、成功申遗的项目而成功入选《世界遗产名录》。丝绸之路横跨欧亚大陆，本项目全长 5000 千米，从长安、洛阳到中亚的七河地区，涉及三个国家一共 33 个申遗点，其中，中国境内有 22 处考古遗址、古建筑等遗迹，包括河南省 4 处（汉魏洛阳故城遗址、隋唐洛阳城定鼎门遗址、新安县汉函谷关遗址、陕县崤函古道石壕段遗址）、陕西省 7 处（汉长安城未央宫遗址、唐长安城大明宫遗址、大雁塔、小雁塔、兴教寺塔、彬县大佛寺石窟、城固张骞墓）、甘肃省 5 处（玉门关遗址、悬泉置遗址、锁阳城遗址、麦积山石窟、炳灵寺石窟）、新疆维吾尔自治区 6 处（高昌故城、交河故城、克孜尔尕哈烽燧、克孜尔石窟、苏巴什佛寺遗址、北庭故城遗址）。哈萨克斯坦境内有 8 处遗迹，吉尔吉斯斯坦境内有 3 处遗迹。

第二节　主要旅游胜地

一、新疆维吾尔自治区

新疆维吾尔自治区位于中国西北边陲，面积约 166 万平方千米，约占全国面积的 1/6，是中国陆地面积最大的省级行政区。陆地边境线5600多千米，是我国边境线最长、对外口岸最多的一个省区。周边与俄罗斯、哈萨克斯坦、吉尔吉斯斯坦、塔吉克斯坦、巴基斯坦、蒙古、印度、阿富汗八个国家接壤。

新疆古称西域，简称新，首府乌鲁木齐。全区总人口2585万余人，新疆是一个多民族聚居的地区，共有56个民族，其中世居民族有汉族、维吾尔族、哈萨克族、回族、柯尔克孜族、蒙古族、塔吉克族、锡伯族、满族、乌孜别克族、俄罗斯族、达斡尔族、塔塔尔族13个民族。超过100万人口的有维吾尔族、汉族、哈萨克族和回族4个民族。

新疆旅游资源丰富而独特。著名的自然风景有天池、喀纳斯湖、博斯腾湖、赛里木湖、巴音布鲁克草原等。名胜古迹有交河故城、高昌故城、楼兰遗址、克孜尔千佛洞、香妃墓等。乌鲁木齐天山天池风景名胜区、吐鲁番葡萄沟风景区、阿勒泰地区喀纳斯景区、伊犁地区那拉提旅游风景区、富蕴县可可托海景区、喀什地区泽普金胡杨景区、乌鲁木齐市天山大峡谷景区、巴音郭楞蒙古自治州博湖县博斯腾湖景区、喀什地区喀什噶尔老城景区、博尔塔拉蒙古自治州博乐市赛里木湖景区、阿拉尔市塔克拉玛干·三五九旅文化旅游区等为我国5A级景区。

（一）乌鲁木齐市

乌鲁木齐市地处新疆北部，天山北麓、准噶尔盆地南缘。在准噶尔蒙古语里，乌鲁木齐是“优美的牧场”之意。

乌鲁木齐是新疆维吾尔自治区的首府，也是第二座亚欧大陆桥的中国西部枢纽，是中国西部的“空中门户”，也是我国西部对外开放的重要门户。

经过各族人民的辛勤建设，乌鲁木齐现在是一座拥有现代化工业、民族传统工业和现代化商贸、经济体系的亚洲中部大都市。

著名游览点有天池、南山风景区、天山一号冰川、红山宝塔、人民公园、民族巴扎、陕西大寺、塔塔尔清真寺、水磨沟、乌拉泊古城以及自治区博物馆等。

天山天池风景名胜区（见图10-2），位于乌鲁木齐市东北的阜康市境内，它以天池为中心，包括天池上下4个完整的山地垂直自然景观带，总面积380.69平方千米。

图10-2　新疆天山天池

天池古称“瑶池”。湖面4.9平方千米，最大水深105米，湖面海拔1900多米，湖畔绿草如茵，繁花似锦，有“天山明珠”盛誉。天池东南面就是雄伟的博格达主峰，海拔达5445米，终年积雪，冰川连绵，雪山与蓝湖相辉映，景色奇美。山坡上针叶的云杉郁郁葱葱，随着海拔不同可分为冰川积雪带、高山亚高山带、山地针叶林带和低山四个自然带。在天池同时可观赏雪山、森林、碧水、草坪、繁花的不同景色。附近还有小天池、灯杆山、石峡等景点。

天池风景名胜区是一处以高山湖泊、云杉林和雪山景观为特色的国内著名避暑旅游胜地。1982 年 11 月，被国务院批准为国家第一批重点风景名胜区。1990 年联合国设立的“博格达‘人与生物圈’保护区”，把天山天池风景区纳入了保护区的范围。2007 年 5 月 8 日，天山天池风景名胜区经国家旅游局正式批准为国家 5A 级旅游景区。

（二）吐鲁番市葡萄沟风景区

吐鲁番市位于新疆东部，天山东部博格达山南麓，吐鲁番盆地中心。古称“高昌”“西州”“火洲”，历史上是丝绸之路的重镇，是新疆最早对外开放的地区之一，现在它是闻名遐迩的葡萄城。

吐鲁番属独特的暖温带大陆性干旱荒漠气候，历史上气温曾高达 49.6℃，是我国夏季最热的地方。因地处盆地之中，四周高山环抱，增热迅速、散热慢，形成了日照长、气温高、昼夜温差大、降水少、风力强五大特点，素有“火洲”“风库”之称。

吐鲁番市著名的名胜古迹主要有高昌故城、交河故城、葡萄沟、火焰山、苏公塔、阿斯塔那古墓群、柏孜克里克千佛洞等。

葡萄沟风景区（见图 10–3）位于吐鲁番市东北 10 千米的火焰山中，是一条南北长约 7 千米、东西宽约 2 千米的峡谷。

图 10–3　葡萄沟

一进葡萄沟口，只见茂密的葡萄田漫山遍谷。溪流、渠水、泉滴，给沟谷增添了无限诗情画意，桑、桃、杏、苹果、石榴、梨、无花果、核桃和各种西瓜、甜瓜及榆、杨、柳、槐等多种树木，遍布沟中，使葡萄沟成了“百花园”“百果园”。春季，繁花似锦；盛夏，硕果累累。沟中藤蔓交织，曲径通幽，串串葡萄，举手可及。独特的地理位置使得吐鲁番的地下水储量丰富，因而瓜果丰茂；又由于气候干燥少雨，所以水果中的含糖量非常高，因而品尝、购买水果成为许多人去吐鲁番旅游的主要目的之一。

风景秀丽的葡萄沟，以盛产优质葡萄而闻名中外。葡萄种植面积达 220 余公顷。这里主要种植无核白葡萄，还有马奶子、红葡萄、黑葡萄、喀什哈尔、日加干、琐琐等 13 个品种，年产葡萄超过 6000 吨。尤其是这里生产的无核白葡萄，皮薄、肉嫩、多汁、味美，营养丰富，素有“珍珠”美称，其含糖量高达 20%~24%，超过美国加利福尼亚州的葡萄，居世界之冠。用无核白鲜葡萄晾制的葡萄干，含糖量高达 60%，被人们视为葡萄干中的珍品。吐鲁番的葡萄植株寿命可长达数十年，也有百年以上的，吐鲁番市的大街小巷、房前屋后遍布葡萄藤。每年 8 月 26 日至 8 月 30 日，吐鲁番都会举办葡萄节，节日期间会有丰富多彩的文化活动，如民族歌舞会、消夏晚会、名优葡萄酒品尝会、风味小吃一条街、葡萄瓜果一条街，等等。

葡萄沟居住着维吾尔、回、汉三个民族共6000多人。一幢幢粉墙明窗的农舍掩映在浓郁的林荫之中，一座座晾制葡萄干的“荫房”排列在山坡下、农家庭院上，别具特色。还有维吾尔族民俗馆、神奇的千泪泉瀑布、传统葡萄酒酿制工艺浓缩地——西部酒城、风格迥异的民族风味餐厅等，都独具吸引力。夏天，沟里风景优美，凉风习习，是“火洲”避暑的天堂。旅游季节，游客络绎不绝。

2007年5月8日，葡萄沟风景区被国家旅游局正式批准为国家5A级旅游景区。

知识链接

火焰山

图10-4 火焰山景色

火焰山（见图10-4）位于吐鲁番盆地中部，当地人称“克孜勒塔格”，意即“红山”。由吐鲁番向东去鄯善的路段中，有百多千米蜿蜒起伏的红色山峰。这是一条东西长约100千米，南北宽7~10千米，平均高度500米左右的年轻褶皱低山。最高峰海拔851米。它主要由中生代的侏罗纪、白垩纪和第三纪的赤红色砂、砾岩和泥岩组成。山体雄浑曲折，主要受古代水流的冲刷，山坡上布满道道冲沟。山上寸草不生，基岩裸露，且常受风化沙层覆盖。盛夏，在灼热的阳光照射下，红色山岩热浪滚滚，绛红色烟云蒸腾缭绕，热气流不断上升，红色砂岩熠熠发光，恰似团团烈焰在燃烧，故名“火焰山”。

（三）阿勒泰地区喀纳斯景区

喀纳斯湖（见图10-5）位于新疆维吾尔自治区布尔津县境内北部，距县城150千米，是一个坐落在阿尔泰深山密林中的高山湖泊。喀纳斯是蒙古语，意为“美丽富饶、神秘莫测”。

图10-5 喀纳斯湖

环湖四周原始森林密布，阳坡被茂密的草丛覆盖。湖水来自奎屯、友谊峰等山的冰川融水和当地降水，从地表或地下泻入喀纳斯湖。湖面海拔1374米，面积

44.78 平方千米，湖水最深处达 188 米左右，是中国唯一的西伯利亚区系动植物保护分布区。现在这里以湖为中心建立了喀纳斯湖自然景观保护区，总面积达 5588 平方千米，保护区自上而下分别为冰川恒雪带、山地冻雪带、高山草甸带、山地草原带等，垂直分布。

喀纳斯湖是喀纳斯自然保护区的重要组成部分，湖周峰峦叠嶂，原始森林密布，青山绿水，绿草如茵，繁花似锦。喀纳斯有著名的四大奇观："湖怪"、千米枯木长堤、"云海佛光"和"变色湖"。

喀纳斯湖是阿尔泰山的一颗璀璨的明珠，它集山奇、水秀、佛光、神秘湖怪、岩画等奇景为一体，把游人的视觉和情思带入一个虚幻迷茫的奇妙境界。

2007 年 5 月 8 日，阿勒泰地区喀纳斯景区被国家旅游局正式批准为国家 5A 级旅游景区。

知识链接

喀纳斯湖"湖怪"

湖中巨型"湖怪"是喀纳斯湖的奇观之一。据当地图瓦人民间传说，喀纳斯湖中有巨大的怪兽，能喷雾行云，常常吞食岸边的牛羊马匹，这类传说，从古到今，绵延不断。近年来，有众多的游客和科学考察人员从山顶亲眼观察到巨型大鱼，成群结队、兴风作浪、长达数十米的黑色物体在湖中漫游，一时间"湖怪"之说传得沸沸扬扬，神乎其神，又为美丽的喀纳斯湖增加了几分神秘的色彩。喀纳斯湖水中生长着哲罗鲑、细鳞鲑、江鳕、阿尔泰鲟、西伯利亚斜鳊等珍稀鱼类。特别是著名的哲罗鲑，体长可达 2 米 ~3 米，重达几百公斤，因鱼体呈淡红色而被称为大红鱼。据一些专家经过考察推断，所谓"湖怪"其实就是这些喜欢成群结队活动的大红鱼。大红鱼是典型的淡水冷水性食肉性鱼类，其寿命最长可达 200 岁以上，性情十分凶猛，人们曾在 6 千克的鱼腹中发现过两只野鸭。这种鱼可长得很大，1984 年曾捕到一条重达 38 千克的大红鱼。这样大的鱼在高纬度的高山湖泊中存在，在世界上实属罕见。喀纳斯湖中巨型鱼的发现，引起了国内外从事鱼类研究的科学家们的关注，也引起了人们的极大兴趣。

（四）喀什

喀什，是维吾尔语"喀什噶尔"的简称，意为"玉石集散之地"。喀什市位于新疆西南角，北连天山，南枕昆仑，西望帕米尔，东临塔克拉玛干，是我国最西端的一座城市。喀什有维吾尔、汉、回、塔吉克等 32 个民族，其中维吾尔族占 90%，汉族占 8%，其他少数民族占 2%，是一个以维吾尔族为主体、最富民族特色的少数民族聚居区。

喀什市是我国西部门户重要交通枢纽，是古丝绸之路的重镇，素有"丝路明珠"之美称，是国家历史文化名城，是新疆旅游热点城市，具有发展旅游业的得天独厚的优势，是我国西部对外开放的重要枢纽之一。

喀什是一个历史古迹独特、民族风情淳朴、自然风光旖旎、人文景观丰富的地方。有艾提尕尔清真寺、阿帕克霍加墓（香妃墓）、穆罕默德·喀什噶里墓、玉素甫·哈斯·哈吉甫陵墓、叶尔羌汗朝古迹、塔什库尔干石头城等景点。

（五）新疆天山

新疆天山世界自然遗产项目由博格达峰、巴音布鲁克、喀拉峻—库尔德宁、托木尔峰四部分组成，总面积达 5759 平方千米。天山是世界七大山系之一，是全球温带干旱区最大的山系，在地球科学、生物与生态学和景观美学方面具有独特价值。天山天池风景区以高山湖泊为中心，雪峰倒映，云杉环拥，碧水似镜，风光如画。

2013 年 6 月 21 日，新疆天山正式被批准列入联合国教科文组织《世界遗产名录》中的自然遗产目录，填补了新疆没有世界自然遗产的空白。新疆天山具有极好的自然奇观，将反差巨大的炎热与寒冷、干旱与湿润、荒凉与秀美、壮观与精致奇妙地汇集在一起，展现了独特的自然美；典型的山地垂直自然带谱、南北坡景观差异和植物多样性，体现了帕米尔—天山山地生物生态演进过程，也是中亚山地众多珍稀濒危物种、特有种的最重要栖息地，突出代表了这一区域由暖湿植物区系逐步被现代旱生的地中海植物区系所替代的生物进化过程。

二、内蒙古自治区

内蒙古自治区位于我国北部边疆，土地总面积约 118 万平方千米，占全国总面积的 12.3%，在全国各省、自治区、直辖市中名列第三位，是我国跨经度最广的省区。简称内蒙古，首府呼和浩特市，全区人口 2404 万余人。

内蒙古的旅游特色以草原、大漠、森林、民族风情为主。名胜古迹有成吉思汗陵、昭君墓、五当召、席力图召、元上都遗址等。鄂尔多斯市达拉特旗响沙湾旅游景区、鄂尔多斯市伊金霍洛旗成吉思汗陵旅游区、呼伦贝尔市满洲里市中俄边境旅游区、兴安盟阿尔山市阿尔山·柴河旅游景区、赤峰市克什克腾旗阿斯哈图石阵景区、阿拉善盟额济纳旗胡杨林为我国 5A 级景区。内蒙古独特的自然风光最吸引人，境内同时并存有大面积的草原和沙漠。呼伦贝尔大草原、锡林郭勒草原、希拉穆仁草原都是感受草原风光的好去处。内蒙古的沙漠主要分布在西部地区，比较著名的有巴丹吉林沙漠、腾格里沙漠、库布齐沙漠的响沙湾等。而以蒙古族为主体的民族风情更为内蒙古草原增添了淳朴自然的神韵。

知识链接

呼伦贝尔草原

呼伦贝尔草原位于内蒙古自治区东北部，地处大兴安岭以西的呼伦贝尔高原上，因呼伦湖、贝尔湖而得名。整体地势东高西低，海拔在 650~700 米之间，总面积 1126.67 万公顷，其中可利用草场面积 833.33 万公顷。呼伦贝尔草原是世界著名的天然牧场，是世界四大草原之一，被称为世界上最好的草原，这里地域辽阔，3000 多条纵横交错的河流，500 多个星罗棋布的湖泊，一直延伸至松涛激荡的大兴安岭。

呼伦贝尔草原是中国当今保存完好的草原，水草丰美，有碱草、针茅、苜蓿、冰草等 120 多种营养丰富的牧草，有“牧草王国”之称。呼伦贝尔草原是个风光优美、景色宜人的地方，那里有一望无际的绿色，有延绵起伏的大兴安岭，有美丽富饶的呼伦湖和贝尔湖，呼伦贝尔的陈巴尔草原上的莫尔格勒河被当地人称为第一曲水。呼伦贝尔最佳旅游时间为 5 月中旬至 9 月中旬。

（一）呼和浩特

呼和浩特市位于自治区中部的土默川平原上，北依阴山，南濒黄河，市区平均海拔 1050 米，是一座多民族共同聚居的塞外名城。

呼和浩特市为内蒙古自治区首府，也是全区政治、经济、文化中心，自古为内蒙古草原民族重要聚居地。呼和浩特在蒙古语中意为“青色的城”，简称“青城”。因召庙云集，又称“召城”。呼和浩特是祖国北疆的历史文化名城，在汉唐时期，这里就是中原地区开展对外交往的重要通道，是“草原丝绸之路”的重要枢纽。

呼和浩特的旅游景点有万部华严经塔、大窑文化遗址、昭君墓、乌素图召、五塔寺、大召、席力图召、清真大寺等文化古迹和乌素图、哈素海、大青山公园、托县南胡、武川李齐沟、白二爷沙坝风景旅游区及哈达门国家森林公园景区等。

（二）成吉思汗陵

成吉思汗陵（见图 10–6）坐落在内蒙古鄂尔多斯草原中部的伊金霍洛旗甘德利草原上。

成吉思汗即元太祖铁木真，统一了蒙古诸郡，建立了蒙古汗国，他的业绩对于我国各民族的融合和现今版图的格局具有重要意义。1227 年，成吉思汗因坠马病死在渭河之滨，其遗体被运往这里埋葬。从此，这里便被叫作“伊金霍洛”，意为“主人的陵园”。

图 10–6 成吉思汗陵

成吉思汗陵园坐北朝南，殿宇飞檐，金碧辉煌。陵园占地面积 5 万多平方米，分为正殿、寝宫、东殿、西殿、东廊、西廊六个部分。整个陵园的造型，犹如展翅欲飞的雄鹰，极富浓厚的蒙古民族独特的艺术风格。

陵园建筑主要包括正殿、东殿和西殿三个穹庐式的建筑物。主体是中央纪念堂，高 20 余米，下部为八角形，内设通柱，上出重檐。蒙古包式的穹庐顶内饰有彩绘的藻井。陵墓的左右两肋为不等边的八角形、单檐式蒙古包穹庐顶结构，其顶的外部用蓝色的琉璃瓦砌出浑厚典雅的云朵，并镶嵌有金黄色的琉璃瓦，配以金黄色的琉璃宝顶，色彩统一，金碧辉煌，蔚为壮观。陵园的正殿为成吉思汗纪念堂，正中有5米高的成吉思汗塑像。他戎装端坐，双目远望，神态威严。塑像背后的弧形背景是“四大汗国”疆图，象征着700多年前成吉思汗统率中亚和欧洲的显赫战绩。堂后的寝宫安放着四个蒙古包式的大灵包，上面覆盖着巨大的橘黄色缎子，这就是成吉思汗和他的三位夫人的灵柩，两旁还安放着成吉思汗两个胞弟的灵柩。灵柩前陈列着3个巨大的“苏勒定”，相传这“苏勒定”就是成吉思汗出征时用的大旗上端的铁矛头。此外，还陈列着他生前使用过的三个马鞍及其他纪念品。

在正殿的东西两廊有大型壁画。西廊的壁画主要描绘成吉思汗出生、遇难、西征、东征、统一蒙古各部等重大事件，其中有成吉思汗登基的场面。正殿东廊的壁画再现了当时冶铁、桑织、农业、航海、贸易、天文等的情况，以及元朝与边疆各少数民族间的睦邻友好关系。

现今的陵园，建于1954年，是全国重点文物保护单位之一。1992年，被评为全国四十佳旅游景点之一。2011年1月成为国家5A级旅游景区。

（三）包头五当召

五当召位于包头西北阴山深处的五当沟，是内蒙古地区现存最大、最完整的纯藏式喇嘛寺庙，也是喇嘛教的活动中心。

五当召始建于清康熙年间，以西藏扎什伦布寺为蓝本，经乾隆、嘉庆、光绪年间多次维修、扩建，遂成今日规模。寺庙被群山环抱，山上苍松翠柳，郁郁葱葱；寺前小溪清澈，流水涓涓。整个寺院依山势建造，规模宏大，殿堂仓舍2538间，占地约20万平方米，鼎盛时有喇嘛1200多人。主要建筑由六殿三府一堂和94栋喇嘛住宿楼组成。所有建筑均采用藏式结构：平顶方形楼式结构，结构严谨，布局合理，映照在蓝天、青山之下的白色外表，显得十分精美壮观。

五当召是一座政教合一的寺庙，也是研究藏传佛教、哲学、密宗、天文、地理等多种学科的高等学府。

五当召于1996年被国务院列为全国第四批重点文物保护单位。2002年3月4日，被国家旅游局评为国家4A级旅游景区。

（四）元上都遗址

元上都遗址属全国重点文物保护单位，是中国元代都城遗址，位于内蒙古自治区锡林郭勒盟正蓝旗旗政府所在地东北约20千米处、闪电河北岸。由我国北方骑马民族创建的这座草原都城，被认定是中原农耕文化与草原游牧文化奇妙结合的产物，史学家称誉它可与意大利古城庞贝媲美。2012年6月29日，中国元上都遗址被列入《世界遗产名录》。

元世祖忽必烈未即皇帝位前，在蒙古宪宗六年（1256年）开始筑城，初名开平府；忽必烈即位后，至元八年（1271年）改国号为元，称开平府为上都，又名上京或滦京，为元朝的夏都。元朝皇帝每年夏季率领重要大臣来这里避暑和处理政务，因此将宫城建成园林式的离宫别馆。全城由宫城、皇城和外城三重城组成。周长约 9 千米，东西 2050 米，南北 2115 米，宫城墙用砖包砌，四角有楼，内有水晶殿、鸿禧殿、穆清阁、大安阁等殿阁亭榭，将河水引入城内建有池沼。皇城环卫宫城四周，城墙用石块包镶，道路整齐，井然有序，南半部为官署，府邸所在区域，东北和西北隅建有乾元寺和龙光华严寺。外城全用土筑，在皇城西北面，北部为皇帝观赏的御苑，南部为官署、寺观和作坊所在地区。城外东、南、西三处关厢地带，为市肆、民居、仓廪所在。明永乐初年荒废，城垣及建筑台基依然残留地表，蒙古语称此城为“兆奈曼苏默”，是 108 座庙的意思，这是依据城址中建筑众多而讹传的，为全国重点文物保护单位。

元上都遗址于 2011 年 7 月 15 日正式向游客开放。

（五）鄂尔多斯响沙湾旅游景区

图 10–7 鄂尔多斯市响沙湾

响沙湾（见图 10–7）位于鄂尔多斯市达拉特旗中部，库布齐沙漠东端。属于沙漠类自然风景区，为新月形丘链或格状丘地貌。1984 年 1 月，被内蒙古自治区辟为旅游景点；1991 年，被国家旅游局列为国线景点；2002 年，被国家旅游局评定为 4A 级旅游景区；2011 年 1 月，成为国家 5A 级景区。响沙湾背依大漠龙头库布齐沙漠，面临罕台大川，又名“银肯”响沙。响沙湾沙高 110 米，宽 400 米，坡度为 45 度，地势呈弯月状，形成一个巨大的沙山回音壁，是一处珍稀、罕见、宝贵的自然旅游资源。这里沙丘高大，比肩而立，瀚海茫茫，一望无际。当人们顺着沙山往下滑，便会听到犹如飞机掠空而过的轰鸣声，顿觉妙趣横生。响沙湾以其特有的神奇与神秘，每年吸引着无数来自天南海北的游客及外国友人到此旅游观光。

响沙湾拥有世界第一条沙漠索道，中国最大的骆驼群，中国一流的蒙古民族歌舞团，有最具民族特色、地域风情的大型“鄂尔多斯婚礼”演出，有最淳朴、善良的鄂尔多斯蒙古族姑娘及帅气的小伙子……这里还有十多种惊险刺激的沙漠活动项目：滑沙、沙漠卡丁车、沙漠冲浪、沙浴、骑骆驼、跳伞、打靶、牵引伞等，带您进入一个全新的沙海世界。而乘坐临空而架的缆车，更能让人领略大漠高空的壮阔美景。

住蒙古包、吃手扒肉、品尝鲜奶和马奶酒、欣赏鄂尔多斯蒙古族民歌，同时观赏古老的“鄂尔多斯婚礼”表演，会使人进入“酒不醉人人自醉”的境界。夜晚，热闹非凡的沙漠篝火、焰火晚会，又会把你带入“歌海舞乡”之中。

三、宁夏回族自治区

宁夏回族自治区是我国回族主要聚居的省级民族自治区，地处中国西北部，黄河上游地区，全区面积约 6.6 万平方千米。简称宁，首府设在银川市。全区人口 720 万余人，宁夏回族自治区是一个多民族聚居的地方，有汉族、回族、维吾尔族、东乡族、哈萨克族、撒拉族和保安族等。

宁夏历史悠久，文物古迹较多，著名景点有：银川海宝塔、银川承天寺塔、银川镇北堡西部影视城、须弥山石窟、石空山石窟、灵武县水洞沟遗址、西夏王陵、一百零八塔、同心清真大寺、贺兰山小滚钟口、中卫高庙等。石嘴山沙湖旅游景区、中卫沙坡头旅游景区、银川镇北堡西部影视城、银川市灵武水洞沟旅游区为我国 5A 级景区。

（一）银川市

银川市地处祖国西北边陲，宁夏引黄灌区的中部，是宁夏回族自治区首府，银川市是一个多民族聚居区，有汉族、回族、维吾尔族、东乡族、哈萨克族、撒拉族和保安族等民族。

银川是一座历史悠久的塞上古城，也是全国历史文化名城之一。银川平原土地肥沃，物产丰富，自然条件得天独厚，自古以来就被誉为“塞上江南”“鱼米之乡”。今日的银川市已经发展成为新兴的工业城市。银川毛纺厂出品的宁夏特产滩羊毛制成的毛毯，远销亚、非、欧、美四大洲的二十多个国家。

银川主要名胜古迹有西夏王陵、海宝塔、玉皇阁、南门楼、南关清真寺等。远郊还有风景迷人的贺兰山苏峪口国家森林公园，以及引人入胜的华夏西部影视城。

1. 西夏王陵

西夏王陵坐落在银川市西郊贺兰山东麓中段，距市区大约 35 千米，又称西夏陵、西夏帝陵，有“东方金字塔”之称，是西夏历代帝王陵墓所在地。

陵区南北长 10 千米，东西宽 4 千米，占地近 50 平方千米，里边分布着九座帝王陵和 140 多座王公大臣的殉葬墓。西夏陵规模宏伟，布局严整。每个陵园都是一个完整的建筑群体，四角有角楼，园内有门阙、碑亭、外城、内城、献殿、灵台，四周有神墙环绕。墓室上方有 40 余米倾斜墓道，墓室埋于地下约 25 米处，和中国传统帝陵不同的是墓穴没有砖砌，而墓道上方为鱼脊状封土。

西夏王陵受到佛教建筑的影响，使汉族文化、佛教文化、党项民族文化有机结合，构成了我国陵园建筑中别具一格的形式。目前，可供参观的有“昊王陵”和“双陵”两处景区。

西夏王陵被列为国家重点文物保护单位，是国家级风景名胜区，也是中国现存规模最大、地面遗迹保存最完整的帝王陵园之一。

2. 银川镇北堡西部影视城

被誉为“中国一绝”的镇北堡西部影视城，地处银川西郊镇北堡，距市区 38 千米，原址为明清时代的边防城堡。两座城堡为“老堡”和“新堡”。据方志记载，老堡，始建于明弘治十三年（1500 年）；新堡，始建于清乾隆五年（1740 年）。两堡一南一北，均坐西朝东。紧邻沿山公路东侧的老堡已被风蚀殆尽，仅存残墙断垣，形制尚存。城东西长

175 米，南北宽 160 米。向北穿过城中黄土路，是老堡瓮城遗址。再向北行 200 米便是新堡。新堡城池较完整，东西长 170 米，南北宽 150 米，墙体用黄土夯筑而成，高 10 余米。东面辟有半圆形瓮城，城门南侧有一斜坡可登上城墙。城墙宽 5 米，墙上筑砌有 1.8 米高的堞墙垛口。城墙四角原建有角楼，角楼基址依稀可见。1993 年由著名作家张贤亮创办，迄今为止，这里已拍摄了获得国际国内大奖的《牧马人》《红高粱》《黄河谣》《老人与狗》，以及著名影视剧《大话西游》《新龙门客栈》《绝地苍狼》等五十多部影视剧。镇北堡西部影城在中国众多的影视城中以古朴、原始、粗犷、荒凉、民间化为特色，是中国西部唯一的著名影视城。这里摄制影片之多，升起明星之多，获得国际、国内影视大奖之多，皆为中国各地影视城之冠，是中外游客来宁夏的必游之处。

（二）沙坡头旅游景区

沙坡头旅游区（见图 10-8）位于宁夏中卫市城西 20 千米的腾格里沙漠东南边缘处，景区集大漠、黄河、高山、绿洲于一处，既具西北风光之雄奇，又兼江南景色之秀美。该旅游区自然景观独特，人文景观丰厚，被旅游界专家誉为世界垄断性旅游资源，是国家级沙漠生态自然保护区。

图 10-8　沙坡头旅游风景区

沙坡头，古时称沙陀，元代名沙山。清乾隆三年（1738 年）地震后在黄河北岸形成一个长约 2000 米，高 100 余米，坡长 200 余米的大沙堤，沙坡头因此而得名。

沙坡头旅游区是中国三大鸣沙之一——沙坡鸣钟所在地，由于其丰硕的治沙成果而于 1994 年被联合国授予“全球环保 500 佳单位”的光荣称号，被世人称为“沙都”。2005 年 10 月，被中国地理杂志社和十几位专家学者评为“中国最美丽的五大沙漠之一”。

作为黄河和沙漠交会的地方，沙坡头凭借黄河与沙漠两大得天独厚的旅游资源，成功地开发了独具特色的精品旅游项目——黄河漂流游、沙漠探险游和治沙成果游。

沙坡头游览区有三大特色，特色之一是滑沙。游人从高约百米的沙坡头的坡顶往下滑，由于特殊的地理环境和地质结构，滑沙时座下会发出一种奇特的响声，如洪钟巨鼓，沉闷浑厚，称为“金沙鸣钟”。特色之二是沙山北面是浩瀚无垠的腾格里沙漠，而沙山南面则是一片郁郁葱葱的沙漠绿洲。游人既可以在这里观赏大沙漠的景色，眺望包兰铁路如一条绿龙伸向远方；又可以骑骆驼在沙漠上走走，照张相片，领略一下沙漠行旅的味道。特色之三是乘古老的渡河工具羊皮筏，在滔滔黄河之中，渡向彼岸。

2007 年 5 月 8 日，中卫市沙坡头旅游景区被国家旅游局正式批准为国家 5A 级旅游景区。

（三）沙湖旅游景区

沙湖旅游景区位于银川北 56 千米处的前进农场境内，东濒黄河，西依贺兰山。湖中秀苇丛丛、鱼跃鸟鸣。湖的东面是几十种候鸟的栖居地，每年都有数万飞禽在此繁衍生息，是我国最好的观鸟区之一。湖西是连绵起伏的贺兰山脉，湖光山色，使人流连忘返。湖南是万亩沙漠。游客可以在此游水、滑沙、骑骆驼，还可以乘船进入沙漠的腹地。近几年来，沙湖每年都接待40多万游客。1992年，沙湖旅游景区被国家旅游局公布为全国35个王牌旅游景点之一，已成为中国西北地区群众向往的旅游热点。

沙湖总面积82平方千米，沙漠面积127平方千米。沙湖以自然景观为主体，资源蕴藏量丰富，"沙、水、苇、鸟、山、荷"六大景观有机结合，构成独具特色的秀丽景观。沙湖是我国北方荒漠半荒漠地区不可多得的自然生态综合体，共有水面895公顷，沼泽地1837公顷，半流动荒漠沙丘1515公顷。湖水中芦草丛内栖息、繁衍的各种动物达140余种，其中鸟类近百种，总数在10万只以上。自1989年建立沙湖旅游区以来，开发出瞭塔览胜、苇荡迷津、湖面荡舟、碧湖垂钓、湖光沙色、水产展馆、江南水寨、回族风情园、西夏行宫、蒙古包等旅游景点。

被誉为"塞上明珠"的沙湖，自开发建设以来，以其独具特色的旅游资源和优越的接待条件，成为西北地区集风景游览、观光娱乐、体育竞技、疗养避暑、休闲度假、会议接待、生物考察、养殖生产为一体的风景旅游度假区。2001年1月，被国家旅游局首批评定为4A级生态旅游区。2007年5月8日被评为首批国家5A级景区。

四、甘肃省

甘肃省地处我国大西北，居黄河上游。简称甘，因境内有陇山，故又简称陇。省会在兰州。面积约43万平方千米，人口2501万余人。

甘肃省的主要景点有敦煌石窟、长城嘉峪关、兰州五泉山、兰州白塔山、天水麦积山石窟、永靖炳灵寺石窟、夏河拉卜楞寺、榆中兴隆山、张掖大佛寺、平凉崆峒山、敦煌鸣沙山——月牙泉等。嘉峪关文物景区、平凉崆峒山风景名胜区、天水麦积山景区、敦煌鸣沙山月牙泉景区、张掖市七彩丹霞景区、临夏州炳灵寺景区为我国5A级景区。

（一）兰州市

兰州市位于甘肃省中部，南依贺兰山，北临黄河。兰州是甘肃省的省会，也是西北地区的交通枢纽和旅客集散地。古称金城，是历史上的军事要塞，又是丝绸之路上的重镇之一，距今已有1400年历史。兰州地处中国地理版图的几何中心，有"陆都心脏"之说。古代兰州，也是河西走廊的起点。因其盛产瓜果，又有"瓜果城"之称。

兰州是黄河唯一穿城而过的省会城市，可沿滨河路绿色长廊欣赏黄河雄姿、水车园、黄河母亲雕像、中山铁桥，并参观白塔山、省博物馆、五泉山、兰山公园等景点，郊县有兴隆山、鲁土司衙门、吐鲁沟、引大入秦工程等景点。近几年，兰州依据独特的城市环境建设的"百里黄河风情旅游线"，融"丝路文化、黄河文化、民族文化"为一体，已逐渐成为兰州特色和代表城市形象的重要标志景观和旅游热点。

（二）敦煌莫高窟

敦煌莫高窟（见图10-9）俗称千佛洞，位于甘肃敦煌市东南25千米的鸣沙山东麓崖壁上，上下五层，南北长约1600米。敦煌莫高窟始凿于前秦建元二年（366年），后经十六国至元十几个朝代的开凿，形成一座内容丰富、规模宏大的石窟群。现存洞窟492个，壁画45 000平方米，彩塑2400余身，飞天4000余身，唐宋木结构建筑5座，莲花柱石和铺地花砖数千块，是一处由建筑、绘画、雕塑组成的博大精深的综合艺术殿堂，是世界上现存规模最宏大、保存最完好的佛教艺术宝库，被誉为“东方艺术明珠”。20世纪初又发现了藏经洞（莫高窟第17洞），洞内藏有从4世纪—10世纪的写经、文书和文物五六万件，引起国内外学者极大的注意，形成了著名的敦煌学。

图 10-9　敦煌莫高窟九层楼

敦煌莫高窟艺术包括建筑艺术、彩塑艺术、壁画艺术和敦煌文书四大部分，是集建筑、雕塑、绘画三位一体的立体艺术。窟的形制有禅窟与中心柱、方形佛殿式的覆斗式。塑像是敦煌石窟艺术的主体，除了几尊高达数10米的石胎泥塑外，都是彩绘泥塑。壁画大致可分为佛像、神怪、故事、肖像、经变、佛教史迹、装饰图案画7大类。

图 10-10　敦煌壁画反弹琵琶

敦煌石窟艺术中数量最大、内容最丰富的部分是壁画，最广泛的题材是尊像画，即人们供奉的各种佛、菩萨、天王等。在敦煌壁画中所描绘的当时的一些社会生活场景，反映了我国古代狩猎、耕作、纺织、交通、作战以及音乐舞蹈（见图10-10）等生产活动和社会活动各个方面的内容。壁画中各类人物形象，保留了大量的历代各族人民的衣冠服饰资料。壁画中所绘的大量的亭台、楼阁、寺塔、宫殿、城池、桥梁和现存的五座唐宋木结构檐，是研究我国古代建筑的形象图样和宝贵资料。

莫高窟是一座伟大的艺术宫殿，是一部形象的百科全书，它以数量浩繁、技艺卓越的壁画艺术向人们展示了公元4世纪到14世纪千余年间的社会历史图景。1961年，国务院公布敦煌莫高窟为全国重点文物保护单位；1987年12月，甘肃敦煌莫高窟被联合国教科文组织作为文化遗产列入《世界遗产名录》。

知识链接

飞天

飞天是甘肃敦煌莫高窟的名片，是敦煌艺术的标志，是不朽的艺术品。飞天原先是一种乐伎，也就是所谓乐神。敦煌壁画中，以演奏乐器为主的人物形象称为敦煌“乐伎”；而飞天，是指佛教石窟壁画中的飞神，它们是敦煌壁画中的两种艺术形式。当飞神是乐神的时候，人们称之为“飞天乐伎”。敦煌莫高窟492个洞窟中，几乎窟窟画有飞天。总计4500余身。其数量之多，可以说是全世界和中国佛教石窟寺庙中，保存飞天最多的石窟。

（三）天水麦积山景区

图 10-11　天水麦积山石窟

麦积山石窟（见图10-11）位于甘肃省天水市东南约30千米的山中，是我国秦岭山脉西端小陇山中的一座奇峰，山高只有142米，但山的形状奇特，孤峰崛起，犹如麦垛，人们便称之为麦积山。山峰的西南面为悬崖峭壁，石窟就开凿在峭壁上，有的距山基二三十米，有的达七八十米。在如此陡峻的悬崖上开凿成百上千的洞窟和佛像，在我国的石窟中是罕见的。

麦积山石窟是中国四大石窟之一，也是闻名世界的艺术宝库。据记载，十六国后秦（384年—417年）时，始修凿石窟，后经北魏、西魏、北周、隋、唐、五代、宋、元、明、清10多个朝代，1500多年的开凿续修，已成为我国著名的大型石窟群之一。

麦积山石窟现存有洞窟194个，泥塑和石刻造像7200余身，壁画1300多平方米。麦积山石窟艺术，以其精美的泥塑艺术闻名中外，被誉为“东方雕塑艺术馆”。这里的雕像，大的高达15米多，小的仅20多厘米，体现了千余年来各个时代塑像的特点，系统地反映了我国泥塑艺术发展和演变过程。这里的泥塑大致可以分为突出墙面的高浮塑，完全离开墙面的圆塑，粘贴在墙面上的模制影塑和壁塑四类。其中数以千计的与真人大小相仿的圆塑，极富生活情趣，被视为珍品。

麦积山的塑像有两大明显的特点：强烈的民族意识和世俗化的趋向。除早期作品外，从北魏塑像开始，差不多所有的佛像都是俯首下视的体态，都有和蔼可亲的面容，虽是天堂的神，却像世俗的人，成为人们美好愿望的化身。从塑像的体形和服饰看，也逐渐在摆脱外来艺术的影响，体现出汉民族的特点。

麦积山石窟属全国重点文物保护单位，周围风景秀丽，山峦上密布着翠柏苍松，野花茂草，是中国诸多石窟寺庙中风景最为秀丽的一座，以七佛阁、万佛洞、牛儿堂、寂陵等最为著名。2011 年 1 月，天水麦积山景区成为国家 5A 级旅游景区。

（四）平凉市崆峒山风景名胜区

崆峒山位于甘肃省平凉市西 15 千米，海拔 2123 米，面积 30 平方千米，是古丝绸之路长安通往西域之要塞，融自然美和人文美于一体的人文生态旅游景区。古往今来以奇、险、灵、秀的自然风光和厚重深邃的文化底蕴，素有“西来第一山”“西镇奇观”“崆峒山色天下秀”“中国道教第一山”等诸多美誉。

崆峒山林木葱茏，峰险石奇，既有北方山势之雄，又兼南国山色之秀，景区面积 84 平方千米，是天然的动植物王国，有各类植物 1000 多种、动物 300 余种，森林覆盖率达 90% 以上。崆峒山属六盘山支脉，受差异风化、水冲蚀、崩塌等外动力作用，形成了黄土高原独有的丹霞地貌自然奇观。

因人文始祖轩辕黄帝亲自登临崆峒山，向广成子请教治国之道和养生之术，因而崆峒山被誉为“道源圣地”。司马迁、杜甫、白居易、赵时春、林则徐、谭嗣同等历代文人墨客在此留下了大量的诗词、华章、碑碣、铭文。崆峒武术与少林、武当、峨眉、昆仑并称为中华五大武术流派，崆峒武术驰名华夏。

1994 年元月，崆峒山被国务院列为国家重点风景名胜区；2000 年 12 月 6 日，被国家旅游局批准为国家 4A 级旅游景区；2002 年 9 月，成为西北首家通过 ISO 9001 质量管理体系和 ISO 14001 环境管理体系认证的景区。2007 年 5 月 8 日成为国家首批 5A 级旅游景区。

（五）嘉峪关市嘉峪关文物景区

嘉峪关文物景区位于著名的“丝绸之路”旅游线路上，它是以“万里长城——嘉峪关”为依托而建设的集文化展示、旅游观光、休闲娱乐为一体的综合性旅游景区。嘉峪关关城文物景区位于市区以西 3.5 千米处，占地面积近 4 平方千米，内设六大功能区，包括嘉峪关长城、长城博物馆、水上乐园、儿童村、仿古集市、休闲别墅。此外，还有跑马场、射箭场、植物园、少数民族帐房等辅助设施，是一个集旅游、娱乐、购物、住宿为一体的综合性旅游景区。景区建筑布局合理、优雅别致。在关城之外，保留着原始的自然风貌，苍凉、洪荒的大漠戈壁风光，进入景区，则处处绿草如茵、花团锦簇、小桥流水、清泉瀑布、鸟啼鹿鸣，是一处景色宜人的旅游胜地。2007 年 5 月，被评为国家 5A 级旅游景区。图 10-12 为嘉峪关长城城楼。

图 10–12　嘉峪关长城城楼

视野拓展

兰州牛肉拉面

兰州牛肉拉面是甘肃省兰州地区的清真风味小吃，享誉全国。兰州牛肉面，又称兰州清汤牛肉面，是“中国十大面条”之一。它以“汤镜者清，肉烂者香，面细者精”的独特风味和“一清二白三红四绿五黄”，一清（汤清）、二白（萝卜白）、三红（辣椒油红）、四绿（香菜、蒜苗）、五黄（面条黄亮），赢得了国内乃至全世界顾客的好评，并被中国烹饪协会评为三大中式快餐之一，得到美誉“中华第一面”。

坊间传说，兰州牛肉面起源于唐代。目前有史料记载的是兰州牛肉面始于清朝嘉庆年间，甘肃人马六七从国子监同窗怀庆府清化镇苏寨人陈维精处学得传入兰州，后经陈维精后人陈和声、马保子等人以“一清（汤）二白（萝卜）三红（辣子）四绿（香菜、蒜苗）五黄（面条黄亮）”统一了兰州牛肉面的标准。其制作的五大步骤无论从选料、和面、饧面，还是溜条和拉面，都巧妙地运用了所含成分的物理性能，即面筋蛋白质的延伸性和弹性。

第三节　主要旅游线路

一、新疆维吾尔自治区——北疆风情游

（一）行程

天山天池—吐鲁番（交河故城、坎儿井、维吾尔古村、火焰山、葡萄沟）

（二）特点

本线路以北疆自然风光、历史文化、民族风情为特色。

新疆天山天池风景区是以独特的自然景观与悠久的神话传说、浓郁的哈萨克民族风情相结合的风景区。它位于新疆天山山脉东部最高峰博格达峰脚下，以奇秀峻美、气候宜人著称于世，是我国西北干旱地区典型的山岳型自然景观。

吐鲁番位于新疆维吾尔自治区中部，吐鲁番盆地是天山东部的一个山间盆地，大部分地面在海拔 500 米以下，有些地方比海平面还低，是全国地势最低和夏季气温最高的地方。

交河故城是世界上最大最古老、保存最完好的生土建筑城市，也是我国保存两千多年最完整的都市遗迹。

坎儿井是生活在新疆的各族劳动人民根据本地气候、水文特点创造出来的一种地下引水工程。新疆大约有坎儿井 1600 条，其中以吐鲁番最多最集中。

维吾尔古村位于有数百年历史的吐鲁番市亚尔乡亚尔果勒村，毗邻交河故城，占地

20 000 余平方米，是一个展示维吾尔原生态民俗风情和交河历史文化的旅游景区，是一座大型的博物院群。

火焰山是吐鲁番最出名的景点，位于吐鲁番盆地的北缘，古丝绸之路北道。由于火焰山本身具有独特的地貌，再加上《西游记》里有孙悟空三借芭蕉扇扑灭火焰山烈火的故事，使得火焰山闻名天下。

葡萄沟位于吐鲁番市区东北 11 千米处，南北长约 8 千米、东西宽约 2 千米，是火焰山下的一处峡谷。沟内有布依鲁克河流过，主要水源为高山融雪，因盛产葡萄而得名，是新疆吐鲁番市的旅游胜地。

二、内蒙古自治区——草原风情游

（一）行程

呼和浩特—希拉穆仁草原—响沙湾—成吉思汗陵

（二）特点

本线路能领略美丽的内蒙古大草原、沙漠风光及特有的民族风情。

呼和浩特是内蒙古自治区首府，自古为内蒙古草原民族重要聚居地，可参观游览昭君墓、大召寺、内蒙古自治区博物馆等人文景观。

希拉穆仁，蒙语意为“黄色的河”，位于呼和浩特市北 80 千米处，乌兰察布市达尔罕茂明安联合旗境内，是内蒙古著名的草原旅游点。从呼和浩特乘车约一个多小时就能到达希拉穆仁草原。希拉穆仁草原是典型的高原草场，每当夏秋时节绿草如茵，鲜花遍地，一望无际的景色，使人如痴如醉。希拉穆仁接待设施完善，有现代化星级标准的蒙古包供游客下榻，更有别具风味的民族食品供您去品尝。

响沙湾位于内蒙古达拉特旗境内库布齐沙漠东端，是中国最大的沙漠旅游休闲度假地，以“这里的沙子会唱歌”而闻名。人们在沙漠里建造出令人流连忘返的旅游度假天堂，餐饮、住宿、娱乐休闲一应俱全。响沙湾凭借绮丽壮观的沙漠风光、原汁原味的内蒙古风情、丰富多彩的娱乐项目吸引了慕名而来的国内外游客。

成吉思汗陵是蒙古帝国第一代大汗成吉思汗的衣冠冢，位于内蒙古自治区鄂尔多斯市伊金霍洛旗草原上。

三、宁夏回族自治区——“塞上江南”游

（一）行程

银川西夏王陵—中卫沙坡头—沙湖—镇北堡华夏西部影视城

（二）特点

本线路可领略到“塞上江南”宁夏的大漠金沙、黄土丘陵，水乡绿稻、林翠花红等多种景观，交织出一幅塞上江南的美好画卷。

银川是历史悠久的塞上古城，史上西夏王朝的首都。西夏王陵位于银川市西约 35 千

米的贺兰山东麓，是西夏王朝的皇家陵寝，在方圆 53 平方千米的陵区内，分布着 9 座帝陵，253 座陪葬墓，是中国现存规模最大、地面遗址最完整的帝王陵园。

沙坡头旅游区位于中卫市城区以西 20 千米腾格里沙漠东南边缘处。这里集大漠、黄河、高山、绿洲为一处，既具西北风光之雄奇，又兼江南景色之秀美。

宁夏沙湖位于宁夏平罗县西南，以江南水乡与大漠风光为一体，以自然景观为主体，沙、水、苇、鸟、山五大景源有机结合，构成了独特秀丽景观，成为集风景旅游、观光娱乐、体育竞技、疗养避暑、休闲度假为一体的风景名胜区。

华夏西部影视城位于银川市西夏区镇北堡镇，两堡一南一北，均坐西朝东。镇北堡影视城也是中国西部唯一著名影视城。

四、甘肃省——“丝绸之路”游

（一）行程

兰州—武威—张掖—嘉峪关—敦煌（鸣沙山、月牙泉、莫高窟）

（二）特点

本线路的特色是沿着丝绸之路探访沿途的文物古迹，领略中国石窟文化、长城遗址等军事设施、寺院、古墓等的精髓，感受中国大西北的大漠风情。

丝绸之路是起始于古代中国的政治、经济、文化中心古都长安（西安），连接亚洲、非洲和欧洲的古代陆上商业贸易路线。沿途可参观游览中国旅游标志铜奔马出土地——武威雷台汉墓、中国最大的室内卧佛——张掖大佛寺、天下第一雄关——嘉峪关、观赏沙漠奇观鸣沙山——月牙泉，沙丘高纵如山的鸣沙山，形如弯月的天然泉水——月牙泉，世界艺术宝库——莫高窟。

本章关键词

西北内陆旅游区　旅游环境　旅游资源特征　旅游胜地　旅游线路

本章小结

西北内陆旅游区包括三区一省，是我国少数民族主要的聚居区之一，民族特色突出，这里保留有众多的寺院、石窟等名胜古迹，雪山、草甸、森林、沙漠、戈壁、绿洲为本区主要的自然景观。

本章彩图

思考与练习

一、填空题

1. 甘肃敦煌两大沙漠奇观指（　　）和（　　）。

2. 麦积山石窟以精美的（　　）艺术闻名中外，敦煌艺术则以（　　）成就最高、数量最多。

3. 中国夏季最热的地方是新疆的（　　），有“火洲”之称。

二、单项选择题

1. 下列行政区不属于西北内陆旅游区的是（　　）。

A. 青　　B. 新　　C. 宁　　D. 内蒙古

2. 西北内陆旅游区的最佳旅游季节是（　　）。

A. 春季　　B. 夏季　　C. 秋季　　D. 冬季

3. 西北内陆旅游区具有以辽阔坦荡的（　　）风光为主的旅游资源。

A. 平原　　B. 草原　　C. 森林　　D. 高原

4. “那达慕”大会是（　　）的传统节目。

A. 蒙古族　　B. 藏族　　C. 维吾尔族　　D. 哈萨克族

5.（　　）是我国陆地面积最大的省级行政区。

A. 青海省　　B. 西藏自治区

C. 新疆维吾尔自治区　　D. 甘肃省

6.（　　）是我国边境线最长，对外口岸最多的一个省区。

A. 青海　　B. 西藏　　C. 新疆　　D. 甘肃

7.（　　）是一座闻名遐迩的葡萄城。

A. 乌鲁木齐　　B. 吐鲁番　　C. 喀什　　D. 伊犁

8.（　　）是我国跨经度最广的省区。

A. 青海　　B. 西藏　　C. 新疆　　D. 内蒙古

三、判断题

1. 西北内陆旅游区的畜牧业发达。（　　）

2. 新疆的成吉思汗陵是全国重点文物保护单位之一。（　　）

3. 乌鲁木齐是中国西部的“空中门户”。（　　）

4. 呼和浩特在蒙古语中意为“蓝色的城”。（　　）

5. 宁夏的兰州市盛产瓜果，有“瓜果城”之称。（　　）

四、简答题

1. 西北内陆旅游区包括哪些行政区？其对应的简称和行政中心分别是什么？
2. 简述西北内陆旅游区的旅游资源特征。
3. 简单介绍“丝绸之路”旅游线。其沿途有哪些名胜古迹？
4. 敦煌莫高窟为什么被联合国教科文组织列入《世界文化遗产名录》？
5. 乌鲁木齐是一座怎样的城市？
6. 简单介绍沙坡头游览区的三大特色。
7. 设计一条横跨西北的丝绸之路精品旅游线路。

附录　本书配套资源

思考与练习参考答案

综合测试题

主要参考文献

[1] 庞规荃 . 中国旅游地理 [M] . 北京：旅游教育出版社，2003.
[2] 邹海晶 . 旅游地理 [M] . 北京：高等教育出版社，2000.
[3] 林婉如 . 中国旅游地理 [M] . 大连：东北财经大学出版社，1997.
[4] 林婉如，罗兹柏 . 中国旅游地理 [M] . 大连：东北财经大学出版社，2002.
[5] 封玉璞，王东 . 旅游地理 [M] . 北京：中国城市出版社，1995.
[6] 陈锡畴 . 中国旅游地理 [M] . 北京：高等教育出版社，2002.
[7] 黄秋美 . 中国旅游地理 [M] . 广州：中山大学出版社，2004.
[8] 鲁宏屹 . 中国旅游地理 [M] . 北京：中国经济出版社，1997.
[9] 郭新平，熊金顺 . 中国旅游地理 [M] . 北京：科学出版社，2012.
[10] 罗兹柏，杨国胜 . 中国旅游地理 [M] . 天津：南开大学出版社，2005.
[11] 胡长书，张侃 . 中国世界遗产 [M] . 广州：华南理工大学出版社，2004.
[12] 王昆欣 . 旅游景区服务与管理 [M] . 北京：旅游教育出版社，2004.
[13] 吴国清 . 旅游线路设计 [M] . 北京：旅游教育出版社，2006.
[14] 赵利民，彭英杰 . 导游基础知识 [M] . 北京：科学出版社，2012.
[15] 陈春福 . 全国导游基础知识 [M] . 海口：南海出版公司，2014.
[16] 中华人民共和国民政部编 . 中华人民共和国行政区划简册 [M] . 北京：中国地图出版社，2015.